바다음식의 인문학

이 책의 출판은 (재)오뚜기함태호재단의 연구 및
출판 지원 사업에 의해 지원받았습니다.

바다음식의 인문학

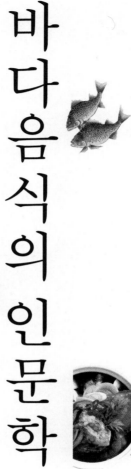

싱싱한 바다 내음에 담긴
한국의 음식문화

정혜경 지음

따비

내가 사랑한 바다음식

《밥의 인문학》,《채소의 인문학》 그리고 《고기의 인문학》에 이어 《바다음식의 인문학》을 쓰게 되었다. 그런데 살펴보니 앞서의 책들과는 달리 바다와 섬, 생선 등에 관한 책은 상당히 많이 출판되어 있었고 계속 출판 중이다. 물고기와 바다에 관한 책들은 내용도 좋았고 배울 점도 많았기 때문에 굳이 내가 책을 써야 할까 하는 생각이 들었다. 무엇보다 그보다 더 좋은 책을 쓸 자신이 없었다. 그래서 바다음식에 관한 책이 더 필요할까라는 고민에 빠져 한동안을 보냈다.

그런데도 포기하지 않고 이 지난한 작업에 다시 도전했다. 그 이유가 '왜 이 책을 쓰는가'에 대한 답일 수도 있다. 기존의 물고기 관련 책들은 대개 개별의 물고기들에 관한 이야기였다. 또 생선이나 조개 등으로 만든 음식 레시피를 다룬 것이 대부분이었다. 아니면 섬이나 바닷마을과 관련한 이야기들이었다. 저자들의 전공 분야가 다 다르기 때문일 것이다.

바다와 떼려야 뗄 수 없는, 물고기를 둘러싼 사람들의 역사를 다룬 책은 보이지 않았다. 그리고 물고기의 조리와 관련된 과학을 다룬 책도 보이지 않았다. 그러니까 바다나 강에서 얻는 많은 생선을 다루는 인간의 이야기나 조리법, 과학이 보이지 않았기 때문에 나는 이 책을 쓸 용기를 다시 얻게 되었다. 즉 바다음식들의 기나긴 역사와 문화 그리고 바다음식에 담긴 민족적 정서를 담은 글을 쓰게 된 나의 변명이다.

바닷가 작은 도시에서 태어나고 자란 나에게, 바다음식은 늘 향수를 불러일으킨다. 새벽 생선시장에 나가면 늘 팔딱이는 싱싱한 생선을 구할 수 있었고, 머리에 생선 함지를 이고 생선을 팔러 다니던 아주머니들이 있어 우리 집의 식탁은 늘 풍성했다. 어머니는 새빨간 고추장을 바른 장어를 숯불에 구워 주셨고 싱싱한 갈치, 고등어, 꽁치를 지천으로 먹었다. 바다를 끼고 있는 소도시에서 별다른 경쟁이 필요 없었던 나의 유년 시절은 행복했다.

그 후 고등학교부터 시작된 서울에서의 생활은 줄곧 나를 빠르게 앞을 향해 달리게 했던 것 같다. 그러면서 입맛도 변했는지 바다음식을 굳이 찾지도, 먹지도 않은 채 살아왔다. 그러나 생선을 좋아하는 입성만은 변하지 않았는지, 사람들은 지금의 나를 보고 비린 것을 잘 먹는다고 말한다. 처음 서울에 와서 시장에 가서 조개를 보고 개발(내 동네 경상도에서는 이렇게 부른다)이라고 했다가 모두들 웃는 통에 겸연쩍었던 적이 있다. 대학원 시절 별 생각 없이 내가 아침에 먹다 남긴 삼치구이를 점심 도시락으로 담아갔더니, 어떻게 비린 생선을 도시락에 담아 오는가 하고 쳐다보는 눈길을 받아야 했다.

나는 여전히 바다음식을 좋아한다. 유년기의 바다 냄새를 그리워하는 것인지도 모르겠다. 바다음식을 먹을 때면 깊은 바닷속을 유유히 헤엄쳐 다녔을 고등어 떼가 생각나고, 물결을 따라 흔들리던 미역과 김, 파래 같은 해조류의 자유로운 모습이 떠오른다. 또한 바닷가에 앉아 한가하게 낚싯대를 드리우고 있는 사람들의 여유가 느껴진다. 그래서인지 생선을 먹을 때면 늘 살아 헤엄치던 모습을 떠올리고, 그리고 가시를 발라내고, 천천히 맛을 음미하면서 먹게 된다. 드디어 나는 이 《바다음식의 인문학》이라는 다소 거창한 책을 쓰게 되었다.

나는 대학에서 30년 이상을 영양학, 영양생리학, 식사요법 등을 가르쳐왔다. 소위 영양학자로서 사람들의 건강한 삶 그리고 그것을 충족시켜주는 음식이 무엇인가를 항상 나의 연구 주제로 삼았다. 그러나 내가 대학에서 열심히 공부하고 가르치는 서구의 영양학은 이런 많은 의문의 해결이 되지 못했다. 오히려 서구의 산업화·도시화에 따라 숨 가쁘게 돌아가는 생활패턴과 기름진 음식들이 모든 영양 문제의 원인이었고, 그 해결책을 한국

전통 음식에서 찾아야 했다.

우리 민족은 삼면이 바다인 지리적 배경으로 인해 오랜 과거로부터 바다로부터 먹거리를 해결해왔다. 최근 세계적으로 해양 자원·환경 보호의 중요성과 자국 음식에 대한 자각이 커지고 있다. 그러나 바다음식을 역사와 문화의 관점에서 바라본 책은 보이지 않는다. 조선시대에는 《자산어보》, 《우해이어보》, 《난호어목지》 같은 중요한 수산서가 있었고, 다양한 생선과 해조류 조리법을 기록한 고조리서도 많이 남아 있다. 또한 우리 생선이나 해조류는 맛과 영양이 뛰어나 과학적 실험 결과를 토대로 그 비밀을 밝히는 것도 필요하다고 본다. 이 책은 우리 민족의 독특한 바다음식에 관한 문화와 역사, 이에 담긴 정서, 그리고 맛과 영양의 과학을 인문학과 최신 과학 연구 결과를 접목한 관점에서 다루어보려 한다.

이 책은 다음과 같이 구성되었다. 우선, 여기서 사용하는 바다음식이라는 용어는 우리 민족이 먹어온 바다생선과 민물생선과 패류, 그리고 과거로부터 즐겨 먹은 김과 미역 등의 해조류를 포함함을 밝힌다.

총 6부로 구성되며, 1부는 바다를 사랑한 우리 역사에 관한 것이다. 바다음식의 역사와 수산업의 근대화 과정을 다룬다. 2부에서는 바다를 사랑한 조선 지식인이 남긴 문헌, 즉 수산물백과전서와 일기를 살펴본다. 그리고 풍속화 속에 담긴 바다음식 읽기를 시도한다. 3부는 한국인의 상용 생선과 해조류에 관한 이야기다. 우리 민족이 즐겨 먹어온 해·수산물을 크게 3개의 범주로 나누어 살펴본다. 어류, 게나 새우나 낙지 같은 갑각류와 연체류, 그리고 굴과 가리비, 전복 같은 패류로 분류해 그에 얽힌 이야기를 담았다.

4부에서는 우리 민족만의 다양한 생선과 해조류 조리법을 다룬다. 한식의 고유성을 이야기하지만, 우리는 아무래도 중국 음식의 영향을 많이 받았음을 부정하기 어렵다. 조선 조리서를 읽다 보면 중국 조리서를 많이 인용한 것을 알 수 있다. 그러나 바다음식의 경우는 중국의 영향을 별로 받지 않았다. 민물생선의 효능과 조리법 정도가 조선시대 조리서에 인용되고 있을 뿐이다. 생선, 패류 그리고 해조류를 요리한 우리 민족만의 독특한 조리법들을 찾아 떠나는 항해가 될 것이다. 5부는 바다음식의 과학이다. 생선과 해조류는 왜 건강한지, 생선과 해조류가 가진 맛의 비밀은 무엇인지를 찾아본다. 6부에서는 기후변화와 해양환경의 악화로 인해 현재 지속가능하지 않은 바다음식의 미래를 위해 우리가 무엇을 해야 하는지를 고민하고, 그 해결책을 모색해본다.

한국은 세계에서 생선 섭취량이 가장 많은 나라다. 우리는 바다의 해초까지 알뜰하게 챙겨 먹은 민족이다. 최근 해외에서 이 해조류에 대한 관심이 폭발적이다. 건강에도, 환경 보호에도 더 없이 좋기 때문일 것이다. 현재 산모용 미역국, 간식인 김 스넥도 수출식품으로 인기몰이 중이다. 해조류는 그동안 홀대

받았던 독특한 민족음식ethnic food이다. 우리 민족이 즐겨 먹어온 김이나 미역, 톳, 가시리 같은 해조류 및 생선에 관한 스토리텔링을 통해 새로운 바다음식 개발에도 영감을 줄 것으로 기대한다.

이 책이 교양서로서 일반 독자에게 우리 바다음식의 중요성을 알리고 확산시키는 데에도 기여하기 바란다. 최근의 인문학 열풍 속에서 우리 음식이 가지는 인문학적 위상 또한 높일 수 있다고 본다. 무엇보다 외식업계에서 고군분투하시는 분들, 현장에서 활약하는 요리사들이 우리 전통 바다음식의 조리법을 이해하는 데 유용하게 활용되기를 바란다.

이 책에 나오기까지 감사할 분이 많다. 우선 이 책의 출판 지원을 해준 (주)오뚜기에 깊은 감사를 드린다. 그리고 많은 문헌을 남겨주신 식품학계의 선학, 고 이성우 선생님과 고 강인희 선생님께 감사드린다. 이분들의 문헌들을 많이 참고했음을 밝힌다. 그리고 어려운 출판 현실에도 이 책의 출판을 맡아준 따비의 박성경 대표와 신수진 편집장께도 감사드린다. 《밥의 인문학》, 《채소의 인문학》, 《고기의 인문학》에 이어 《바다음식의 인문학》까지 귀한 인연을 이어나가고 있는데, 앞으로도 계속되기를 바란다.

요즈음 들려오는 바다 소식은 우울하다. 바다가 많이 아픈 모양이다. 플라스틱을 잔뜩 먹은 고래나 바다거북 등은 이제 전혀 낯설지 않은 풍경이 되어버렸다. 참치나 연어 같은 큰 생선의 중금속 오염이 심각해 임산부에게는 적게 먹기를 권장하는 지침까지 있다. 우리가 바다음식을 더 잘 먹기 위해 넘어야 하는 난관이 너무 많은 것이다. 이 책은 이렇게 아픈 바다를 재인식하고 우리 바다가 더욱 건강해지기를 바라는 기대를 담고 있다. 우리 바다를 건강하게 해서 바다음식을 제대로 잘 즐겼으면 하는 나의 바람까지 담아서 세상에 내보낸다.

2021년, 무더위를 보내며
정혜경

| 차례 |

4부 바다를 요리해온 민족

　이 책을 쓰는 내내 바다음식, 수산물, 해산물, 물고기, 생선, 조개류, 패류, 해조류, 해초 등 무궁무진한 용어 때문에 고민하고 또 고민했다. 물론 제목으로 '바다음식'이라는 용어를 쓰는 것도 거듭 고민했다. 이 책에서는 물고기, 즉 생선뿐 아니라 해조류도 다루며, 바다생선뿐 아니라 민물생선까지 물에서 나는 온갖 음식을 다룬다. 그런데 바다음식이라고 하면 강에서 나는 수산물은 제외된다. 그렇다고 수산물의 인문학이라고 하기는 음식 하는 사람으로서 내키지 않았다. 그래서 강도 호수도 궁극적으로 바다에 연결되어 있다는 생각에서 '바다음식'이라고 했다. 책의 제목도 《바다음식의 인문학》이라고 했다. 그러나 '인문학'이라는 제목에 맞게 여기에서 언급되는 관련 명칭에 대한 정의를 간단하게라도 소개해보고자 한다.

먼저, 가장 많이 쓰이는 용어인 생선生鮮, fish은 식용 가능한, 잡은 그대로의 신선한 물고기를 말한다. 생선은 전 세계적으로 동물성 단백질의 주요 공급원이다. 각종 생선에서 먹을 수 있는 부분은 30~70% 내외로 다양하지만 대부분의 생선에서 50% 전후를 먹는 부분으로 본다.

물고기는 수중생활을 하고 지느러미가 있으며 아가미로 호흡하는 척추동물의 총칭이다. 수중생활을 하는 동물 중 폐로 호흡하는 고래·돌고래, 성체가 되면 발이 나오는 개구리·도롱뇽, 무척추동물인 오징어·조개·해삼·해파리 등은 물고기에 속하지 않는다. 현생하는 종족에서는 원구류·연골어류·경골어류 3족을 물고기라고 한다. 현재 전 세계에서 발견된 물고기는 약 2만 종에 달하고 우리나라에서는 약 870종이 발견되었다. 심해 개발 등으로 앞으로 더 많은 수가 발견될 것으로 예상된다.[1]

민물고기는 강과 호수 등의 담수에서 서식하는 물고기로, 천어川魚, 담수어淡水魚라고도 한다. 민물과 바닷물이 섞이는 기수汽水에서 일생을 보내는 물고기, 강물에서 살다가 알을 낳기 위해 바다로 가는 뱀장어, 부화 후 자어기子魚期만을 기수에서 보내고 나머지 생을 강에서 보내는 은어도 포함된다. 바다에서 살다가 산란기와 자어기를 민물에서 보내는 연어 무리도 그 모천母川이 강이므로 민물고기다. 일반적으로 민물고기와 바닷물고기는 서식하는 기간이 긴 쪽을 기준으로 구별한다.[2]

수산물水産物, fishery products은 상품으로서 부가가치가 있는 수산 동·식물을 말한다. 대상이 되는 주된 수산 자원은 어류, 연체류, 갑각류, 극피류, 해조류 등의 천연 및 양식 자원물이다. 이들 어업 자원물의 어획량은 바다의 상황, 기상, 어장, 어기 그리고 풍흉 주기 등에 의해 영향을 받기 때문에 어업 생산이 불안정하다. 그러나 특정 어종의 어획량 변동이 있더라도 다른 종이 이것을 보완하기 때문에 전체적으로 본 생산량은 크게 변동이 없다. 수산물의 총 생산량은 총 산업 생산량의 1% 정도에 지나지 않지만 국민의 동물성 단백질 급원으로서 대단히 중요한 위치를 차지하고 있다.[3]

해산물海産物 또는 해물海物은 바다에서 나는 동식물을 두루 일컫는 말이다. 수산물은 바다 외에 강이나 호수 등 물에서 나는 동식물을 통틀어 이르는 말로, 해산물보다 더 넓은 개념이다. 해조海藻는 바닷말, 바다나물, 바다마름류라고도 하며 바다에서 사는 조류를 말한다. 식용 해조류는 갈조류에 미역·다시마·톳 등이 있고 홍조류에 김·꼬시래기·우뭇가사리(한천) 등이 있으며, 녹조류에 청각·파래 등이 있다. 그리고 해초海草는 바다에 나는 종자식물을 통틀어 이르는 말이다.

그리고 바다음식과 관련하여 알아두면 좋을 용어들은 다음과 같다. 물고기나 수산물을 잡거나 거두어들이는 것을 어로漁撈라 하며, 물고기나 수산물을 인공적으로 길러서 번식하게 하는 것은 양식養殖이다. 물고기를 잡는 일은 도구에 따라 낚시, 그물질 등으로 부르기도 한다. 해산물을 따는 일은 채포採捕라 하는데, 해녀들이 바닷속에 들어가서 해산물을 따는 것은 물질이라고도 한다.

1부

바다를 사랑한
한국인

우리 민족에게 바다는 무엇일까? 삼면이 바다라는 지리적 조건은 우리 선조들의 삶을 풍요롭게 해주었다. 바다나 강에서 나는 수산물은 굶주림을 해결해준 먹거리이자 미식을 위한 식재료였다. 과거부터 바다는 우리 민족에게 생명줄을 이어가는 먹거리를 제공한 삶의 터전이었다. 아주 오래전부터 한국인은 이 바다를 사랑하고 이로부터 소중한 먹거리를 구해온 것이다. 그런데 지금 바다는 오염되고 내 밥상에 놓인 한 토막 생선의 정체는 오리무중이다. 적어도, 지금 우리가 먹고 있는 생선 한 토막을 도대체 언제부터 먹어왔는지, 이것은 어디에서 왔는지 알고 싶어진다.

바다나 강 혹은 저수지에서 잡히는 생선과 조개 그리고 해초에 이르기까지, 우리가 먹는 수산물에는 어떤 역사가 숨어 있을까? 우리가 늘 먹는 바다음식들은 어떻게 만들어졌을까? 여기서는 이 땅의 민중이 구석기시대부터 근대에 이르기까지 어떤 종류의 바다음식을 어떻게 이용했는지를 문헌들을 통해 살펴보려 한다.

1장

바다음식의 역사 1:
선사시대부터 고려시대까지

우리나라는 삼면을 둘러싼 해안선이 남북으로 긴 데다 굴곡이 심하고 연해안은 한류와 난류가 교차되면서 흐르고 있어 좋은 어장을 형성해, 계절에 따라 여러 가지 어물이 산출된다. 이러한 자연적인 혜택으로 인해, 농경이 시작되기 이전부터 이미 여러 가지 어패류가 중요한 먹거리가 되었다. 특히 건어물, 젓갈과 같은 가공법이 오래전부터 발달되어 동물성 식품의 급원이 되었다.

선사시대: 어로와 수렵 중심의 시대

역사시대 이전을 뜻하는 선사시대는 대개 구석기시대(약

250만 년 전부터 1만 년 전)와 신석기시대(약 1만 년 전부터 3,000년 전)로 나뉜다. 고고학자들은 여러 유적 조사를 통해 구석기시대에 한반도에 사람들이 정착해 살기 시작했다고 본다. 이들은 주로 사냥과 채집에 의존해 생활했다. 이 시대에는 대개 동물을 창으로 찔러 잡고, 사냥하고 조리하기 위해 뗀석기(타제석기)를 사용하며, 불을 이용한 요리도 했을 것이다. 한반도의 구석기시대 유적지로는 함경북도의 굴포리, 평안남도의 상원읍, 충청남도 공주의 석장리, 충청북도 제천의 포전리 유적 등이 있다.[1]

한편 신석기시대로 넘어가면서 우리는 어패류 식생활 민족이 되었다. 이 땅의 신석기시대는 약 기원전 5000년부터 시작되었다고 보며, 한반도에 거주한 주민은 이미 선사시대부터 수산물을 중요한 식품으로 삼고 있었다. 사냥보다는 어패류를 줍거나 잡는 것이 더 수월했을 것이다. 수산물을 많이 소비하기 시작한 것도 신석기시대부터라고 본다. 이미 구석기시대에 뼈로 만든 낚싯바늘로 물고기를 낚았으며, 신석기시대로 넘어가는 과도기인 중석기시대의 특징적인 생활 문화는 고기잡이였다.

구석기시대의 수렵·채집경제에서 신석기시대가 되면 새로운 형태의 생업인 어로가 추가되고 어로활동의 산물로서 해안선을 따라 다수의 조개무지[貝塚]가 형성된다. 조개무지에는 짐승 뼈, 어골, 패각, 탄화식물 등 다양한 식재료 잔재가 남아 있으므로 실증적인 식생활 연구가 가능하다. 또 이 시기에 토기가 사용되기 시작하므로 용기 연구도 할 수 있다.

신석기시대 주민은 하천, 호수나 내만 또는 천해에 접근하기 쉬운 곳에 주거지를 정하고 각종 어패류를 낚시, 어망 등으로 획득해 식량으로 삼았다. 신석기시대 사람들은 패류를 가장 많이 잡아먹었으며 이때 먹고 버려진 패각이 조개무지를 이루며 현재까지 남아 있는데, 가장 많이 잡은 패류는 굴을 필두로 하여 홍합, 대합 등이었다.

그 당시 어류를 많이 잡았던 것은 더 말할 나위도 없는데, 출토된 유적에서 도미, 넙치, 대구, 상어 및 다랑어 뼈가 발견되었다. 이는 지금부터 최소한 7,000년 전부터 어류가 식품으로 이용되었음을 입증하는 자료다.

선사인의 음식물 쓰레기장, 조개무지

조개무지란 말 그대로 일종의 쓰레기더미로, 인류가 조개를 채집한 다음 먹고 버린 조개껍데기가 쌓이면서 형성된 생활유적이다. 한자로는 패총貝塚이라고 쓴다. 조개무지는 주로 조개껍데기질로 구성되나 이외에 다양한 음식물 쓰레기를 비롯하여 더 이상 쓸모없는 부서진 석기, 토기 등과 함께 물고기와 새의 뼈 등 일상적인 생활 쓰레기가 포함되어 있다.

신석기시대 조개무지는 동해안에 접한 함경북도 굴포리, 농포동이나 서해안의 평안남도 궁산리, 용반리 및 남해안에 널리 분포하고 있어 이 시대 식생활이 주로 어로와 연결되어 있음을 보여준다. 이 조개무지에서 가장 많이 나온 것이 조개류다. 평남의 용반리 조개무지에서는 조개류의 껍데기와 도미 뼈, 그리고 섬게의 가시도 출토되었다. 특히 부산 동삼동 조개무지[2]에서는 무려 31종의 조개가 발견되었는데 굴, 전복, 소라, 백합 등이 많았다. 흥미로운 것은 굴 껍데기인데, 현재 우리가 먹는 굴보다 그 크기가 매우 컸다.

전복과 소라는 깊은 바다에서 서식하는 생물로, 석기시대부터 잠수 기술이 상당했음을 추측할 수 있으나 확실하지는 않다. 또 생선류의 뼈도 출토되었는데 삼치, 도미, 상어 등이었고 도미 또한 그 크기가 지금보다 훨씬 크다고 했다. 고래 뼈와 바다표범의 뼈도 발견되었으며, 특히 고래 뼈로 만든 접시가 나왔다. 조개껍데기를 이용한 식도, 가락지 같은 장신용구에 국자가리비 껍데기로 만든 그릇까지 출토되었다.

그럼, 김이나 미역, 파래 등의 해조류는 먹었을까? 이는 유물로 남지 않아서 확실히 말하기는 어렵다. 그러나 고기나 조개류보다 더 채취하기가 쉬웠을 것으로, 미역이나 다시마 등은 파도에 실려 왔을 것이니 이를 줍거나 따서 먹었을 것으로 추측한다. 또 농경이 시작되면서 소금이 필요했을 때에 짭짤한 소금기를 가진 해조류가 그 역할을 했을 것으로도 생각할 수 있다. 어쩌면 해조류가 이 시대에는 주식이었을 가능성도 배제하기 어렵다. 이후 부식으로 변화해갔을 것으로 추측된다.

빗살무늬토기의 기억, 삶아 먹고 띄워 먹기

신석기시대의 빗살무늬토기나 파상점문토기, 융기문토기 등은 바닷가에서 멀지 않은 곳이나 큰 하천의 하류에 연한 지역의 조개무지에서 주로 발견되고 있다. 기원전 8000년, 즉 지금으로부터 1만 년 전, 길고 추웠던 빙하기가 끝나고 기후가 따뜻해지면서 인간을 둘러싼 자연환경도 크게 바뀌었다. 토기는 변화된 주변 환경에 적응하기 위해 인류가 발명한 도구의 하나다. 토기는 구석기시대의 생활양식에서 벗어나 자연 자원의 활용, 음식의 조리, 정착생활 등 인류 생활방식의 큰 변화를 이끌었는데, 빗살무늬토기는 한반도의 신석기시대 문화를 상징하는 유물이다.

이 토기는 어로를 주로 하던 사람들이 사용한 것으로 추측된다. 용기의 발명은 그들의 식생활에 큰 변화를 가져왔을 것이다. 토기가 없던 시절에는 식재료를 꼬치에 꿰어 구워 먹을 수는 있었으나 찌거나 삶아 먹을 수는 없었을 것이기 때문이다. 해안이나 하천 유역의 선사시대인들은 토기의 출현으로 비로소 한 번에 많은 어패류를 삶아서 먹을 수 있게 되었을 것이다.

빗살무늬토기는 첨저형과 평저형으로 나뉜다. 첨저토기尖底土器는 지면에 그릇을 꽂아놓고 주위에서 가열하여 음식을 끓여 먹는 식으로 사용되었을 것이고, 점차 받침대 등을 만들어 사용하게 되었을 것이다. 반면 평저토기平底土器는 땅에 바로 세울 수 있으므로 음식을 담아두는 저장 용기로 사용되었을 것이다.

따라서 식재료를 띄우는 조리법, 즉 발효도 이 시기부터 시작되었을 것으로 생각된다. 어패류를 장기간 보존하기 위해 말려두거나 젓갈을 담가 저장용 용기에 보관했을 것이기 때문이다. 빗살무늬토기의 빗살무늬는 조개껍데기로 그렸을 것이며, 토기 속에 남아 전해진 유물에는 젓갈도 보인다. 어패류의 장기 보존

그림 1-1 신석기시대의 빗살무늬토기(국립중앙박물관)

이 젓갈 형태로 발전한 것은 신체에 염분을 제공하기 위해서도 매우 중요했다.

고래사냥의 흔적, 울주 대곡리 반구대 암각화

1971년, 울산광역시 울주군에서 신석기시대 고래사냥을 묘사한 암각화가 발견되었고, 1995년에 국보 제285호로 지정되었다. 300여 점의 그림이 새겨져 있는데, 우리나라에서 발견된 선사시대 암각화 유적 중에서 가장 오래된 것이다. 특히 고래를 사냥하는 매우 사실적인 그림은 약 7,000년 전 신석기시대에 제작된 것으로, 지구상에 현존하는 가장 오래된 고래사냥 그림

그림 1-2 반구대 암각화

으로 평가된다.

바위에 새겨진 동물 그림은 구체적인 종 구분이 가능할 정도로 각 동물의 형태와 생태적 특징들을 잘 표현하고 있다. 동물 중에서는 고래가 가장 큰 비중을 차지하고 있으며, 암면 좌측에 집중되어 있다. 반면 사슴과 같은 발굽동물, 호랑이와 표범, 늑대 같은 육식동물은 암면 우측에 많이 새겨져 있다. 구체적인 종 구분이 가능한 동물로는 북방긴수염고래, 혹등고래, 참고래, 귀신고래, 향유고래와 같은 대형 고래, 바다거북, 물개, 물고기, 바닷새 등의 바다동물, 그리고 백두산사슴, 사향사슴, 노루, 고라니, 호랑이, 표범, 늑대, 여우, 너구리, 멧돼지 등의 육지동물이 있다.

부족국가시대: 어로부족과 농경부족의 대치

기원전 2000년경 고조선이 세워지고, 단군조선을 이어 기자조선과 위만조선이 차례로 들어섰다. 기원전 100년경에는 한반도 북부에 고구려, 예맥, 부여, 옥저, 낙랑, 한반도 남부에 마한, 진한, 변한의 부족국가가 세워졌다. 이 시기의 특징은 이전의 빗살무늬토기 문화와 어로를 중심으로 하는 어로부족과 민무늬토기와 농경을 주로 하는 농경부족의 대치라고 할 수 있다. 그러다 점차 농경 중심의 식생활로 변천되었다.

이 시대에는 일반적으로 주부식의 구분이 없었을 것이다. 초기에는 어패류가 주식이었으나 후기로 갈수록 농산물을 주식으로 하게 되었다. 즉, 농산물인 곡류를 주식으로 하고 어패류를 부식으로 하는 주부식 분리의 시대가 전개되었을 것이다. 주부식 분리 시대를 쌀이 주식으로 널리 보급되는 삼국시대 말경[3]으로 보는 시각도 있지만, 농경이 시작되면서 곡물을 주식으로 하여 탄수화물을 공급하고 어패류로부터 단백질을 공급받는 주부식 분리가 이 시대부터 시작되었다고 보인다.

부족국가시대의 수산물

내륙 지역에서는 농경이 주로 이루어졌지만 해안 지역에서는 여전히 어로가 성행했다. 이 시대의 유적인 경남 김해읍 조개무지에서 30여 종의 조개류가 출토되었는데, 바다 패류로는 새꼬막, 점개도래, 옥배말, 동타리(동다리), 긴고둥, 전복, 백합, 홍합,

참굴, 국자가리비, 큰구슬우렁이, 피뿔고둥, 두드럭고둥, 돌고부지, 살고둥 등이 발견되었다. 또한 민물 패류로는 다슬기, 우렁이 등이, 갑각류로는 땅개비의 일종과 고래굴 등이 있었다.[4]

부족국가시대에 어떤 해조류를 섭취했는지는 옥저인들에 관한 기록에서 확인할 수 있다. "고구려에 조부租賦, 즉 세금과 부역으로 맥포와 함께 어염魚鹽 및 해중식물을 바쳤다."는 《삼국지》 〈위지동이전〉 '동옥저전'의 기록이다. 이를 통해 당시 한반도에서 해중식물, 즉 해조류를 식용한 것을 알 수 있다. 앞선 시대와 마찬가지로 미역이나 다시마 등도 식품으로 쓰였을 것으로 추측한다.

당연히 생선도 먹었다. 청동기시대의 유물로 작살, 골각제 낚싯바늘, 망추 등이 발견되어 어류 포획에 낚시와 그물을 사용한 것을 알 수 있다. 《삼국지》 〈위지동이전〉 '동옥저전'에는 고기잡이를 하다 바람을 만나 수십 일을 표류한 사람의 기록이 나온다. 이로써 원거리 어업도 한 것을 유추할 수 있다. 이때 먹은 어류로는 도미, 삼치, 상어, 고래류 등이고 물개 뼈도 발견되었다. 낙랑고분에서는 도옹陶甕(질그릇)에 담긴 생선 뼈와 비늘, 병속에 담긴 생선 뼈가 발견되어 생선을 먹었음을 알 수 있다. 중국 후한대의 저작인 《설문해자說文解字》(121)에는 낙랑에서 수조기, 조기, 모래무지, 농어, 복어, 자가사리, 돌고래, 가자미 등이 난다[5]고 쓰여 있다. 동예에는 해표海豹(바다표범)가 서식하여 이를 많이 포획했으며 한나라에도 이 해표를 바쳤다고 한다. 중국에서는 해표의 가죽을 장식용 깔개로 많이 사용한다.

　　　　　　　　　　　　　　　1부 바다를 사랑한 한국인

그러나 이렇게 어패류를 주로 먹은 어로부족은 농경부족에 비해 열세였다. 이들은 주로 생식을 했다. 어패류를 썰거나 절단해 익히지 않고 먹는 원시적 방법을 이어가다가 농경부족의 식생활 풍속을 배워서 차차로 굽거나 끓이는 조리법에 동화되었다. 그러니까 부족국가시대는 어로와 농경을 병행하는 음식문화를 가졌다고 보인다.

삼국시대: 바다음식의 시대

삼국시대가 되면 바다를 통해 고구려는 중국과, 백제는 일본과 해상무역을 하게 된다. 항해 기술이 발달하면서 가까운 바다뿐 아니라 먼바다로 나가 고래나 바다표범 등을 잡을 수 있게 되었다. 여전히 바다는 중요한 식품공급처였다.

《삼국사기》〈열전〉'김후직 조'에는 고구려 시기 동해 사람인 고주리라는 어민이 고래를 잡아서 민중왕에게 바쳤다는 이야기가 나온다. 또 이 시대에 어류 양식을 하고 있었음을 추측하게 하는 기록도 만날 수 있다. 고구려 대무신왕 11년에 한나라의 요동태수가 위나암성慰那岩城을 포위하고 있을 때 신하가 계책을 낸다. "한나라 사람들은 이곳이 암석지대로 먹을 것이 없어질 거라는 장기포위 전략을 쓰고 있으니 연못의 잉어를 수초로 싸서 맛있는 술인 지주旨酒 약간과 함께 한군에게 보내서 먹이면 좋겠습니다."[6] 이는 이미 어류를 양식하고 있으니 식품 공급에 문제가 없음을 과시하자는 의미다.

조선 후기에 한치윤韓致奫(1765~1814)이 기록한 《해동역사海東繹史》의 〈물산지〉에 통일신라 이전까지 섭취한 어류와 해조류가 기록돼 있는데, 웅어, 새우, 조기, 상어, 돌고래, 가자미, 숭어, 붕어, 말린 문어, 농어, 낙어, 반어, 백룡피, 다시마, 금모채 등이 있었다. 삼국시대에 수산물이 풍요로웠음을 알 수 있다.

삼국시대에는 항해술이 발달해 수산물이 풍부해졌다. 그러나 불교의 영향으로 신라에서는 법흥왕 16년(529)에, 백제에서는 법왕 원년(599)에 살생금지법이 내려져 어구를 불태우고 어업을 금지시켰다는 기록이 있다. 이 금지령이 일반 민중의 삶에 얼마나 영향을 미쳤는지는 의문이다. 그러나 불교가 뿌리내려감에 따라 어민들의 신앙심이 깊어지고 살생을 금하는 식생활이 일부 자리 잡았을 가능성도 있다.

삼국시대 수출품인 수산물

삼국시대의 어업 발달 수준 역시 중국의 기록을 통해 확인할 수 있다. 중국 당나라(713~741) 때 책 《본초습유本草拾遺》*에는 신라인들이 허리에 새끼줄을 매고 바닷속에 잠수하여 심해의 대엽조大葉藻를 채취했다고 나온다. 이 대엽조가 미역인지 다시마인지 확실치 않으나 해조류인 것은 분명하다. 또 박구병은 《한국수산업사》(1966)에서 중국의 고의서인 《남해약보南海藥譜》

---

* 중국 당나라 사람 진장기陳藏器가 편찬한 의서로, 전 10권이다. 원서는 전해지지 않으며, 《당서唐書》〈예문지藝文誌〉와 《증류본초證類本草》 등의 책에서 단편적으로 볼 수 있다.

를 인용해 신라인이 다시마를 채취해 중국에 수출했다고 기록했다.[7] 이 당시 수산물의 품질이 우수했음을 알 수 있는데, 이는 신라의 어업 기술뿐 아니라 조선造船 기술이 매우 빼어났으리라는 추측을 가능하게 한다. 《니혼쇼키日本書紀》에 오진천황応神天皇 31년(300)에 신라의 우수한 조선공을 일본에 보냈고 이들은 일본에 정착해 저명부공인著名部工人, 즉 기술장인의 시조가 되었다는 기록이 있어 이를 뒷받침한다.

삼국시대 왕의 예물은 포와 해

삼국시대 수산물의 조리 가공법은 어느 정도로 발달했을까? 우리는 지금 말린 생선이나 젓갈 같은 바다음식 가공품을 많이 먹고 있는데, 이와 비슷한 조리법은 삼국시대부터 있었다. 《삼국사기》〈신라본기〉 '신문왕 3년(683) 조'에는 신문왕이 김흠운의 딸에게 보낸 결혼예물 중 '포脯'가 기록돼 있다. 이는 육포와 어포를 다 포함하는 듯하다. 포는 삼국시대 이전부터도 있었으나 이때의 포는 좀 더 발전한 형태로 볼 수 있다. 《삼국유사》〈감통感通〉 '경흥우성 조'에 말린 생선이라는 뜻의 '고어枯魚'라는 말이 나오는 것으로 보아 말린 생선이 육포와 함께 있었음을 짐작할 수 있다. 그리고 부족국가시대부터 있었던 발효법이 발달해 생선을 소금에 절여 발효시킨 젓갈도 있었다. 이 젓갈을 '해醢'라고 하는데, 이 또한 신문왕의 결혼예물에 나온다.

통일신라시대에는 해표도 많이 포획했다. 《삼국사기》에 따르면, 선덕왕 22년(723)에 해표피를 당나라에 바쳤고, 선덕왕

29년에는 해표피 10장을, 선덕왕 33년에는 16장을 당에 보냈다. 이외에도 해구海狗(물개)도 포획되어 당의 진권甄權이 펴낸 의서 《약성본초藥性本草》에도 신라의 을눌수 즉, 해구신海狗腎*이 소개되어 있다.

고려인, 고기보다 수산물을 즐기다

고려시대에는 농경이 발달하여 곡물이 주식으로서 확고한 위치를 굳히게 되었다. 따라서 수산물은 중요한 부식의 역할을 했다. 수산물의 가공법과 조리법도 점차 발달했을 것이다.**

아무래도 불교국가인 고려에서는 고기 먹는 일이 자유롭지 않았을 것이다. 1123년 《선화봉사고려도경宣和奉使高麗圖經》(이하 《고려도경》)을 쓴 송나라 사신 서긍徐兢은 다음과 같이 기록했다.

고려는 정치가 심히 어질어 부처를 좋아하고 살생을 경계하기 때문에 국왕이나 재신宰臣이 아니면, 양과 돼지의 고기를 먹지 못한다. 또한, 도살을 좋아하지 아니하며, 다만 사신이 이르면 미리 양과 돼지를 기르다가 시기에 이르러 사용하는데, 이를 잡을 때는 네 발을 묶어 타는 불 속에 던져, 그 숨이 끊어지고 털이 없어지면 물

---

* 물개의 음경과 고환을 건조한 것. 신장腎臟을 따뜻하게 하고 남성의 생식 기능을 높이는 약재로 쓰인다.
** 고려시대 역시 바다음식을 알 수 있는 자료는 많지 않은 실정으로, 이 절의 내용은 고려시대 식품을 연구한 윤성재의 박사학위논문(《고려시대 식품의 생산과 소비》, 숙명여대 사학과, 2009)에서 많은 도움을 받았음을 밝힌다.

1부 바다를 사랑한 한국인

로 씻는다. 만약 다시 살아나면, 몽둥이로 쳐서 죽인 뒤에 배를 갈
라 내장을 베어내고, 똥과 더러운 것을 씻어낸다. 비록 국이나 구이
를 만들더라도 고약한 냄새가 없어지지 아니하니, 그 서투름이 이
와 같다.[8]

불교국가였던 고려에서 일반 백성은 고기를 먹지 못했으며,
도축과 조리 또한 무척 서툴렀음을 알 수 있다. 그러나 왕이나
재신은 고기를 먹었다고 하니, 육식이 완전히 금지된 상황은 아
니었음도 짐작할 수 있다.

그렇다면, 고기 대신에 수산물은 충분히 먹었을까? 서긍은
또한 이렇게 기록했다.

고려 풍속에 양과 돼지가 있지만 왕공이나 귀인이 아니면 먹지 못
하며, 가난한 백성은 해산물을 많이 먹는다. 미꾸라지[鰌], 복鰒, 조
개[蚌], 진주조개[珠母], 왕새우[蝦王], 문합[文蛤], 붉은게[紫蟹], 굴[蠣
房], 구각龜脚(거북손), 해조[海藻], 다시마[昆]는 귀천 없이 잘 먹는데,
구미는 돋우어주나 냄새가 나고 비리고 맛이 짜 오래 먹으면 싫어
진다. 고기잡이는 썰물이 질 때 배를 섬에 대고 고기를 잡되, 그물은
잘 만들지 못하여 다만 성긴 천으로 고기를 거르므로, 힘을 쓰기는
하나 성과를 거두는 것은 아니다. 다만 굴과 합들은 조수가 빠져도
나가지 못하므로, 사람이 줍되 힘을 다하여 이를 주워도 없어지지
않는다.[9]

서긍이 본 것이 다는 아니겠지만 고려시대의 서민들은 해산물을 많이 먹었다. 주로 미꾸라지*, 전복, 굴, 새우를 비롯해 다양한 해산물을 먹었고, 다시마 등 해초는 귀천이 없이 모두 좋아했다는 것을 짐작할 수 있다. 문물이 비교적 앞섰던 송나라 사신이 보기에는 고기잡이 기술은 떨어지나 굴이나 조개는 충분히 넉넉한 풍경이었으리라고 생각된다. 그러니까 육류를 먹을 수 없었던 고려의 가난한 백성들은 오히려 다양한 생선과 조개류, 게, 굴에다 역시 다시마를 비롯한 해조류를 잘 먹고 있었다고 보인다.

고려인이 많이 먹은 생선들

고려시대에는 주로 어떤 생선을 먹었을까? 문헌에 자주 등장하는 생선들을 살펴보니 청어, 연어, 조기, 농어 등이다. 먼저, 청어靑魚, 鯖魚부터 살펴보자. 청어는 한류에 사는 바다생선인데 고려 말의 문신 목은 이색李穡(1328~96)은 이를 두고 다음과 같이 읊었다.

쌀 한 말에 청어 스무 여餘	斗米靑魚二十餘
삶아 내니 주발의 흰색이 나물 소반을 비춘다	烹來雪盌照盤蔬
인간세상 맛좋은 것 응당 많을 테지만	人間雋求應多物

---

* 한자 鰌를 써 미꾸라지이지만, 함께 기록된 것이 모두 바다에서 나는 것이라 이 미꾸라지는 붕장어나 비슷한 모양의 바닷고기를 잘못 본 것이라는 견해도 있다.

1부 바다를 사랑한 한국인

산같이 흰 물결이 대허大虛를 친다.　　　　　　白浪如山擊大虛

- 〈부청어賦靑魚〉《목은시고牧隱詩藁》 권14)

이색은 어느 날 쌀 한 말로 청어 스무 여를 사서 삶아 먹었다. 여기서 여餘라는 단위는 '한 묶음'으로 20마리를 뜻하니, 400여 마리에 달한다. 이때 청어가 이렇게 많이 생산되었다는 것을 수량 단위를 통해서 짐작할 수 있다. 고려시대 청어를 묶음으로 세는 단위가 있을 정도라면 생산량이 아주 많았을 것이며, 흔한 생선임을 알 수 있다. 그러나 청어는 생산량의 부침이 큰 생선이라 곧 금어기에 들어서고 귀해진다. 후대 허균許筠(1569~1618)은 《도문대작屠門大嚼》(1611)에서 다음과 같이 기록했는데, 여기서 목로는 이색을 말한다.

　전조前朝(고려) 말에는 쌀 한 되에 단지 40마리밖에 주지 않았으므로, 목로牧老가 시를 지어 그것을 한탄하였다. 말하기를, 난리가 나고 나라가 황폐해져서 모든 물건이 부족하기 때문에 청어도 귀해진 것이라 한다.*

- 〈청어靑魚〉《성소부부고惺所覆瓿藁》 권25)

허균은 "쌀 한 되에 단지 40마리밖에 주지 않았"다며, 청어는

---

* 靑魚 有四種 北道産者 大而內白 慶尙道産者 皮黑內紅 湖南則稍小 而海州所捉 二月方至 味極好 在昔極賤 前朝末 米一升只給四十尾 牧老作詩悼之 謂世亂國荒 百物凋耗 故靑魚亦希也 明廟以上 亦斗五十 而今則絶無 可怪也.

원래 무척 값이 싼 생선이었는데 가격이 차츰 올랐고, 이는 고려 말에 난리가 나고 나라가 황폐해져서 청어도 귀해졌기 때문이라고 했다. 그러나 근본적 원인은 청어가 예전만큼 잡히지 않은 것이다. 이처럼 청어는 물가수준을 가늠할 만큼 흔하고 즐겨 먹는 생선이었다. 그래서 이색은 서해에서 얼마든지 구할 수 있는 청어는 싸구려라 타박하고 동해에서 나는 붉은게[紫蟹]를 탐냈다는 시*를 남기면서도 "청어는 술안주로 구워 먹을 수도 있고, 삶아서 반찬으로 해 먹으며, 입맛을 돋우고 뱃속에 원기를 불어넣어주는"** 고마운 생선이라고 기록해 청어에 대한 애정을 드러냈다.

그렇다면 고려시대 연어年魚, 鰱魚 사정은 어땠을까? 연어는 지금도 귀한 생선으로 명절에 선물로도 많이 쓰이지만, 고려시대에는 관료들 사이에 선물로 주고받은 대표적인 생선으로 나온다.

누가 파신을 보내어 이 냉관冷官을 위로하는가	誰遣波臣慰冷官
문득 보니 붉은 지느러미가 은반에 퍼덕이네	忽驚紅鬐動銀盤
아전들이 달려와 사또님의 선물 왔다고	吏人走報星 輨餉
어린애들은 다투어 편지를 찾아보네	稚子爭尋尺素看

---

*《목은시고》 권28 잔생殘生 "殘生唯口腹/ 謀食每遭譏/ 西海靑魚賤/ 東溟紫蟹稀/ 慾心寧陽滿/ 支體可長肥/ 一食萬錢者/ 勞勞何足口".
**《목은시고》 권31 김공립이력일상송金恭立以曆日相送 차궤청어且饋靑魚 "黃曆資日用/ 靑魚助晨飡/ 吉凶判在目/ 氣味充於肝".

삶은 국에 밥을 말기 감히 사양하랴   烹處敢辭鶖自漑

먹고 나니 칼을 타던 일 우스워라   食餘聊 笑鋏曾彈

평생에 구복의 계책 서투른 나   平生口腹吾謀拙

고마운 공의 덕분에 흠뻑 한 번 먹었네   多感公恩快一湌

－〈재금주사류안부[호]혜년어在金州謝劉按部[顥]惠年魚〉
《동문선東文選》권14)

이 시는 금녕부사 오한경吳漢卿이 경상도안렴사 유호劉顥로부
터 연어를 받고 고마움을 표현한 것이다. 유호가 오한경에게 연
어를 보낸 것은 충렬왕 18년 겨울이다. 이듬해 오한경이 군부총
랑軍簿摠郎이 되어 금녕(지금의 김해)을 떠나게 되었으므로, 아마
도 작별선물로 연어를 주었을 가능성이 크다. 더구나 때가 겨울
이었으므로 제철을 맞은 연어는 살이 올라 통통했고, 운반하는
동안 전혀 상하지 않고 붉은 지느러미가 은쟁반 위에서 펄떡거
릴 정도로 신선했다. 아전과 아이들까지 들썩거릴 정도로 연어
는 귀한 선물이었다.

개경에 있었던 이색도 지인들로부터 연어를 종종 선물로 받
았다. 주고받은 이들의 지위가 높은 것으로 보아 연어는 귀한 생
선이었다. 그 지인 중 한 명이 동북면순문사로 있던 장자온張子
溫이었다. 장자온은 고려 후기 문신으로 명나라와의 외교를 주
도했던 인물이다. 이색과는 총각 시절부터 친분이 있었는데 당
시 동북면순문사로 있으면서 겨울철 강으로 회유하는 연어를
잡아 친구인 이색에게 보내준 것이다. 이색은 그런 장자온에게

고마워하며 친구를 그리워했다. 이색은 동계東界의 황영공黃令公이나 화령윤和寧尹인 박영공朴令公에게서도 연어를 선물로 받았다. 이색은 이렇게 동해안 저 멀리서 보내준 선물에 감사하며 이에 관한 시를 남겼다.*

다음으로 등장하는 생선은 석수어石首魚로 표기되는 조기다. 서해에서 잡히는 바다생선으로, 고려시대에도 산지는 비슷했을 것이다. 조기는 주로 4월 이후에 잡히므로 바닷가가 아니면 생으로 먹기 힘들어 가공하여 유통했을 것이다. 조기를 가공한 것이라면 보통 굴비屈非를 든다. 굴비는 염장과 건조의 단계를 거친 것으로, 마른 조기인 건석수어乾石首魚와는 다르다. 굴비를 염석어라고 하는 데에서 알 수 있듯이, 굴비의 가공에는 건조보다 염장이 더 중요하다. 고려시대에 이미 조기를 굴비로 가공했는지 여부는 확실하지 않지만, 많이 알려진 이자겸李資謙의 굴비 이야기로 보건대 있었다고 추측된다.

고려 예종은 이자겸의 딸을 왕비로 들여서 그 소생인 인종으로 하여금 왕위를 계승케 했다. 이자겸은 손자인 인종에게도 자신의 3녀와 4녀를 시집보내 중복되는 인척관계를 맺고 권세를 독차지한 후 왕이 되려는 야심을 품고 난을 일으켰다. 이때 최사전崔思全이 이자겸의 심복인 척준경拓俊京을 매수하여 오히려 이자겸을 잡아들여 영광 법성포로 유배했다. 이자겸은 유배

---

* 각각 《목은시고》 권33의 答張子溫東北面巡問使送年魚, 권28의 奉謝東界黃令公送年魚 走筆, 권30의 謝和寧尹朴令公送年魚다.

　　　　　　　　　　　　　　　1부 바다를 사랑한 한국인

지에서 염장해 말린 조기를 먹게 되었는데, 그는 칠산 바다에서 잡은 조기를 소금에 절여 왕에게 진상하며 결코 자기의 잘못을 용서받기 위한 아부가 아니며 뜻을 굽히지 않겠다는 의미로 '굽힐 굴屈'과 '아닐 '비非'를 써서 '굴비屈非'라 명명했다는 것이다. 이 설화가 실제로 굴비 이름의 유래는 아니겠지만, 굴비 산지인 영광 법성포에서는 중요한 굴비 설화로 이어져 내려오고 있다.

다음 시에 나타나는 조기는 염장하여 말린 굴비가 아니라 그냥 말린 조기였을 것이다.

잔 비늘 물고기는 석수어라 하는데	細鱗名石首
아름다운 술은 춘심을 채워주네	美酒實春心
거품 뜬 술은 향기가 막 풍기고	浮蟻香初動
말린 고기는 맛이 절로 깊구나	乾魚味自深
현문*은 내 사모한바 아니거니와	懸門非我慕
입실**은 아마 그대의 읊조림이래	入室想君吟
다시 약조하세나 여흥으로 가서	更約驪興去

---

* 현문懸門은 옛날 내성문內城門에 설치한 문을 가리킨다. 현문은 평상시에는 걸어 올려두었다가 적이 쳐들어올 때만 내리닫아서 방수防守를 견고히 했다고 하는데, 환관桓寬의 《염철론鹽鐵論》에, "인의仁義의 덕德은 없이 부귀富貴의 녹祿만 있으면 마치 함정陷穽을 밟고 현문 밑에서 음식飲食을 먹는 것과 같다."라고 한 데서 온 말로, 분에 넘치는 국은國恩을 비유한 것이다.(한국고전DB)
** 입실入室은 《논어》에서 공자孔子가 "유는 당에까지 올랐고 실에만 들지 못했을 뿐이다[由也升堂矣 未入於室也]."라고 한 데서 온 말로, 학문의 조예가 매우 깊은 것을 의미한다.(한국고전DB)

거나하여 푸른 물가에서 낚시질하길　　微酣釣碧潯

> —〈자복子復이 법주法酒와 말린 석수어石首魚를 대접해 준 데
> 대하여 사례하다謝子復以法酒 乾石首魚見饋〉《목은시고》권22)

　이 시 제목의 '자복子復'은 민안인閔安仁의 자인데, 당시 이색은
민안인의 시선집 편찬을 도와주고 있었다고 한다. 그에 대한 고
마움으로 민안인이 이색에게 법주와 말린 조기를 보낸 것이다.
이후에도 해채海菜, 고기와 술 등을 제공하며 꾸준히 이색의 도
움에 보답했다고 한다. 예나 지금이나 음식으로 고마움을 표현
하는 것은 비슷한가 보다.

　농어도 많이 먹은 생선으로 나오는데, 대개 봄부터 동지 이전
까지 잡히는 바다생선이다. 농어 하면 중국 동진시대 장한張翰
이 제齊나라에서 벼슬을 하다가 가을바람이 불어오자 고향의
순채국[蓴羹]과 농어회[鱸膾]가 생각나서 고향으로 돌아왔다는
'순갱노회蓴羹鱸膾'의 중국 고사(《진서晉書》권92 문원전文苑傳 장한張
翰)로 유명하다. 이 고사와 연관되어 순채국과 농어회는 우리나
라에서도 맛있는 음식으로 알려지게 되었고, 시의 소재로 즐겨
쓰였다. 고려시대에 이규보李奎報(1168~1241)는 농어를 술안주
삼았다는 시를 썼다.

> 아름다운 절후 흘러가 머무르지 않으니　　佳節駸駸去不留
> 서재에서 우울한 시름 어이 감내하리　　可堪書室咄哉愁
> 꽃이 있으니 손님 맞아 감상하고 싶고　　有花絶欲邀賓賞

술이 없으나 아내와 더불어 구해 오겠네　　無酒猶能與婦謀

나를 위해 말머리 돌림이 어떠한가　　　　爲我何妨廻鈿勒

그대 없으면 누구와 술잔 기울일쏜가　　　捨君誰與倒瓊舟

궁벽한 마을에 별미 없다고 말게나　　　　莫言窮巷無兼味

우연히 한 자 길이의 농어를 얻어 왔네　　偶得紅鱸玉尺脩

－〈초당에서 함자진咸子眞을 맞이하여 먼저 시를 지어 보이다
草堂邀咸子眞以詩先之〉《동국이상국집》 권13)

　제목의 '자진子眞'은 함순咸淳의 자다. 《동국이상국집東國李相國全集》에 의하면, 이규보가 함순이 과거에서 지은 시를 1등으로 뽑아 인연을 맺었고 나이 차이에도 불구하고 친구로 사귀었다. 이후 이규보가 한림학사가 된 이듬해인 1200년에 함순이 이규보를 찾아왔고, 우연히 얻은 한 자[尺]짜리(약 30cm) 농어를 술안주로 대접한 것을 기록한 것이다.

　고려 말 문신들의 문집에는 바다생선에 대한 다양한 기록이 등장한다. 바다생선으로는 병어[鯿](이규보, 《동국이상국집》)와 방어魴魚(이규보, 《동국이상국집》), 대구어大口魚(권근權近, 《양촌집陽村集》, 복어豚魚(이색, 《목은시고》), 뱅어[白魚](이색, 《목은시고》) 등을 먹은 것을 알 수 있다. 한편, 민물생선으로 먹은 것은 잉어[鯉魚]가 대표적이다. 이규보는 문인화가 정득공鄭得恭이 그린 〈이어도鯉魚圖〉를 보고 시(《동국이상국집》 권3 〈화이어행畫鯉魚行: 정득공鄭得恭이 그린 것이다〉)를 지었는데, 현구玄駒, 적기赤驥, 황치黃雉라는 다양한 잉어의 이름이 나온다. 이외에도 기록들을 살펴보면 붕어[鮒

魚](이색,《목은시고》), 은어銀魚(정도전,《삼봉집三峰集》), 메기鮎魚(이
색,《목은시고》)도 많이 먹었음을 알 수 있다.

고려인이 즐긴 패류

고려가요 〈청산별곡〉의 가사는 익숙하다. 한 젊은이가 속세를
떠나 청산과 바닷가를 헤매면서 비애를 노래한 것으로서, 당시
의 생활과 삶의 감정이 잘 나타나 있다. 그런데 바로 이 〈청산별
곡〉에 굴, 조개, 해초를 먹고 바닷가에 살겠다는 내용이 나온다.
그만큼 고려시대에 굴과 조개는 흔했으며 이를 먹고 사는 것은
일상적이었던 모양이다.

> 살어리 살어리랏다 바ᄅᆞ래(바다에) 살어리랏다
> 누ᄆᆞ자기(해초) 구조개(굴, 조개)랑 먹고 바ᄅᆞ래 살어리랏다

고려인이 즐긴 패류 중에 귀한 전복[鰒蚌, 鰒魚, 鮑]이 있다. 전
복은 바다에서 사는 조개류로, 고려 이전부터 널리 식용한 수
산물이다. 송나라 사람 서긍도 고려 사람이 많이 먹는 대표적
인 조개류로 꼽았다.[*] 중국에서는 조개류를 총칭해 방蚌이라
하는데, 우리나라에서는 이를 전복을 가리키는 단어로 사용
했다. 이를 보면 우리나라에서는 전복이 대표적인 조개류였을

---

[*] "細民多食海品 故有鮆鰒蚌珠母蝦王文蛤紫蟹蠣房龜脚 以至海藻昆布 貴賤通嗜 多勝
食氣"《고려도경》권23 잡속2(雜俗二) 漁).

것이다. 또한 송나라의 손목孫穆이 쓴 고려 견문록이자 어휘집인 《계림유사鷄林類事》(1103)에 나오는 수산물 관련 단어 5개 중에도 전복이 들어갈 만큼 고려의 대표적인 토산물이었다.*고려 고종 때 대장도감에서 간행한 의서 《향약구급방鄕藥救急方》(1236)에는 전복 껍데기를 석결명石決明**이라 나오며 약재로 사용했다.

생물로 오랫동안 보관할 수 없으므로, 전복은 말려서 유통되었다. 그런데 이색이 남긴 시 중 강릉도안렴사가 보내준 생전복을 받고 감사를 표현한 것이 있다(《목은시고》 권31 〈강릉江陵 염사廉使가 생전복을 보내준 것을 감사하며謝江陵廉使送生鮑〉). 나이가 들어 건어乾魚를 씹을 만큼 이가 튼튼하지 못했던 이색은 생전복이 더욱 반가웠을 것이다. 전복에 관한 기록은 《목은시고》 곳곳에 보인다. 하안부河按部가 보내준 전복으로 쇠한 창자를 보했고(《목은시고》 권17 〈차와 건어물을 보내준 하안부에게 받들어 사례하다奉謝河按部寄茶鮑〉), 경상도안렴사 전총랑全摠郎이 보내준 눈처럼 흰 전복에 찬사를 보냈다(《목은시고》 권26 〈산 전복과 홍시를 보내준 경상안렴사 전총랑에게 사례하다謝慶尙按廉全摠郎生鮑紅柿之惠〉).

이색이 받은 전복은 대부분 동해안에서 산출된 것이었는데, 전복의 저장, 운송은 어떻게 이루어졌을까? 원래 수산물은 저장, 운송, 유통이 쉽지 않았다. 그런데 전복은 약간의 수분만

---

* 《계림유사》에 나오는 수산물 관련 단어는 魚[물고기], 鼈[자라], 蟹[게], 鰒[전복], 螺[소라]다(강신항, 1980, 《鷄林類事 「高麗方言」 硏究》, 성균관대학교출판부, pp. 56-57).
** 눈을 밝아지게 하는 효용이 있어 이런 이름이 붙었다.

있다면 오랫동안 살아 있다는 장점이 있다. 또한 전복 살은 손 질하여 건조시켜두면 오래 보관할 수 있었다. 그래서 전복은 살 아 있거나 따로 손질하지 않은 생복[生鰒], 살만 떼내 말린 건복 [乾鰒], 살을 떼내 찐 다음 말린 숙복[熟鰒] 등으로 가공해 사용 했다.

조선 초기에 이르면 전복의 가공 기술이 더욱 발달하는데, 《세종실록》'전라도 제주목 토산 조'에는 전복 가공품을 인포引 鮑(잡아당기면서 말린 것), 추포槌鮑(두들겨 말린 것), 조포條鮑(가늘 게 썰어 말린 것) 등으로 세분하여 소개되었다. 이렇게 저장, 운반 이 비교적 쉬운 전복은 생선이나 조개류보다 선물로 전달하기 쉬웠을 것이다.

다음으로 굴을 살펴보자. 굴은 갯바위에 붙어 사는 조개류 로, 그 모양이 방房과 같아 여방蠣房이라고도 불렀다. 전복과 마 찬가지로 송나라 사신 서긍이 고려의 대표적인 조개류로 꼽았 지만, 저장과 운송이 어려워 내륙 지방에서 널리 이용되지는 못 했을 것이다. 서긍이 본 굴은 서해안에서 배를 타고 올라오며 대 접받은 음식 중 하나였을 것이다.

고려인이 즐긴 또 다른 패류가 《고려사》에 다음과 같은 나 온다.

(유석이) 그 후 다시 등용되어 동북면 병마사 벼슬을 하였다. 그 런데 그 전에 어떤 병마사가 강요주江瑤柱로 최이에게 뇌물 주기 시 작하여 이것이 전례가 되고 말았다. 강요주는 해물인데, 용진현에

서 났으며 잡기가 매우 어려웠으므로 그 고을 사람 50여 호가 이로 인하여 본업을 못하고 거의 다 도망쳐 흩어졌다. 유석이 결단성 있게 이것을 완전히 금지하였으므로 도망갔던 사람들이 모두 다 돌아왔다.

-《고려사》 권121 열전34 양리良吏 유석庾碩

뇌물로 쓰여 백성들이 이를 채취하느라 고통받은 이 강요주江瑤柱는 바로 꼬막이다. 살조개라고도 불린다. 용진현은 조선시대 함경도 덕원도호부에 속하는 지역으로, 고려시대에는 동계東界 용진진龍津鎭이었다. 강요주는 그곳에서 나는 지역 특산물로, 무신집권기에 어느 동북면병마사가 최이崔怡에게 뇌물로 바쳤던 것이다. 유석庾碩은 고려 고종 3년(1216)에 장원으로 급제하여 충청도안찰사와 전라도안찰사를 역임한 인물이다. 그는 동북면병마사로 부임한 후 강요주 뇌물을 금지하여《고려사》가 편찬된 조선 초기에도 청렴한 관리로 인식되었다. 강요주는 뇌물 용도 외에도 원나라에 별공別貢으로 바쳤으니 그 수요를 따라잡지 못해 백성들이 도망갔고, 고려 내에서는 맛볼 수조차 없는 지경에 이르자 이를 금지시킨 것이다.

이외에도, 고려시대 사람들이 진주조개[珠母], 합蛤, 거북손[龜脚] 등도 먹었던 것을《고려도경》을 통해 알 수 있다. 진주조개는 얕은 바다에서 자라며 모양은 사각형에 가깝고 암갈색을 띤다. 원래 진주를 채취하기 위해 캐지만, 그 살은 먹기도 한다. 합蛤은 전복이나 굴과 달리 이매二枚(2개의 껍데기)를 가진 일반적 형태의 조개를 총칭하는 것으로, 고려시대에는 문합文蛤이나 작합雀蛤을 많이 먹었다.

《고려도경》에 거북다리[龜脚]라고 표현된 것은 거북손이라는 조개다. 현재에도 날로 먹거나 국을 끓여 먹는다. 중국 여러 문헌에 석겁石蛄, 구각채龜脚菜, 구갑龜甲 등의 이름으로 실려 있다. 굴처럼 바다 가운데 바위에 붙어 사는데, 모양이 거북다리와 비슷해 이런 이름이 붙었다.

바다에서 채취하는 소라[螺]도 즐겨 먹었는데, 《고려사》에는 문종 때 탐라에서 그 살만을 건조하여 바친 예가 소개된다 (《고려사》 권7 세가世家7 문종 7년 2월 을해乙亥). 《고려사》에는 문종 33년(1079)에 일본 상인 등원藤原이 소라(법라法螺) 30매, 해조 300속을 가져와서 흥왕사에 바치고 왕의 축수를 기원했다(《고려사》 권9 세가7 문종 33년 11월 기사己巳)는 기록도 있다. 그 당시에도 귀족층은 외국산 수산물까지 먹었으면서 살았던 것이다.

고려 사람들은 게와 새우도 좋아했다

게는 지금도 인기 수산물이지만 고려인들도 좋아했다. 이규보가 남긴 시 한 수를 읽어보자.

강마을 아이들이 크고 살진 게를 보내왔는데	江童餉我蟾蟀肥
큰 딱지 둥근 배가 모두 암컷이로구나	壓大臍團多是雌
벼 까끄라기 동해 신주에게 이제 보냈으니	東海輸芒今已了
뒷다리 차츰 넓어 노만큼 크렷다	後脚差濶眞撥棹

평생에 글을 읽었기에 쓰르라미 방게는 분변하나니

平生讀書辨螃蟛

옛날에 사도가 삶은 것은 아니로다　　　定非司徒舊所烹

삶아서 단단한 붉은 껍질 깨어보니　　　烹來剖破硬紅甲

노란 자위와 푸른 진액이 반쯤 들었도다　半殼黃膏雜靑汁

-〈찐 게를 먹으며食蒸蟹〉일부(《동국이상국집》권7)

　게[蟹]는 민물과 바다에 모두 있는데, 민물에 사는 게는 아이도 잡을 수 있다. 이규보가 강마을 아이들에게 받은 유모蝤蛑는 바로 민물에 사는 게를 가리킨다. 이규보는 뱃속에 가득한 노랗고 푸른 게장[半殼黃膏]을 먹을 수 있어서 암게를 더 좋아했다. 이규보는 엿처럼 달고 흰 게살을 먹으며 손을 다친 아픔도 잊고, 오른손을 다쳐도 왼손으로 먹을 수 있어 다행이라고 할 정도로 게를 즐겨 먹었다(《동국이상국집》권7〈손병이 나서 짓다手病有作〉)고 한다.

　한편,《고려도경》에 나오는 자해紫蟹는 바다에 서식하는 대게[竹蟹]를 말하는데, 색이 검붉고 맛이 달아 인기가 좋았다. 고려 우왕 때 이색은 한 연회에 참석했다가 법주와 자해를 맛보고 그 맛을 그리워했으며(《목은시고》권4〈연말의 선사[饋歲]에 대하여 읊다詠饋歲〉), 심지어 값이 싼 청어를 타박하며 붉은게 먹기를 소원했다(《목은시고》권28〈잔생殘生〉)는 기록을 남기고 있어 이색의 게 사랑이 지극했음을 알 수 있다.

　새우도 고려 사람들이 많이 먹었다. 또한 고려 후기에는 원나라 황제에게 별공으로 바치기도 하고(《고려사》 권83 지志38 형법1 공식 직제), 게나 꿩, 노루와 함께 새해 선물로도 이용했다(《목은 시고》 권4 〈연말의 선사[餽歲]에 대하여 읊다〉). 미식가 이색 또한 붉은 대하의 외양을 자세히 묘사하며 깊은 맛에 감탄하는 시를 남겼다.

바탕이 인충도 갑충도 아닌 네가	受質非鱗介
바다에서 나는 것이 어여쁘구나	憐渠出海隅
은주 빛은 마치 피를 띤 듯하고	銀朱如帶血
하얀 살결은 엉긴 기름과도 같네	雪白自凝膚
엷은 껍질은 종이 한 장 두께인데	匣薄祇一札
긴 수염은 그 몇 치나 되는고	鬚長知幾扶
몸을 굽혀서 서로 예를 차리니	曲躬交有禮
깊이 음미하면 도가 살찌겠구나	深味道爲腴

– 〈홍대하를 읊다詠紅大蝦〉《목은시고》 권12)

고려인들이 즐긴 해조류

고려인들도 김, 미역, 다시마, 우무, 모자반 같은 해초를 즐겨 먹었다. 먼저 다시마[昆布]는 바다에서 자라는 갈조류褐藻類다. 삼국시대부터 널리 이용했으며 고려시대에도 변함없이 많이 쓰였으며, 수출까지 했다. 《해동역사》에는 고구려나 신라인들이 곤포를 채취하여 새끼줄 꼬듯 꼬아 중국으로 유통했고, 발해의 남쪽 바다에서 곤포를 생산했다고 쓰여 있다(《해동역사》 권26

〈물산지1〉 채류 곤포).

　서긍은 고려의 대표적 수산물로 다시마를 꼽았다.* 또한《해동
역사》에서는 송나라의 소송蘇頌 등이 편찬한 의서《본초도경本草
圖經》(1061)에 소개된 고려산 다시마로 국 끓이는 법을 인용**했
으나, 이는 다시마가 아니라 미역으로 보인다. 조선 후기 서명응
徐命膺이 집필한《고사십이집攷事十二集》에는 해대海帶, 곤포昆布, 해
채海菜 등을 대표적인 해조류로 들면서 이 중 해대와 곤포는 다
시마이고 해채는 미역이라 설명하며, 이시진李時珍이(1518~93)
《본초강목本草綱目》에서 다시마가 부인병에 좋다고 한 것은 잘못
이라고 비판했다. 임산부는 미역을 먹지, 다시마를 먹는 것이 아
니기 때문이다.

　미역은 비교적 깊은 바다에서 채취해야 하므로 고려시대에
귀한 선물로 쓰였음을 이색의 〈민자복이 해채를 보내 오다閔子復
送海菜〉(《목은시고》권22)라는 시를 통해 알 수 있다.

동해에선 특이한 나물이 나오니	東海出異茶
색깔은 검고 살갗은 얄팍하고	色黑膚理薄
길이는 두어 자 남짓 되는데다	長可數尺餘
머리가 있고 또한 다리도 있는데	有頭仍有脚

---

* "細民多食海品 故有鰍鰒蚌珠母蝦王文蛤紫蟹蠣房龜脚 以至海藻昆布 貴賤通嗜 多勝
　食氣"(《高麗圖經》卷23 雜俗2 漁)
** "고려의 곤포로 국을 끓이는 법. 곤포 1근을 쌀뜨물[白米泔]에 담가서 하루 저녁을 묵
　혀 짠맛을 제거하고…"(《본초도경》《해동역사》권26 〈물산지1〉 채류 곤포)

초를 치면 회에 대신할 수가 있고	美醋可當膾
국 끓이면 또한 찢어 먹을 만하네	香羹亦堪剝
쇠한 위장을 보하는 건 물론이요	云補腸胃衰
지혈시켜 경락도 보한다 하누나	止血扶經絡
비록 그 성질이 워낙 한랭하여	雖然性稟冷
온평한 약용엔 들어가지 못하나	不入溫平藥
난질난질 잘 퍼진 고미밥에다	鍋胡爛炊飯
넉넉히 곁들여 먹을 만하고말고	足以供咀嚼

지인이 보내준 "특이한 나물"을 받고 나서 쓴 시로, 동해의 특이한 나물이 바로 미역이다. 미역은 고려 전기부터 널리 이용되었다. 고려 후기 사람인 이색이 그때 미역을 처음 본 것은 아닐 것이다. 초를 쳐서 먹거나 국을 끓여 먹을 수도 있으며 지혈 효과와 강장 효과가 뛰어나다는 것도 이미 알고 있었다. 다만 미역의 특이한 생김새를 묘사하느라 "특이한 나물"이라 표현한 것으로 보인다. 머리도 있고 다리도 있다고 한 것은 지금 미역귀라고 부르는 것을 의미하는 듯하다.

김도 고려시대에 즐겨 먹었던 것으로 나온다. 김[海衣]은 바다에서 자라는 홍조류로, 겨울에 채취한다. 김은 바다 깊은 곳에서 자라기 때문에 채취하기가 어려워 이용 빈도도 낮았고 귀한 것으로 여겨졌다. 이색도 강릉염사가 보내준 김으로 밥을 싸 먹으며 향기가 좋다고 감탄하는 시(《목은시고》 권31 〈김을 보내준 강릉염사에게 사례하다謝江陵廉使送海衣〉)를 남겼다.

1부 바다를 사랑한 한국인

모자반은 바다에서 채취하는 갈조류로, 《훈몽자회訓蒙字會》*에서는 "맛, 勿, 물"이라고 했다. 이 해초는 《고려도경》에도 소개되는 것으로 보아 고려 전기부터 널리 식용되었음을 알 수 있고, 《고려사》에는 탐라(제주도)에서 채취하여 공물로 왕실에 보낸 기록(고려 문종 7년 2월 을해乙亥)도 있다. 또 《향약구급방》에는 칠월 칠석에 채취하여 건조한 것을 약재로 사용한다고 나온다.

한자로 牛毛(우모)라고 쓰는 우뭇가사리는 홍조류의 일종이다. 그 생김새가 소털을 닮았기 때문에 붙여진 이름이며, 주로 한천寒天을 만드는 데 사용한다. 한천은 채취한 우뭇가사리를 건조시키고, 그것을 물에 넣고 끓인 다음 다시 건조시켜 만든다. 보통 추운 겨울에 건조시켜야 쉬지 않기에 이름에 한寒자를 넣었다.

바다 나물을 말려 털처럼 가늘구나	枯乾海菜細如毛
물과 불로 삶느라 수고 많았네	水火烹煎也有勞
아주 맑은 체질이 그릇에 가득 엉켰으니	品最澄淸凝滿器
물에서 건진 귀한 것을 거룻배에 실었네	貴從波浪載輕舠
취할 때 먹으면 몸에도 좋고	每逢醉日呑何害
날씨가 더워지면 그 값이 더욱 높아지네	始信炎天價更高
손수 들고 온 그 정성이 고마워	手把重來誠意重

---

* 조선 중종 22년(1527)에 최세진崔世珍이 지은 한자 학습서. 3,360자의 한자를 종류별로 33항목으로 분류해 한글로 음과 뜻을 달았다.

시 한 수 지어 붓을 휘두르네 　　　　　即成詩律一揮毫

- 〈영우모회詠牛毛膾〉《운곡시사耘谷詩史》 권5)

고려 말의 문인 원천석元天錫의 위 시에 나오는 우모회牛毛膾가
바로 한천이다. 건조-가열-건조의 가공 과정을 거쳤기 때문에
"물과 불로 삶느라 수고 많았네"라 표현했고, 완성된 한천은 생
선회처럼 투명하게 보이므로 '우모회'라 했다. 해장용으로도 먹
었고 여름에 더위를 쫓는 음식으로도 먹었다. 이를 우무라고도
했다.

우무는 조선시대에도 많이 먹었다. 허균은《도문대작》에서 우
무를 옛날에 먹었던 산해진미의 하나로 소개했고, 서유구徐有
榘(1764~1845)는《임원경제지林園經濟志》에서 중국의《거가필용
居家必用》을 인용하여 수정회방水晶膾方, 즉 우무 만드는 법을 설
명했다. 추사 김정희金正喜(1786~1856)의 시 〈세모승細毛僧〉 또한
우무를 읊은 것이다. 콩국에 우무를 띄운 것은 여름철 별미로
지금도 경상도에서 즐겨 먹는다.

고려인이 즐긴 생선 요리

고려인은 생선을 넣은 국이나 다시마를 넣고 끓인 국을 뜨겁
게 먹거나 계절에 따라 차갑게 먹었다. 특히 생선국은 간단하지
만 손님을 대접할 만한 진미로 여겨졌다.

충렬왕 때 좌사간을 지낸 추적秋適은 손님을 대접할 때 돈을
많이 들여 팔진미八珍味를 차리는 것보다 쌀밥에 생선국이면 족

하다고 했다.

추적은 나이가 들어서도 오히려 식성이 좋았다. 항상 말하기를, "손님을 대접함에는 다만 부드러운 쌀밥에 생선을 썰어 국이나 끓이면 그만이다. 어찌 많은 돈을 허비하여 팔진미八珍味를 차리겠는가?" 하였다.

－《고려사》 권106 〈열전19〉 추적

이색은 임금에게 하사받은 생선국에 향신료가 들어가 얼얼한 맛이 일품이었다고 회고했다(《목은시고》 권8 〈궁중에서 음식을 내려준 것을 적다記賜食宮中〉). 《고려사》에 따르면 원나라 황제를 알현할 때도 생선국을 하사받았는데(《고려사》 권104 〈열전17〉 김방경金方慶), 이는 내륙인 원나라의 황제조차 고려인이 생선국을 즐긴다는 것을 알고 있을 만큼 고려인이 생선국을 널리 먹었음을 알려준다.

고려인은 회도 즐겨 먹었다. 기록에 따르면 백제인도 생식을 즐겼다고 하니, 회를 먹은 역사가 오래되었음을 알 수 있다. 서긍은 《고려도경》에서 회가 향음에 사용되었다고 했고, 이규보는 회를 술안주로 즐겨 먹었다고 했다. 이색에 의하면, "회膾는 육류나 수산물에 열을 가하지 않고 날로 먹는 음식으로, 생선을 데쳐서 가늘게 썬 숙회는 어채라 하여 구분하여 사용"(《목은시고》 권8)했다.

생선을 오랫동안 저장하여 먹기 위해 포로 만들기도 했다. 생선으로 만든 포는 어포魚脯, 해포海脯, 건어[脩], 숙어[鱐]라 하여 육포肉脯와 구분했다. 포 그대로를 자반(좌반佐飯)으로 사용하기도 하고, 다시 조리해 새로운 음식을 만들기도 했을 것이다. "자신들의 생활은 매우 빈약하기만 해서 귀천貴賤과 노유老幼를 막론하고 음식이라고 해야 채소나 건어물 혹은 육포 따위가 고작이요…"라는 이색의 말(《목은문집》 권89)에서 알 수 있듯이, 고려시대에는 포가 가장 일상적인 음식의 하나였다.《고려도경》에는 향음의 술상에 어포가 올랐다고 나오니 술안주로도 많이 이용했던 듯하다.

《고려도경》에 "신분의 귀천을 가리지 않고 상용하는 음식이 젓갈"이라는 기록이 있다. 고려시대에는 젓갈을 먹는 것이 보편화되었던 것이다. 이 시기의 젓갈은 크게 어패류에 소금을 넣어 만드는 '젓갈류'와 곡물을 섞어 만드는 '식해류'로 분류할 수 있다. 젓갈류는 다시 소금에만 절이는 지염해漬鹽醢와 소금·누룩·술 등을 섞어서 만드는 어육장해魚肉醬醢로 나뉜다.《향약구급방》에는 약재로서 청어식해를 언급한 내용이 있으며,《고려사》와《세종실록》〈지리지〉 등에는 생선해[魚醢] 외에도 토끼해[兎醢], 사슴해[鹿醢], 기러기해[雁醢] 등이 나온다. 당시에는 어패류 외에 수조육류로도 젓갈을 담가 먹은 것을 알 수 있다.

여말선초의 문신 권근은 알젓[醢卵]을 선물받고 시를 지었다.

| 쇠한 나이에 병도 많으니 | 衰年多疾病 |
| 세상일 더욱 어둡구려 | 世事轉空疎 |

1부 바다를 사랑한 한국인

입에 맞는 음식 거의 없어	適口無堪食
창자 속엔 나물뿐이네	撐腸只有蔬
맛 좋은 알젓을 받았고	味珍蒙醢卵
비늘 가는 신어도 얻었네	鱗細得新魚
은근한 뜻 사례하고자	欲謝慇懃意
붓 잡았지만 다 쓰지 못하였네	提毫未盡書

－〈알젓과 햇대구를 보낸 경상도관찰사 철성군 이공 원에게 사례한다
謝慶尙道觀察使鐵城君李公[原]卵醢新大口魚之惠〉《양촌집》권10)

이 알젓이 어떤 생선의 알로 만든 것인지 알 수는 없지만, 조선 세종 때 명나라 사신이 연어알젓[年魚卵醢]을 요구했음을 볼 때* 어란을 상당히 이른 시기부터 먹었으며 명나라까지 알려져 있었음을 알 수 있다.

고려 먹거리 운반선, 태안 마도 1호, 2호, 3호선에 실린 수산물

고려 개경 식생활의 실물을 볼 수 있는 블랙박스가 있다. 천 년의 세월을 깊은 바닷속에서 잠들고 있었던 고려시대의 난파 선이다. 태안 앞바다에서 발굴된 난파선 마도 1, 2, 3호는 서해 안 뱃길을 통해 당시 수도였던 개경으로 물품을 조달하던 선박 이었다. 천년의 세월을 물속에서 지낸 이 선박들에는 여러 가지

---

*《世宗實錄》卷39 世宗 10年 2月 12日 甲子「上曰 昨日李思儉帶行通事來傳 思儉親承 宣諭曰 爾殿下至誠進佳海靑 海靑雖死 至誠可如 所進黃鷹亦佳 雖非海靑 若有佳鷹 亦可並進 年魚卵醢及係鷹 好鹿皮一千張 鵝靑匹段 兜车二部 幷備以進」.

그림 1-2 게젓과 새우젓을 담았던 옹기(마도 1호선)
출처: 국립해양문화재연구소, 2010, 《태안 마도 1호선 수중발굴조사보고서》, 국립해양연구소

고려시대 실물들이 남아 있다

마도 1호선은 주로 곡물을 비롯한 먹거리를 운반하던 배다. 마도 1호선은 전라도 나주, 해남, 장흥 등지에서 거둔 곡물과 먹거리를 개경으로 운반하다 1208년 봄에 안흥량에서 난파된 것으로 추정된다. 벼와 쌀, 콩, 조, 메밀 등의 곡물은 물론, 메주와 여러 가지 젓갈도 실려 있어 고려시대 사람들의 식생활을 생생하게 살펴볼 수 있게 되었다.

특히 젓갈을 담았던 도기가 무려 30점 실려 있었는데, 도기에 담긴 것이 주로 젓갈류라는 사실을 통해 고려의 수산물 이용 실태도 확인할 수 있다. 함께 발견된 목간에 말장未醬, 고등어젓갈[古道醢], 게젓갈[蟹醢], 생선젓갈[魚醢], 누룩[麴]과 같은 발효음식명이 기록되어 있었기 때문이다. 특히 젓갈은 고려 왕실의 의례 음식에서 서민들의 일상 음식까지 폭넓게 이용되었는데, 전라도 쪽에서 잡힌 생선을 젓갈로 담가 옹기에 싣고 수도인 개경으로 가져갔음을 알 수 있다.[10] 또한 마도 2호선에서는 다양한 목간이 발견되었는데, 쌀과 콩 같은 곡물류와 함께 누룩이나 젓갈 종류도 나온다.

젓갈을 담그기 위해서는 무엇보다 소금이 중요하다. 당시 소금의 생산과 유통은 국가에서 통제했다. 태조 때 최승로에게 염분鹽盆(소금 가마솥)을 주어 중앙에서 직접 관리하게 했다는 기록이《고려사절요》권2 '성종 8년(989) 조'에 남아 있다. 소금은 인간의 생존에 필수적이었을 뿐 아니라 경제적으로도 중요한 세원稅源이었다. 고려는 충렬왕 3년(1295)에 소금 생산지인 경상도와 전라도에 소금 생산에 따른 세금을 징수하는 기관인 염세별감鹽稅別監을 두었다(《고려사절요》권21). 그 후 충선왕 1년(1309)에 도염원都鹽院을 두어 소금을 국유화하고 은銀 1근에 소금 64석碩, 은 1냥에 4석, 베 1필에 2석의 가격으로 의염창義鹽倉에서 팔게 했다(《고려사절요》권23). 즉 한반도는 삼면이 바다로 싸여 있는 지형으로, 고려시대는 소금 보급의 안정화로 염장법, 조리법의 변천이 큰 시기로, 풍부한 어류 자원을 저장하는 기술이 다양하게 발달하게 되었다.

한편, 마도 3호선은 1260년에서 1268년 사이에 침몰한 선박으로 추정되는데,[11] 그 최종 목적지는 개경이 아니라 당시 임시 수도였던 강화도였을 것으로 본다. 전라남도 여수현과 주변에서 거둬들인 곡물, 전복과 홍합 등의 고급 패류, 상어 등의 어류를 신고 당시 수도였던 강화도로 향하던 배였다는 것이다. 수취인 중 한 명은 당대 최고 권력자인 무인집정 김준金俊이었다. 즉, 마도 3호선은 김준과 주변 인물, 중방과 삼별초 등에게 전달하던 물건을 실었던 배였다.

마도3호선에서 발견된 목간에 기록된 음식의 종류는 보리 [麥], 전복[生鮑], 전복젓갈[生鮑醢], 홍합[紅蛤菜], 말린 홍합[乾紅蛤], 홍합젓갈[紅蛤醢], 상어[沙魚], 어유魚油, 꿩[雉], 개고기포[狗脯] 등 이 있다.[12]

2장

바다음식의 역사 2:
조선시대부터 근대까지

수산물의 나라, 조선

조선시대에는 수산물의 종류가 매우 다채로워진다. 아무래도 불교국가였던 고려에서보다 유교국가인 조선에서 더 활발하게 고기잡이에 나섰을 것이다. 이 당시에 먹었던 어류의 종류는 지금 먹는 것과 비슷하다. 고기잡이 기술이 발달해서,《문종실록》에는 은구어(은어)를 잡기 위해 독약을 썼다는 기록이 나오고, 고기를 잡을 때 작은 배를 만들어 이용하며 박을 갖고 바다로 들어가 전복을 땄다는 기록(《성호사설》권4 만물문)도 보인다.

조선 초기 물고기 팔도지리지

조선 초기의 문헌 가운데 수산물의 명칭이 가장 많이 실려 있는 것은 지리서들이다. 그 대표적인 것이 세종 14년(1432)에 간행된《신찬팔도지리지新撰八道地理志》와 성종 12년(1481)에 편찬된《동국여지승람東國興地勝覽》이다. 이런 지리서에 나타난 어류는 상어, 은어, 숭어, 대구, 민어, 연어, 고등어, 준치, 넙치, 갈치, 멸치, 도미, 홍어 등이 있다. 명태는 조선 초기에는 상당 기간 동안 잡지 않았다가 1530년 전후부터 잡기 시작했던 것으로 보이며, 조선 후기에 어획량이 최고에 이른다.

패류로는 굴, 전복, 홍합, 대합, 바지락, 소라, 꼬막, 가리맛조개 등이 보이며, 문어, 낙지, 오징어 같은 연체동물도 이름을 올렸다. 갑각류로는 곤쟁이가 문헌에 가장 많이 나타나며, 젓새우(백하), 대하, 중하도 보인다. 새우 외의 갑각류로는 게 종류가 많이 보이는데, 대해와 자해(혹은 청해)라는 이름으로 쓰여 있다. 전자는 대게, 후자는 꽃게류로 추측되나 확실하지는 않다. 기타 수산물로는 해삼이 가장 많이 보이며, 해조류는 김과 미역이 가장 많이 보인다. 이외에 청각, 황각, 다시마, 우뭇가사리 등이 있으며, 분곽, 사곽 등도 보이는데 이들은 미역목 미역과에 속하는 갈조류 해초로 보인다.

수산 가공품 형태로서 건생선을 비롯해, 추포와 인포 같은 전복 가공품이 있었으며, 물고기젓과 곤쟁이젓 등의 젓갈류가 있었다. 자鮓 또는 초醋라고 쓰인 발효식품도 보이는데, 이를 식해라고 해석하지만, 그중에는 식해가 아닌 젓갈도 포함되어 있었을 것이다. 세종 3년(1421)의 기록에 '고등어복장해'라는 것이 보이는데, 이는 고등어 내장으로 담근 젓갈을 말한다. 《세종실록》〈오례五禮〉의 길례서례吉禮序例에 보이는 각종 의례에 쓰였던 음식 중에는 반드시 어해와 어포가 포함되어 있다. 이는 생선젓갈이나 어포 같은 가공식품이 중요한 음식이었음을 반영한다.

조선 후기, 《읍지》 속 수산물

《여지도서輿地圖書》는 전국의 각 읍에서 편찬한 읍지들을 종합하여 영조 38년에서 41년(1762~65)에 걸쳐 편찬한 지리서인데, 이를 통해 각 지방별 수산물을 확인할 수 있다. 여기에 실린 수산물을 조선 초기의 것과 비교하면 대체로 비슷하지만 추가된 것이 있다. 이 중에는 민물고기가 많은데 모래무지, 밀어, 철어, 경장어, 장어, 살치, 가물치 등이다. 조선 중기까지는 보이지 않던 것으로는 짱뚱어, 꼴뚜기 등이 보이며, 함경도와 강원도의 물산에 명태어가 들어 있는 것이 특기할 만하다. 또한 이익李瀷 (1681~1763)의 《성호사설星湖僿說》에는 청어가 많아서 많은 사람들이 먹었다고 나온다.

영조 27년(1751)에 편찬된 《선혜청정례宣惠廳定例》*에 기록된

---

* 이 정례는 대전大殿·인수궁仁壽宮·자전慈殿·중궁전中宮殿·세자궁世子宮·세손궁世孫宮·현빈궁賢嬪宮·대군 왕자방大君王子房의 8단段으로 나누어 일상시와 가절佳節 등에서의 진공물進貢物의 수량에서부터 땔감[薪炭]에 이르는 작은 것의 수량에 이르기까지 조목마다 명확하게 기록되어 있다. 이 책은 조선 후기 왕실 재정에 대한 주요 자료다.

공상 수산물 중에는 가공품이 많다. 건대구, 굴비, 구운 굴비, 건연어, 건숭어알, 건해삼, 건오징어, 대구알젓, 연어알젓, 게젓, 곤쟁이젓, 웅어식해, 밴댕이식해 등이 그것이다. 가공 수산식품은 건제품이 주를 이루었으며, 그다음이 소금을 이용한 염장품과 발효제품이다. 고등어복장해처럼 생선 내장으로 젓갈을 담그는 제조법은 19세기 이후 문헌에는 보이지 않는데, 그 이유는 알 수 없다.

조선 후기에 들어 어업 기술이 많이 발전하면서 어종과 어획량이 전기에 비해 크게 증가하게 되었는데, 이는 곡류와 채소 위주의 식사에 동물성 단백질 급원이 보강된다는 영양적인 의미가 있다. 특히 망 어업이 발달하여 명태, 멸치, 청어, 조기, 새우, 대구 등의 어종을 대량으로 어획함으로써 식생활 전반에 있어 수산식품의 이용도가 전 시대에 비해 크게 증가했다.[13] 18세기 후반의 《규합총서閨閤叢書》에 비로소 김치에 젓갈과 젓국을 섞어 담그고 있는데, 반당어젓을 넣은 석밖이김치다. 반당어는 밴댕이인데, 밴댕이와 비슷한 맛을 내는 멸치가 조선 후기부터 선호되어 멸치잡이가 크게 성행했다. 그 어획량이 무척 많아 즉시 말리지 않으면 썩으므로 거름으로 삼았다고 했다. 멸치는 회로 먹거나 구워 먹거나 기름을 짜기도 했다. 새우젓 또한 전국적으로 널리 소비되었다. 즉, 이 시기에 어획량이 크게 증가했기 때문에 보편적인 부식인 김치에도 젓갈이 첨가될 수 있었다. 이로써 식물성 식품인 김치가 동식물성의 조화를 이룬 음식으로 변형되면서 다양하게 발전할 수 있었다. 수산물은 대체로 가격이 비싼 평민은 흔히 접할 수 없었지만, 몇몇 어종은 전 시대에 비해 그 공급량이 크게 증대되고 전국적으로 활발히 유통됨으로써 그 이용도가 전 시대에 비해 상당히 증가했다.

조선 후기의 수산물 유통

헌종 10년(1884)에 한산거사漢山居士가 지은 풍물가사 〈한양가〉에는 서울의 어류 판매점인 생선전이나 어물전에서 판매하는 수산물이 보인다.

> 칠패의 생선전에 각색 생선 다 있구나
> 민어, 석어, 석수어와 도미, 준치, 고도어며
> 낙지, 소라, 오적어며 조개, 새우, 전어로다
> (중략)
> 어물전 살펴보니 각색 어물 벌여 있다
> 북어, 관목, 꼴뚜기며 민어, 석어, 통대구며
> 광어, 문어, 가오리며 전복, 해삼, 가자미며
> 곤포, 메욱, 다시마며 파래, 해의, 우무가시

선어를 취급했던 생선전에서는 민어, 조기, 준치, 고등어, 낙지, 조개, 새우, 전어 등을 팔았고, 육의전의 하나로서 건어와 염어를 판매하던 어물전에서는 건명태, 건청어, 꼴뚜기, 민어, 조기, 통대구, 넙치, 문어, 전복, 해삼, 미역, 다시마, 파래, 김, 우뭇가사리 등을 팔았다. 각 지방에서는 정기적으로 열리는 시장에서 수산물 거래가 이루어졌다.《임원경제지》의 '팔역 장시'에는 각 시장의 출하 수산물이 실려 있다. 이를 통해 수많은 종류의 수산물이 전국에 분포되어 있었던 시장을 통해서 유통되었던 것을 알 수 있다. 북어는 산지가 아닌 호서(충청도), 영남(경상도), 해서(황해도)의 시장에도 출하하고 있었다.

그러나 18세기 후반이 되면, 어물전을 경유하지 않고서도 외방 포구에서 바로 칠패 객주나 중간도매상 격인 중도아中都兒를 통한 유통 경로가 만들어졌다. 어물은 원래 내어물전이라 하여 한양 종로의 육의전에 한해 판매가 허용되었던 품목이지만, 흉년이 계속되어 한양의 도시빈민들이 생계를 유지할 방편이 없게 되자 조정에서는 어물전의 금난전권을 1794년에 해제했다. 이는 굶주린 백성들이 어물의 판매를 통해 생계를 유지할 수 있도록 하는 조치였다. 이렇게 해서 18세기 후반에는 어물전에서 거래가 이루어지다가 칠패, 이현(중도아, 중간도매시장)으로, 그리고 소매상(행상)에서 소비자로 이어지는 어물의 유통 경로가 형성되었다.[14]

왕실 잔치에서 중요했던 수산물

조선 왕실의 잔치음식에서도 수산물이 빠지지 않았다. 특히 육류를 말려 만든 육포와 함께, 두들겨 말린 전복인 추복搥鰒이나 건문어 등을 한데 모아 높이 고임 한 '각색절육各色截肉'이 대표적인 잔치음식이다. 고종의 즉위 40주년을 기념하고 망육지년

　　　　　　　　　　　　　　　　　1부　바다를 사랑한 한국인

(보령 51세)을 축하하기 위해 임인년(1902, 고종 39)에 행했던 잔치의 전말을 기록한 〈진연의궤進宴儀軌〉에 올라간 각색절육의 재료는 다음과 같은데, 바다의 온갖 중요한 산물이 총동원되어 올라간 것을 볼 수 있다.

각색절육 1그릇

홍어·상어 각 50마리, 백대구어 70마리, 광어 30마리, 문어 5마리, 전복 70개, 관포 10접, 편포·오징어 각 5접, 강요주 1동, 추복 5동, 건대하 50급, 해대海帶 20가닥, 잣 1되

궁중 잔치에 쓰인 해산물로 해삼이 빠지지 않았는데,《일성록日省錄》*에는 1797년 윤6월 18일에 혜경궁홍씨를 위해 베푼 진찬進饌에 해삼초海蔘炒를 올렸다는 기록이 나오며, 약 100년 뒤인 1882년 1월 18일 순종의 가례를 위한 재간택이 이루어졌을 때 올린 음식을 기록한 〈임오 정월 십팔일 재간택 진어상 빈상 처자상 발기〉에도 해삼적海蔘炙이 있다.

수산물은 왕실의 보양식

조선 왕실 기록에는 수산물이 중요한 보양식으로 자주 등장하는데, 고기반찬을 하지 못하는 경우 어물을 다양하게 활용했다.《승정원일기承政院日記》에는 돌아가신 대왕대비 생각에 영

---

* 영조 36년(1760)부터 1910년까지 주로 국왕의 동정과 국정을 기록한 일지.

조가 수라를 들지 못하자, 도제조 이광좌李光佐가 "여항의 효자 가운데는 병이 날 것을 염려하여 혹 홍합수계탕紅蛤水鷄湯을 먹고 나서야 슬픔으로 목숨을 잃는 일을 면하는 경우도 있는데, 그래도 사람들은 모두들 효자라고 칭송합니다. 이는 진실로 슬픈 감정을 억제하여 효를 온전히 하는 방도입니다."라고 간언하는 대목이 나온다. 또한 《일성록》 정조 5년(1781) 11월 19일 기사에 정조가 "홍합미음紅蛤米飮이 꽤 효과가 있다."라고 말하자, 직제학 서호수徐浩修(1736~99)가 "청담淸淡한 재료를 써서 몸을 보해주는 처방이므로 효과가 있을 것"이라고 말하는 장면이 기록되어 있다. 홍합 외에도 전복과 굴도 찜이나 탕으로 조리되어 보양식으로 활용되었으며, 어란이나 건어물은 입맛을 돋우는 데 이용되었다.

조선 숙종, 경종 때 어의를 지낸 이시필李時弼(1657~1724)이 1720년경 편찬한 것으로 알려진 《소문사설謏聞事說》에는 '식치방'이라는 이름으로 몸에 좋은 음식과 그 조리법이 실려 있다. 그중에는 붕어증, 석화만두, 부어죽, 어탕증, 식해법, 가마보곳, 백어탕 등의 수산물 음식이 있는데, 실제로 영조는 64세가 되어서야 붕어죽의 참맛을 알았다고 술회한 적이 있다(《승정원일기》 영조 33년 3월 1일 기사).

하사품으로 본 조선의 귀한 생선들

이덕무李德懋(1741~93)는 규장각 검서관으로 근무하고 중국 여행 경험도 있었던 실학자다. 이런 경험을 토대로 《청장관전서

靑莊館全書》를 남겼는데, 이 중 〈사소절士小節〉, 〈이목구심서耳目口心書〉, 〈앙엽기盎葉記〉는 식생활과 관련된 내용을 다루고 있어 이 분야 연구자들에게 좋은 연구 자료다.

이덕무는 엄청난 기록가였다. 그는 검서관으로 일했던 1782년에서 1793년까지 임금으로부터 하사받은 식품들을 꼼꼼하게 정리해놓았다. 여기에 기록된 식품들은 쌀부터 양고기, 사슴 뒷다리, 꿩 같은 육류, 그리고 귤과 곶감 같은 귀한 과일을 비롯해 생강, 호초에 이르기까지 매우 다양하다. 그러나 가장 많이 하사받은 식품은 단연 생선이었다. 특히 보관 저장이 용이한 절인 생선을 많이 받았다. 왕이 신하에게 아무 식품이나 내렸을 리는 없고, 따라서 아무래도 당시 귀한 식품이었을 것이다. 왕이 내린 식품의 대부분을 차지하는 생선류에는 어떤 것들이 있는지 한 번 살펴보자.

이덕무가 41세 되던 해에 웅어, 밴댕이, 준치, 산 게, 게젓, 청어, 뱅어 등을 하사받았는데, 1두름*으로 받았다. 웅어와 밴댕이도 여러 차례 하사받았지만 산 게[生蟹]도 세 차례나 받았다. 하사받은 날짜가 윤8월(양력으로는 10월)이라 더위가 남아 있을 때인데 어찌 산 게를 받을 수 있었는지 궁금하다. 게젓 항아리도 두 번 받았다. 지금도 게는 귀한 식품이고 특히 간장게장 마니아가 존재할 정도이지만, 산 게와 게젓은 조선 후기에도 귀한 하

---

* 두름은 각종 식품을 세는 단위로 한자로 여(餘)라 쓰는데, 생선의 경우 짚으로 한 줄에 열 마리씩 두 줄로 엮은 것, 즉 생선 20마리를 의미한다.

사품이었다. 이덕무가 42세가 되는 해에는 준치와 산 게, 청어를 받았으니, 산 게 하사는 계속 이루어졌다. 43세에는 대하, 말린 숭어, 문어, 생전복, 참조기, 작은 가오리, 웅어, 밴댕이, 준치, 청어 등을 하사받았다.

그다음 해에는 절인 웅어, 절인 밴댕이, 절인 청어, 절인 준치를 3월 초에 받았는데, 주로 젓갈 형태였다. 11월 초에는 생대구어 2마리를 하사받았다고 나오는데, 제철인 큰 생대구를 하사한 것으로 보인다. 이후 계속되는 하사품 중에는 말린 은어 1두름도 보인다.

종묘천신에 올린 계절별 수산물 종류

천신薦新이란 새로 난 곡물이나 과일을 먼저 신위에 올리는 것을 말한다. 유교사회에서는 이를 조상이 운감하고 자손에게 축복을 내린다는 믿음이 있었다. 즉 천신 의례는 조상께 제사를 올리고 나서 제수와 제주를 나누어 먹는 음복飮福과 같은 의미로, 조상의 음덕을 입어 자손들이 잘 살게 해달라는 기원이 담겼다.[15] 1873년에 개정된 《태상지太常志》*에 수록된 천신의 내용을 살펴보면 각종 어물이 중요하게 올라갔음을 알 수 있다. 월별 천신의 내용은 다음과 같은데, 그 종류가 많지는 않지만 계

---

* 영조 42년(1766) 왕명으로 성대중成大中이 편술하여, 고종 10년(1873) 6권 3책으로 개편한 책으로, 조선시대 사제祀祭와 의시議諡를 담당한 봉상시奉常寺의 연혁과 기구, 업무 내용 등을 수록했다.

1부 바다를 사랑한 한국인

절별로 제철 수산물이 무엇이었는지 알 수 있다.

2월: 생조개, 생전복, 생송어, 낙체(낙지)

3월: 눌어, 참조기, 위어(웅어)

4월: 오적어(오징어), 준치

6월: 은구어(은어)

7월: 연어

8월: 붕어, 게, 궐어(쏘가리)

10월: 대구어, 은어, 문어

11월: 빙어, 청어, 뱅어

12월: 생어, 즉어(붕어), 백어, 수어(숭어)

왕실 '음식발기'에 나오는 수산물

왕실의 주요 잔치나 행사 때 제공하는 음식들을 기록한 일
종의 메뉴판인 '음식발기'는 왕실 음식을 구체적으로 알 수 있
는 귀중한 자료다. 〈표 1-1〉은 조선 왕실의 음식발기에 나오는
음식 중 수산물이 재료로 들어간 것을 조리법별로 정리한 것
이다.[16] 조선 왕실에서는 수산물을 이용한 다양한 음식들을 만
들었고 이들 수산물 없이 잔치를 치르거나 제사를 지내기 어려
웠을 것임을 확인할 수 있다.

표 1-1 음식발기 속 수산물 음식

국(탕)	광대구탕, 굴탕, 금중탕, 도미탕, 백어전탕, 부어탕, 삼탕, 생석어탕, 생선감장탕, 생선전탕(生鮮煎湯), 생선탕, 생치탕, 석어탕, 소전복탕, 수어전탕, 수어탕, 어탕(魚湯), 은전복탕, 잡탕(雜湯), 전복탕, 진계탕, 튜복탕(추복탕), 티각탕, 해삼탕, 홍합탕
전골	구자탕, 면신선노, 면신설로(麵新設爐), 신설노탕, 열구자탕(悅口子湯), 잡탕신선노, 전골탕, 탕신설로(湯新設爐)
조치	명란조치, 생합조치, 염석어조치, 염진어조치, 진어조치
찜	도미증, 도미찜, 떡찜, 생석어찜, 석어찜, 잡찜, 전증(煎蒸), 태증, 티각증, 티각찜, 해삼증(海蔘蒸), 해증
조림	명태감장, 생석어감장, 생선감장, 생위어감장, 생합감장, 잡감장
초	생복초, 생선초(生鮮炒), 생전복초, 수어초, 은전복초, 전복초(全鰒炒), 튜복초, 해삼전유초(海蔘煎油炒), 홍합초(紅蛤炒)
볶음	낙제볶기, 생합볶기, 세합볶기
무침	감곽무치니, 북어무치니
저냐	각색전유어(各色煎油魚), 낙제전유아, 대하전, 백어전, 백어전유아, 삼색전유어(三色煎油魚), 생선전유아, 생선전유어(生鮮煎油魚), 생선해전(生鮮蟹煎), 생합전, 생합전유아, 수어전, 해삼전(海蔘煎), 해삼전유어(海蔘煎油魚), 해전(蟹煎)
적	각색느름적, 각색적(各色炙), 곤포적, 굴산적, 근포적, 낙제어음적(洛蹄於音炙), 다시마적, 생태적, 수어적, 어음적(於音炙), 어적, 어포적, 염고등어적, 염방어적, 염석어적, 염수어적, 염연어적, 염전어적, 염진어적, 염청어적, 오색적(五色炙), 우어간족생치(牛魚肝足生稚), 우육어음적(牛肉於音炙), 잡산적, 잡적, 해삼적(海蔘炙)
구이	어포구이, 염석어구이, 염전어구이, 염진어구이, 편포구이
편육·족편	전복숙, 각색절육편
회	각색어채, 각색회(各色膾), 삼색갑회(三色甲膾), 생복회(生鰒膾), 생합회, 숙회, 어회, 투복회, 튜복생채
포	관포, 어포, 포육(脯肉), 포(脯), 행자포, 황포, 황포차도간이
마른안주 (건효)	각색소절육, 각색절육(各色截肉), 강대구(간태), 강요주, 강요주절, 건대구, 건치절, 광어, 광어절, 대구, 대하, 문어, 문어국화, 문어절, 민어, 백대구절, 북어, 삼색소절육, 상어, 상어절, 석어, 오적어, 오적어절, 전복, 전복국화, 전복송영, 전복쌈, 전복절, 전볶기, 절육, 천리찬, 초절육, 츄복, 튜복절, 편포절(片脯切), 합대구, 화국화, 황대구(황태), 황대구절, 황포절

좌반	각색좌반, 감곽좌반, 염석어좌반, 해의좌반
장과	각색장과(各色醬果)
젓갈	각색해(各色醢), 각색혜, 각혜, 색혜, 식혜(食醢), 초복식혜(炒鰒食醢), 튜복식혜
김치	교침채, 해침채(醢沈菜), 혜숙침채

개화기, 외국인의 눈에 비친 수산물 문화

개화기에는 우리 수산물 문화가 어떻게 변모했을까? 이 시기 한반도의 생활양식은 큰 변화를 겪게 된다. 다양한 목적으로 조선에 온 한 세기 전 서양인들의 눈을 통해 살펴보자. 현재 남아 있는 서양인들의 기록 대부분은 정치·경제 상황보다는 조선을 여행하며 관찰한 조선의 풍속과 조선인들의 삶을 묘사하고 있다.[*]

수산 자원이 풍부한 조선

조선의 자연환경에 대한 서양인들의 인상은 비교적 긍정적이었다. 기후는 온화하고 토지는 비옥하여 해안이나 하천에는 풍부한 수산 자원이 있다고 평가했다. 미국 언론인이었던 켄들 Carlton Waldo Kendall이 1919년에 출판한 책에서는 조선에 대해

---

[*] 이 글에서는 구한말 조선을 여행한 서양인 기록물을 대상으로 하려 했지만 전체는 다 다루지 못했고, 대표적인 기록물을 중심으로 살펴보았다.

"염수어鹽水魚가 풍부하며 넓고 기름진 하천 유역은 한국으로 하여금 인구 2,000만 명을 먹여 살리기에는 넉넉하리만큼 부유한 나라로 만들어놓았다."[17]고 평가했다.

1886년에 조선에 방문한 미국인 헐버트Homer Bezaleel Hulbert(1864~1949)는 조선에서 잡히는 해산물을 외세가 좌지우지하는 것에 대해 지적했다.

소 이외에 이들보다 더 중요한 것은 물고기이다. 3면의 바다에는 수백 가지의 물고기들이 득실거린다. 한국인들은 심지어 상어나 낙지에 이르기까지 모든 물고기를 먹는다. 가장 많이 잡히는 것은 대구로서 동해안에서 무진장으로 잡히며 포鮑를 만들어 전국으로 보낸다. 이 밖에도 조개, 굴 그리고 새우 등의 여러 가지 어류가 잡힌다. 고래는 동해안에서 무진장으로 잡혀 최근에는 일본의 유수한 회사들을 끌어들여 이들을 잡고 있다 진주조개는 남해안에서 상당히 발견되어 만약 한국인들이 조개로부터 진주를 유출하는 방법을 알았더라면 진주는 상당히 가치 있는 것이 될 수도 있었다. 그러나 한국인들이 이용하고 있는 해산물로는 물고기와 진주만이 있는 것이 아니다. 상당한 양의 식용 해초를 딸 수가 있으며 해삼은 특히 진미이다.[18]

개화기 조선을 여행하는 서양인들은 물고기를 익히지 않고 날것으로 먹는 조선인의 모습을 문화적 다양성의 관점에서 보기보다는 미개한 문화의 야만적인 특성으로 보았다. 개화기 조선을 방문한 미국인 목사이자 과학자인 윌리엄 그리피스Wiliam Elliot Griffis(1843~1928)의 묘사도 그런 뉘앙스를 풍긴다.

조선 사람들은 모든 날 음식들을 얼굴 한 번 찡그리지 않고 꿀꺽 삼킨다. 심지어는 내장까지도 그들 사이에서는 진미로 통한다. 빈민들의 밥상에서 익은 생선을 거의 볼 수 없다. 왜냐하면 잡자마자 입을 벌리고 집어넣기 때문이다.[19]

낚시를 즐기는 조선인

프랑스의 지리학자이자 민속학자이며 여행가인 샤를 바라 Charles Varat(1842~93)의 《조선 종단기》와 프랑스계 미국인으로 한성에 주재한 외교관이었던 샤이에 롱Chaille Long(1842~1917)의 《코리아 혹은 조선》을 엮은 책이 《조선기행》(성귀수 옮김, 눈빛, 2001)인데, 이 책에서 낙동강에서 낚시를 즐기는 조선 사람들의 모습을 그리고 있어 흥미롭다. 갓 잡은 물고기를 즉시 먹는 사람들의 모습과 극동 지방의 맛있는 물고기가 묘사돼 있다. 또한 저자들은 다양한 방법으로 생선을 즐기는 조선 사람들에게 어업은 중요하다고 설명한다.

우리는 행동이라는 이름의 계곡으로 들어섰고, 곧이어 낙동강의 첫 번째 지류를 건넜다. 조용하게 흐르는 그 개천 여기저기에서 귀족이지만 가난한 조선인 몇몇이 독특한 방식으로 낚시를 즐기고 있었다. 즉 잡은 물고기의 비늘을 즉시 벗기더니, 강낭콩을 재료로 한

소스에 산 채로 담가 그대로 먹었다. 그러고는 아무 일도 일어나지 않았다는 듯 철학자 같은 표정을 짓고 몇 시간 동안이나 태연자약하게 앉아, 같은 방식으로 낚시와 식사를 함께 즐기는 것이었다. 사실 극동 지방의 물고기 맛은 별미 중의 별미이다. 일본에서 약간 먹어본 적이 있는데, 아직도 감칠맛 나는 그 느낌이 입천장을 맴돌고 있으니 말이다.

이처럼 민물 어업은 생선이라면 날것, 말린 것, 또는 그 밖의 여러 방식으로 저장한 것을 가리지 않고 항상 즐겨 먹는 조선인들에게는 없어서는 안 될 생업이다. 우리가 건넌 세 번째 낙동강 지류는 다른 강들과 마찬가지로 겨울에는 어김없이 꽁꽁 언다. 따라서 그때의 고기잡이는 얼음에 여기저기 구멍을 뚫고 그곳 주위로 그물을 드리운 다음 얼음 위를 이리저리 뛰어다니거나 두드려서, 놀란 물고기들을 그물 속에 몰아넣는 식으로 이루어진다. 물론 얼음이 든든할 정도로 꽁꽁 얼기에 가능한 일이다. 여름과 겨울의 최고, 최저 기온이 각각 영상 35도와 영하 35도는 충분히 되기 때문이다.[20]

그들은 해안 지역 사람들의 고기잡이에 대해서도 묘사했다.

섬사람들은 고기잡이를 무척 좋아한다. 별도항과 그 인근 해역에는 이중으로 단을 높인 일종의 뗏목을 타고 수많은 장정들이 고기잡이에 여념이 없는 광경을 언제든 볼 수가 있다. 그곳에서는 또한 '전복'이라 불리는 엄청난 크기의 쌍각조개가 많이 잡히는데, 그 말린 속살 맛은 너무도 유명하며, 그 껍데기에서 추출되는 최고급 나

전螺鈿은 대對 일본 판매 품목 중 수위를 차지한다. 일본인들은 그것을 본국으로 보내 그곳에서 만들어지는 가구의 자개 장식 수준을 한층 높이고 있다고 한다. 또한 해초는 섬 주민뿐만 아니라, 반도의 해안지대까지 팔려 나가 중요 양식으로 애용된다.[21]

외국인의 눈에 비친 조선인의 생선 사랑

헝가리 출신 민속학자 버라토시 벌로그 베네데크Barathosi Balogh Benedek가 1929년에 출판한《코리아, 조용한 아침의 나라》는 1900년대 초 그가 조선을 여행하면서 겪은 일들을 간결하게 담담하게 풀어낸 책이다. 베네데크는 한국인들이 좋아하는 말린 생선에 대해 이야기하는데, 향이 강한 음식에 대한 외국인의 거부감을 보여준다.

뚜껑을 막 열었을 때 예상대로 그 음식 냄새는 너무 지독하였다. 냄새를 맡은 순간 '지독한 냄새가 나는 이 음식이 차라리 개고기였더라면' 하는 생각이 들 정도였다. 여느 헝가리 사람이 이 냄새를 맡았더라면 분명 기절하고도 남았을 것이다. (중략) 이 훌륭한 음식을 젓가락으로 여기 저기 뒤적여보았는데 알고 보니 말린 일본 생선이었다. 이 생선은 말린 것이라 오랫동안 보관할 수 있었다. 한국인들은 이 생선 말린 것을 매우 좋아하였다. (중략) 이 생선은 전혀 요리를 하지 않은 상태로도 냄새가 어찌나 강한지 1km 밖에서도 이것을 파는 일본인 장수가 왔다는 것을 알아챌 수 있을 정도였다.[22]

무엇을 '말린 일본 생선'이라고 한 것일까? 번역자는 '북어'라고 각주를 달았지만, 북어는 그리 비린내가 나지 않는데다 일본인이 즐기는 생선이 아니라 의아하다.

한편, 미국의 선교사이며 한국어 학자인 J. S. 게일James Scarth Gale(1868~1937)은 《코리언 스케치》에 홍어를 대접받은 감상을 남겼다.

그 무렵에 나는 문어와 기름에 튀긴 바닷게 등 특별한 요리를 먹었다. 나는 문어를 일종의 규정식規定食으로 즐겼지만 잔치에 따르는 뒤치다꺼리에 너무 오래 시달린 끝에 드디어는 음식이 매우 나빠졌다. 나는 안 영감을 붙들고, 고기를 먹고 싶다, 닭이나 생선을 구해서 요리해주면 값을 후하게 내겠다고 말하였다. 다음 날 그는 환성을 올리면서 돌아왔는데, 큼지막한 가오리(홍어) 한 마리를 끌고 들어왔다. 그는, "자, 손님에게 대접할 고기를 구했다." 하고 소리쳤다. 그는 우물에서 흉측하게 생긴 그 생선을 씻어 몇 토막으로 자르고 소금을 뿌렸다. 이때부터 여러 날 동안은 지독하게 냄새를 풍기는 그 생선 요리가 가득 담긴 접시들이 오히려 내 식탁의 쌀밥 맛까지 망쳐버렸다.[23]

게일은 또한 산골 개울에서 낚시로 물고기를 잡는 모습을 보면서 바다에서 청어를 잡는 어부들을 떠올리며 조선인의 어업 방법을 평가했다.

　　　　　　　　　　　　　　1부 바다를 사랑한 한국인

이곳의 산골 물은 낚시질하기에 참 좋았다. 그런데, 훌륭한 낚시질 솜씨는 조선인들이 잘 모르는 기술의 하나다. 그들은 산란기에 연어와 숭어를 잡으며, 계절과는 상관이 없이 잡을 수 있기만 하면 고기를 잡는다. 우리들이 동해안에 갔을 때에는 긴 울타리의 기둥들 위에 걸린 그물을 보았는데, 파도에 밀려서 해변으로 나오는 고기들을 덮치는 데 쓰는 것이었다. 이런 그물들은 그해의 5개월 동안이나 걸려 있었다. 그것은 특히 청어를 잡기 위한 것이지만, 대구·명태·홍어·가자미 무리, 도다리 무리, 넙치, 해독이 있는 복어 따위도 잡는다. 이것은 게으른 고기잡이 방법의 하나로서, 별로 많이 잡히지는 않는다. 어부들이 거두는 성공은 다만 북위 41도 이북의 북쪽에서만 있는 일인데 대구잡이가 그것이다. 이 물고기는 대량으로 잡혀서 햇볕에 말려 국내의 각지로 보내는데, 값이 싸고 건강에 좋은 요리가 된다.[24]

미국의 천문학자인 퍼시벌 로웰Percival Lowell(1855~1916)은 겨울에 한강에서 얼음낚시를 하는 모습을 묘사했다.

저녁식사를 마치고 얼음을 지치고 싶어하는 나 때문에 일행은 강으로 내려갔다. 강은 꽁꽁 얼어붙어 있어 전혀 위험하지 않았다. 빙판 위에서는 한 무리의 어부들이 얼음 구멍을 뚫기 위한 도구를 가지고, 썰매 하나씩을 끌면서 이리저리 움직이고 있었다. 그들은 이 썰매 위에 앉아 고기가 물기를 기다렸다. 그 썰매 구조는 잡은 고기를 집으로 운반하기에도 편리하게 만들어져 있었다. 내가 보는 동안 그들은 아무것도 잡지 못했는데 이는 운이 나쁜 경우였다.

서울에서 매일 소비되는 생선들이 이들 강태공에 의해 공급되고 있었는데, 이들을 수로 따지면 한강 주변의 강둑을 따라 밀집한 마을 주민 대개가 포함될 정도였다. 즉 그들 모두의 주업이 고기잡이라 해도 무방할 정도라는 것이다. 더군다나 이맘때쯤이면 그들의 주업—농업이나 어업—이 정지 상태에 있기 때문에 낚시는 더욱 성행했다. 두 달 동안 강은 굳게 얼어붙고, 땅은 3월 중순이나 돼야 비로소 괭이질이 가능해지기 때문이다. 이렇듯 자연에 의해 강요당한 휴식 기간 동안에도 이곳의 주민들은 땔나무를 해다 팔거나, 아니면 얼음낚시에 매달린다.

낚시꾼들이 주로 잡는 물고기는 잉어다. 그들은 물속에 그물을 치고, 얼음 위에다 일정한 간격으로 구멍을 뚫어 여기에 미끼 없는 낚시를 드리운다. 그런 다음 그물이 처진 지점에서 약간 떨어진 빙판 위로부터 점차 그물 쪽으로 접근해가며 사람이 낼 수 있는 한 가장 요란한 소리를 내기 시작한다. 그 소리에 놀란 물고기들은 달아나려다 그물에 갇히고, 그러면 당황해서 오락가락하다가 낚시에 걸린다. 낚시는 각이 진 세 개의 갈고리로 되어 있는데 미끼 없이 맨 낚시를 하는 것은 겨울철뿐이고, 여름철에는 미끼를 써서 고기를 낚는다.[25]

조선 사람의 주된 식료품, 해산물과 해조류

아손 그렙스트W. Ason Grebst는 스웨덴의 종군기자였다. 그는 1904년에 조선을 여행한 후 책을 썼는데, 거기서 조선에서 쌀

다음으로 중요한 식료품인 생선에 대해 설명했다.

생선은 쌀 다음으로 코레아 사람들의 주된 식료품이다. 사람들이 가장 즐겨 먹고 가장 값싼 생선은 '링'(명태를 의미하는 듯함-옮긴이)이라고 불린다. 이 생선은 코레아의 동해안에서 대량으로 잡혀 말려진 다음 전국으로 공급된다. 이 밖에도 맛 좋고 영양가 높은 생선으로 상어와 오징어를 친다. 조개, 굴, 새우도 풍부하고, 해삼은 그 별미로 만인이 즐겨며, 말린 바닷말(미역인 듯함-옮긴이)은 빈부귀천 없이 애호하는 해산물이다. 이것은 하얀 소스에 집어넣거나 끓여서도 먹으며 유럽인의 미각에도 맞는 훌륭한 식품이다.[26]

에밀리 켐프Emily Georgiana Kemp(1860~1939)는 화가이자 스코틀랜드왕립지리학회 회원이었다. 그녀는 20세기 초에 중국과 조선을 여행한 후 그림과 책을 남겼는데, 특히 평양 거리의 매력에 인상을 받았다. 거기서 만난 해초와 생선, 말린 오징어 등에 대한 묘사다.

평양은 매우 오래된 도시이며 기자箕子가 그곳을 통치할 때인 기원전 1122년까지 거슬러 올라간다고 한다. 평양 거리는 아직 굉장한 매력을 가지고 있으나 나날이 그 매력이 줄어든다. 가게에는 먹을 수 있는 이상한 종류의 것들이 많이 있는데 그중에서 해초를 포함한 생선이 많이 있다. 말린 오징어를 줄지어 매달아놓았는데 주민들의 눈에는 그것이 맛있게 보인다. 여러 종류의 생선을 말려서 살

사람이나 가게의 장식을 위해서 보기 좋게 매달아놓았다.[27]

개화기 이 땅을 방문한 외국인들의 눈에 비친 수산물 소비와 관련된 이야기들만을 추려서 살펴보았다. 우리 민족의 풍속이나 문화를 제대로 이해 못 한 기록도 눈에 띈다. 그러나 이방인의 눈에 비친 당시의 모습 또한 우리 수산물 문화를 이해하는 데 도움이 될 것이다.

일제강점기, 수산업의 근대화?

구한말에 이르면 일본인이 중심이 되어 조선의 수산업을 상세히 조사한 결과물들이 나오기 시작했다. 특히 1908년에서 1911년까지 발간된 《한국수산지韓國水産誌》[28]는 조선총독부 농공부 수산국 수산과가 전국을 14구역으로 나눠 그 연해 및 하천의 수산물을 조사한 것이다. 물론 조선의 수산물을 효과적으로 약탈해 가기 위한 것이었지만, 나름 과학적으로 이 시기의 수산물들을 잘 정리했다.

이 책은 제1집부터 제4집까지의 4권으로 되어 있다. 제1집 (1908)에는 당시의 유용 수산물 106종을 다루고 있는데, 어류 60종, 패류 18종, 해수류 9종, 기타 10종을 조사했다. 어류로는 명태, 대구, 조기, 멸치, 청어, 방어 등이 있었고, 패류에는 전복, 소라, 오분자기, 피뿔고둥, 홍합, 가리비, 굴, 조개 등이 있었고, 해조류에 다시마, 감태, 곰피, 미역, 청각, 김, 우뭇가사리, 파래 등이 있으며, 해수류에는 고래, 물개 등과 기타 해삼, 성게, 새우류, 꽃게, 문어, 오징어, 해파리 등이 있다. 한국인의 기호 수산물은 19세기에 많이 잡히던 수산물과 일치하는데, 이는 자원이 풍부하고 잘 잡히는 것을 많이 먹게 됨으로써 그 맛에 익숙해진 결과로 보인다.[*]

일제강점기의 어업

일제강점기는 1910년부터 1945년 8월 15일 광복까지 35년간 일본제국주의에 의해 식민통치를 당한 시기다. 그 시기 후반, 일본은 1931년 만주사변, 1937년 중일전쟁, 1941년 태평양전쟁을 일으키며 조선을 병참 기지로 삼고 인력 강제동원과 물자 공출을 감행했다. 이로 인해 조선은 극심한 식량난에 시달렸고, 조선인의 삶은 피폐해졌다.

일제의 침략 정책은 어민들의 생업에도 치명적인 영향을 끼쳤다. 그들은 1883년에 '한일어업협약'을 강제로 체결한 뒤, 우리 연해의 수산업에 뛰어들었다. 그로부터 우리 연해의 주요 어항에 일본인 부락이 형성되고 일본의 석유발동선이나 트롤선 등이 제주도와 전라도 연해에 드나들면서 해삼, 전복과 같은 고급 수산물을 마구 채취했다.[29] 일본인들의 우리 연해 침입은 날이 갈수록 도를 더해 1892년 말 일본 군함이 출장 보고한 바에

---

[*] 이 부분은 한식진흥원의 근대한식 아카이브(www.hansikarchiv.or.kr)를 참고했음을 밝힌다.

따르면, 일본 어민들은 120여 대의 잠수기를 휴대하고 대거 제주도의 황금어장에 침입하여 우리 어민들의 생계 자원을 모조리 박탈하고 있었다 한다. 이렇듯 일본 감독관청 자체에서 시인하리만큼 온갖 만행을 자행하고 있었던 것이다.

게다가 상권에서 그랬던 것처럼 어권에서도 청일 간의 각축이 벌어졌다. 이 틈바구니에서 기술이나 선박이나 어구 등의 모든 조건에서 양국에 비해 크게 열세에 있었던 우리 어민들은 양국의 약탈에 밀려 생활이 크게 위협을 당하게 되었다. 그러나 일본인들은 고삐를 늦추지 않고 1904년 6월경에 충청도에서 평안도에 이르는 서해안 일대의 어업권을 탈취했으며, 나아가서 우리나라 전 지역의 해안에서 자유로이 어로 활동을 벌였다.

1908년 2월 25일자 《대한매일신보》에 게재된 다음의 글은 어업권을 잃지 않으려는 당시 어민들의 모습을 보여준다.

백구야 호해상에 왕래하니 어부생에 녜아닌가. 포경기지 할정하야 연해지리 진귀하니 위연구어 뎌 수달이 은린옥척 무유로다. 퇴이결망 광장하여 어업권을 일치마라.

조선의 수산 특산품

일제강점기는 전통 식문화가 근대 식문화로 전환되는 시기이기도 했다.[30] 이때 일본인과 서구인들에 의한 서구식 식품 가공 기술 도입으로 식품 가공 공장이 건설되기 시작했는데, 특히 어패류와 그 가공품 공장이 41개 지역에 26종으로 가장 많았다.

이는 대부분 일본으로 가져가기 위한 생산이었고, 생선을 위주로 한 식사를 하는 일본인들의 기호가 반영된 것이다.

이때 만들어진 공장 중 하나는 한천 제조 공장이었다. 조선총독부 철도국에 근무하던 사토 사카에다佐藤榮枝가 1933년에 펴낸《조선의 특산: 어디에 무엇이 있을까朝鮮の特産どこに何があるか》에 의하면, 한천은 호남선이 연결된 장성의 특산품이었다. 장성 한천은 1912년 12월에 생산을 시작해 1919년에 최신식 공장을 증설하여, 1931년 연간 10만 근을 생산할 정도로 발전하여 당시 소련과 거래를 할 정도였다고 한다. 오늘날 가장 대규모로 한천을 제조하는 경남 밀양 또한 1913년에 시작하여 현재까지 지속되는 것이다.

철도청에 근무한 사토의 책이니만큼,《조선의 특산》은 철도 노선을 따라 조선의 특산물을 소개했다. 수산물에서 중요한 노선은 호남선이었다. 호남선이 다니는 강경의 특산물은 염장조기였는데, 당시 서해에서 잡힌 조기가 강경에 모여 염장조기로 가공되었다. 역시 호남선이 지나는 군산의 부둣가 인근에는 냉동 공장이 있었다. 군산 인근 바다에서 잡히는 주꾸미, 뱅어, 새우, 도미, 고등어, 넙치, 조기, 농어, 동갈민어 등이 냉동어로 가공되었는데, 냉동어의 대부분은 냉동 장치가 설비된 선박을 통해 일본 시모노세키 공장으로 보내졌다.

경의선의 종점인 신의주는 압록강 유역에서 뗏목을 타고 잡은 뱅어와 뱅어포로 유명했다. 뱅어는 압록강의 얼음이 녹은 봄철 2개월 동안 잡았다. 뱅어는 말린 뱅어와 뱅어포로 가공되었다. 말린 뱅어는 뱅어를 삶아 간을 한 뒤 그늘에 말린 제품으로, 다량의 조미료를 사용하여 완성된 상품은 약간 짜고 매운 맛이 있었다. 가벼운 안주용으로 좋은데, 그 맛이 좋아 일본 황실에까지 납품했다고 한다. 뱅어포는 재료의 원형을 유지하는 말린 뱅어와 달리 뱅어를 완전히 구워서 만들었다. 1920년에 일본인 업자에 의해 전병 형태로 구운 뱅어를 판매하기 시작했다고 한다.

함경선의 청진 또한 수산물 집산지로 유명했다. 특히 오징어는 어처구니없을 정도로 많이 잡혀 '바보 오징어'라 불릴 정도였다고 한다. 청진 앞바다에서는 방어도 많이 잡혀, 오상진五常津, 삼포동三浦洞, 이진梨津, 대양화大良化 등 4개의 방어 전문 어장이 있었다. 어획한 방어는 냉동시킨 후 대부분이 일본으로 반출해, 조선인에게는 보이지 않는 대량 생산물이었다. 방어는 냉동 장치가 달린 배에 실려 일본 시모노세키로 보내지고 조선 내에서는 일본 군인들에게로 보내졌으므로, 결국 일본인이 모두 소비한 셈이다.

함경선 따라 나오는 신포新浦는 조선에서 유일하게 게의 알젓을 생산하는 곳이었다. 게의 알이 다 성장하기 전에 신선한 알을 채취하여 만들었다. 성게알젓은 함경선 일신日新이 특산지였다. 1927년 일본인이 성게알젓 제조 사업을 시작하여 1930년대에는 연간 1만 5,000엔의 매출을 올렸다고 한다.

경부선에는 마산이 있었다. 바다를 통해 일본과 맞닿아 있는 마산은 조선에서 가장 유력한 해삼 공급지였다. 해삼 내장젓은 일본에서 숭어알젓, 성게알젓과 함께 일본 3대 진미 중 하나로 꼽힌다. 신선한 해삼은 석유 캔에 100개씩 넣어 조선 각지로 보냈고, 건해삼은 중국에 수출했다고 한다.

경원선의 종점 원산은 명태와 명란을 파는 시장으로 유명했다. 명란은 조선 사람은 물론 일본인에게도 인기가 많아 1930년대 초반 연간 30만 관에서 50만 관(1관은 3,750g)에 달하는 명란이 일본으로 이출되었으며 러시아, 중국으로도 약 2만 관이 수출되었다고 한다. 한반도 각지에서 굴이 생산되지만, 원산 영흥만 부근의 송전만 굴이 가장 유명했다. 조선 내에서는 생굴로 각지에 발송되고, 말린 굴은 일본 고베, 대만, 중국 등으로 수출되었다.

이외에도 영산강에서 포획한 뱀장어를 몽탄에서 통조림으로 가공했는데, 이 또한 주로 일본으로 수출되었다. 전남 영암군 미암 앞바다에서 잡은 해파리는 함평에서 가공돼 90%가 일본으로 수출되었고, 나머지가 조선과 만주에서 소비되었다.

대량으로 어획했으되 먹지는 않은 수산물이 있다. 바로 정어리다. 정어리는 식용으로 유통되지 않고, 지게미와 기름 생산의 원료로 사용되었다. 정어리 지게미는 비료로 썼고, 정어리 기름은 공업용으로 썼는데, 또한 일본으로 수출했다.

한중일 3국이 달랐던 어패류 기호

조선시대 초기 어업에서는 민물고기가 큰 비중을 차지했지만, 어업 기술이 발달한 조선 말기에는 바다에서 하는 해면 어업이 압도적 비중을 차지하게 되었다. 조선총독부가 펴낸《한국수산지》에는 우리나라 해역에서의 중요한 수산 자원뿐 아니라 당시 한국인과 중국인, 일본인의 해산물에 대한 선호도가 기술돼 있다. 즉 한국인은 명태, 조기, 새우, 멸치, 청어, 대구를 좋아하고, 일본인은 도미, 멸치, 삼치, 조기, 해삼, 전복을 좋아하며, 청국인은 갈치, 준치, 달강어, 조기, 새우를 좋아한다는 것이다.

조선의 개항 초기에 일본 어민이 조선 어장에 진출한 이유는 조선 어장에서 잡히는 생선에 대한 선호도가 한국과 일본이 달라 서로 득이 되었기 때문이라고 한다. 일본인이 선호하는 어종인 삼치, 장어, 멸치 등이 조선 어장에 많았으나 조선인은 조기, 명태, 대구 등을 좋아했다. 전자는 일본에서 고급 어종으로 돈벌이가 되는 생선이었지만, 조선 어장에서는 풍부하게 어획되어 저렴했다. 따라서 어종을 둘러싸고 조선 어민과의 경합이 적었고, 일본에서 판매할 수 없는 잡어는 조선 상인들이 매입해주었다는 것이다. 즉 시장수요가 달랐고 어장의 가치도 달랐다는 점이 일본 어민의 초기 조선 어장 진출의 요인이었다. 초기의 동기는 곧이어 국가권력을 뒷배로 한 일본 어업의 조선 진출로 양상이 달라지나, 선호 어종의 차이가 일본 어민을 조선 어장으로 끌어들인 초기 요인이었다는 점은 유의할 만하다.

1905년에 간행된《한국 산업 조사 보고서》에는 일본인에 의한 한국과 일본 간의 수산물 기호 차이가 다음과 같이 소개되어 있어 흥미롭다.

충청도 근해에서는 삼치를 우어라 하여 기피하는 경향이 있고, 도미는 한국인의 수요가 적은 것은 아니지만, 일본인만큼 귀중하게 보지는 않으며 가격도 비교적 싸다. 붕장어, 갯장어, 서대 등은 한국인으로서는 일고의 가치도 없다. 그러나 갈치, 명태, 조기 등은 일본인들이 싫어하는데도 한국에서의 수요가 가장 많았다. 그 밖에 민어, 가오리, 볼락, 청어, 대구 등은 한국인이 가장 환영하는 것이기에 많이 잡아도 가격이 폭락하는 일이 없다. 그리고 어류 이외 각종 패류가 많아서 전복 같은 것은 잠수품 어선 1척이 매일 많은 양을 쉽게 잡을 수 있었고, 큰 것은 1개의 무게가 3kg 이상 되는 것도 있었다. 홍합은 잠수기 어선으로써 하루 조업하여 2회 만선할 정도이었으며, 함경도에 많이 나는 가리비도 하루에 100두나 잡을 수 있었다고 하니 이들의 서식량이 매우 많았음을 알겠다.

이처럼, 일제강점기까지만 해도 수산물 기호에서 한국과 일본은 상당한 차이를 보였지만 현재는 많이 바뀌었다. 예를 들어 우어라며 기피하던 참치도 지금은 한국인들이 좋아하는 생선이 되었다. 또 지금 한국에서 도미, 붕장어, 갯장어 등이 인기 있는 것은 아무래도 일본의 영향이라고 생각된다.

바다음식을 사랑한
조선 사람들

조선시대에는 이렇게 중요한 바다음식들에 깊은 관심을 가지고 잘 관찰하고 기록을 살펴 수산서를 집필한 지식인들이 있었다. 그들은 백성을 사랑했고 백성이 굶주리지 않게 하는 방편으로 바다음식에 관심을 가지고 이를 연구하고 기록했다. 여기서는 이 수산서를 중심으로 조선의 바다음식들을 살펴볼 것이다.

무엇보다 수산물은 한국인의 정체성을 나타내는 문화상징이었다. 그래서 문인들이 남긴 일기와 화가들이 남긴 풍속화에서 다양한 수산물을 만날 수 있다. 이를 통해 우리 물고기 문화를 읽어보려고 한다. 이제부터 이들을 만나는 여행을 떠나보자.

3장

바다를 기록한
조선 지식인들

　조선시대 사대부들이 남긴 문집에는 음식에 관한 글이 의외로 많다. 그들은 자신의 건강관이나 음식관을 피력하기도 했고, 식재료와 조리법을 지식의 전수 차원에서 기록하기도 했다.

　조선의 남성들이 남긴 음식 관련 책으로 먼저 의서를 들 수 있다. 전통의학에서는 식치食治를 중시했기 때문으로, 어의 전순의全循義의 《산가요록山家要錄》과 《식료찬요食療纂要》, 역시 어의인 이시필의 《소문사설》이 대표적이다. 유교사회에서 제사와 빈객 접대를 담당한 이가 남성이라는 것을 볼 때 안동 지역 사대부인 김유金綏(1481~1552)가 《수운잡방需雲雜方》을 쓴 것 역시 자연스럽다. 조선 후기의 실학자들은 농업 및 음식에 관한 백과전서적인 기록을 많이 남겼다. 대표적인 저술이 서유구의 《임원경제지》 중 〈정조지鼎俎志〉일 것이다.

그런데 이러한 조선시대 음식서 중에서도 특별한 책들이
있다. 음식서라기보다 수산생물학 혹은 해양지식을 다룬 책이
라고 볼 수도 있지만 어쨌든 물고기류를 주제로 한 책을 편찬한
남성 유학자들이 다수 있었다.

〈표 2-1〉은 조선시대 대표적인 수산서들을 정리해놓은 것
이다. 우리의 수산물 기록서들을 살펴봤을 때, 1425년《경상도지
리지》토산부에 처음으로 물고기 관련 기술이 등장한 이래 18세

표 2-1 조선시대의 물고기 백과사전류

서명	저자	편찬 시기	지역	내용
우해이어보	김려	1803년	우해 (진해)	어류 53종, 갑각류 8종, 패류 11종, 총 72종
자산어보	정약전	1814년	흑산도	권1: 인류 73종 권2:무인류 44종, 개류 67종 권3: 잡류 45종, 해충, 해금, 해수, 해초 총 55항목 226종
난호어목지 /어명고	서유구	1820년	난호 (임진강 주변)	강어 55종, 해어 78종, 논해어미험(증험하지 못한 고기) 9종, 논화산미견(중국 서적에 있으나 저자가 확인하지 못한 고기) 11종, 논동산미상(동양 물고기로 확실하지 않은 고기) 1종, 총 154종
임원경제지 /전어지	서유구	1827년		총 157종
오주연문장전산고 /만물편 충어류	이규경	1850년대	바다 /민물	어(인충) 360종

기 말까지 편찬된 역사서의 지리지, 지리서, 유서, 농서, 의서, 시 문선집, 역어휘집 등에서 물고기의 명칭과 산지에 대한 기록을 찾아볼 수 있었다. 그러다가 19세기 들어서는 이 표와 같은 물고 기 백과사전류가 등장하게 된다. 현재까지 발견된 조선시대 수산 서로 《우해이어보》, 《자산어보》 그리고 《난호어목지》가 있는데, 이 세 편은 조선의 3대 어보魚譜로 꼽힌다. 수산물을 연구하는 사람이라면 늘 인용하는, 우리 물고기를 가장 잘 설명한 책으로 손꼽힌다. 그 외에도 이규경이 기록한 《오주연문장전산고》 〈만물 편〉의 충어류 또한 우리가 놓칠 수 없는 어류학서다.

조선 최초의 수산서, 김려의 《우해이어보》

《우해이어보牛海異魚譜》는 조선의 문인 김려金鑢(1766~1822)가 우해牛海, 즉 진해 앞바다의 바다생물에 대해 기술해 1803년에 펴낸 우리나라 최초의 어보다. 제목은 '우해에서 나는 이상한 물 고기[異魚]의 족보"라는 의미다. 우리나라 최초의 어보는 정약전 의 《자산어보》라고 생각하는 사람이 많지만 실은 《우해이어보》 가 최초의 어보로, 《자산어보》보다 11년이나 앞서 나온 것이다. 우리나라 최초의 어보를 쓴 김려는 누구이며, 《우해이어보》는 왜 썼을까?

담정 김려는 누구인가
김려의 자는 사정士精, 호는 담정薄庭으로, 집안이 노론계의

2부 바다음식을 사랑한 조선 사람들

비중 있는 명문이었다. 김려는 젊은 시절에 촉망받는 인재로 인정받았지만 당쟁에 휘말려 여러 차례 유배를 당했다. 김려는 1797년에 강이천姜彛天의 비어옥사蜚語獄事에 연좌되어 함경도 부령으로 유배되었다. 그는 유배지에서 부사와는 반목하고 가난한 농어민과 친밀하게 지냈다고 한다. 심지어 그곳에서 관기들과 어울리며 그녀들을 위한 시를 지어 필화筆禍를 입기도 했다. 그러다가 순조 1년(1801)에 강이천 사건이 재조사되는 과정에서 천주교도와 교분을 맺은 혐의로 또다시 유배되었다.

김려는 1801년 4月부터 옛 진해현(지금의 경남 창원시 마산합포구 진동면 일원) 율현촌 염밭마을에서 유배 생활을 시작한다. 이곳에서 보수주인(유배 죄인의 거처를 제공하고 죄인을 감시하는 사람)의 어린 아들과 작은 배를 타고 바다로 나가 잡거나 본 어류와 갑각류 및 패류 72종을 정리해 《우해이어보》를 저술한 것이다.

《우해이어보》 서문*에 의하면, 김려가 집필을 시작한 때는 진해에 유배된 지 2년여가 지난 계해년(1803) 늦가을이다. 자신을 '한류고자寒皐鼻子', 즉 차가운 언덕에 갇힌 사람이라면서, 유배 생활 2년 동안 매일 아침 겨우 열두어 살 된 어린아이와 함께 차 도구를 챙겨 고기 바구니와 낚싯대를 가지고 작은 배를 타고 바다로 나가 밤을 새우고 돌아오곤 했다고 적었다.

그는 그는 유배 생활 중 생소한 물고기가 그 수를 헤아릴 수 없이 많은 것을 보았고, 처음으로 바다가 육지보다 넓고 오히려 바다생물이 육지생물보다 많다는 것을 알게 되었다고 했다. 그렇게 만난 바다생물 72종을 기록했는데, 당시 잘 알려진 생물은 제외하고, 비교적 생소한 종만 가려서 실었다. 책 제목에 '이상한 물고기[異魚]'를 넣은 이유가 되겠다.

《우해이어보》가 다루는 바다생물들

이 책에서 소개한 수산물은 어류 53종(연체동물 포함)과 갑각류 8종, 패류 11종이다. 어종별로는 가까운 종류로 생각되는 것을 함께 설명했다. 수산물 이름은 한글이 아니라 한문차자를 사용해 표시했고, 또 만든 글자도 많이 사용했다. 각 수산물을 설명할 때는 각종 이명異名이나 형태, 습성, 맛 등을 비롯해 이용법과 어획법 그리고 유통 등의 문제를 언급한 부분도 많다. 〈표 2-2〉는 《우해이어보》에 나오는 바다생물을 정리한 것이다.[1]

김려는 바다생물의 형태와 성질에 대한 정보뿐 아니라 그 생물이 일으킬 수 있는 질병에 대해서도 설명했다. 예를 들어 정어리에 관해서 "정어리가 많이 잡히면 반드시 장려漳癘**가 많이 발

---

* (앞쪽) 牛海者 鎭海之別名也 余之竄于鎭 已二週歲矣 薄處島隅 門臨大海 與艄夫漁漢 相爾汝 鱗彙介族相友愛 儼居主人家 有小漁艇 童子年纔十一二 頗識幾字 每朝荷短筶 箵 持一釣竿 令童子奉烟茶爐具 棹艇而出 常往來於鯨波鰐浪之間 近或三五七里 遠 或數十百里 信宿而返 四時皆然 不以得魚爲念 只喜日聞其所不聞 日見其所不見 夫魚 之詭奇靈恠可驚可愕者 不可彈數 始知海之所包 廣於陸之所包 而海蟲之多 過於陸蟲 也 遂於暇日 漫筆布寫 其形色性味之可記者 並加採錄 若夫鯪鯉鱷鯊魴鰍鮰�人所共 知者 與海馬海牛海狗猪羊之與魚族不干者 及其細瑣鄙猥不可名狀 且雖有方名而無意 義可解 侏儺難曉者 皆闕而不書 書凡一卷 玆加歡寫 名曰牛海異魚譜 以爲他日若蒙恩 生還 當與農夫樵叟 談絶域風物於灌畦 田之暇 聊博晚暮一粲 非敢有裨乎博雅之萬一 云 癸亥季秋小晦 寒皋鯥子書于儼舍之雨篠軒.

** 악성 학질. 덥고 습한 지역에서 주로 발생한다.

2부 바다음식을 사랑한 조선 사람들

표 2-2 《우해이어보》에 나오는 주요 바다생물

		표제어(한글명)
魚		文鰤魚(문절망둑), 鮚魚松(각시붕어), 甫魚羅(볼락), 虹魚寺(꽁치), 馬虹魚寺(학꽁치), 鮦鮦(흰 실뱀장어), 鼠魚晶(쥐노래미), 石河魨(졸복), 沈子魚/比目魚(넙치), 都魚鬼(돌고래의 일종), 鰯鯊魚(모래무지의 일종), 魚黍魚鬃(정어리멸치), 魚蠹蛇(가방어), 魚烏鮐(오징어), 鱸奴魚(꺽정이), 石首査(참조기), 鰷鰾(민어), 豹魚(메기), 魚參魚差(다랑어), 鰲魚央(납자루), 魚矛魚質(동자개/창고기), 靑家魚烏魚里(가오리/홍어), 鬼鮇/陶魚骨(도미), 闆良魚/鰞魚虎(문어/낙지), 安魚盤魚/可達魚摩魚支(꺽정이의 일종), 魚雷(쏘가리), 眞鯖(참청어), 飛玉(뱅어), 魚戒魛魚(웅어), 鰷錫(붕어의 일종), 魠鯉(꼬치삼치), 鑌穌(황밴댕이), 石鯿子(방어), 吐魚墨/銀色鯉魚(은잉어), 鬐魚羔(동자개), 海陰莖(개불), 貝魚(숭어의 일종), 黑錡鮑(복의 일종), 魠魚曷/阿只魚矛魚酱(숭어의 일종), 魚風魚(돌고기), 魚龍魚胥(드허리), 倭魚松(왜송어), 箭沙鱣魚(철갑상어의 일종), 鱗芽(웅어의 일종), 帖錢鰱魚(은연어), 舒魠(미꾸리), 鮴達魚(도다리), 白條魚(잉어의 일종)
부록	蟹	苣藤蟹(참게), 石蟛(돌방게), 馬糞蟹(말똥게), 白虫越(달랑게), 鉅齒蟹(꽃게), 虫邊虫片(농게), 平床蟹(평상게)
	蛤	老姑蛤(할미조개), 長蛤(긴조개), 半月蛤(반달조개), 瓦壟子(꼬막)
	螺	鸚鵡螺(앵무소라), 蟹螺(집게), 蝦兒矗螺(새우소라), 鶴鳥螺(황새소라), 海葠 古董(해삼고동)

생한다고 하며, 본토박이는 이를 많이 먹지 않고 어류가 희귀한 인근의 함안·영산·칠원 지방에 내다 판다."라고 설명했다. 이를 통해 1800년을 전후한 시기에 진해 지방 해안에서 정어리가 많이 어획되었다는 사실을 알 수 있으며, 정어리는 기름(지방)이 많아서 당시에 배를 곯던 백성들이 먹고 설사하는 일이 잦았을 것을 추측할 수 있다.

김려는 이 저술이 "만에 하나라도 지식이 해박한 사람을 돕기 위한 것이 아니라 단지 유배가 끝난 후 농부와 나무꾼에게 이 낯선 풍경을 이야기해주기 위해서"이며 "늦은 저녁에 한 번 웃는 것으로 족하다."고 겸손하게 썼다. 풍류를 겸한 관찰이었 던 만큼, 〈우산잡곡牛山雜曲〉이라는 칠언절구 39수를 덧붙이고 있다. 이 시들을 통해 어류에 대한 정보뿐 19세기 초반 남해안 어촌 마을의 풍속도 알 수 있다. 그중에서 문어를 두고 지은 시 가 재미있어 옮겨본다.

고요한 밤 깊은 골짜기 달빛은 희미한데　　　夜靜谿沉月色微

왕문어가 이끼 낀 바위에 요란스레 그림자를 흔드니

　　　　　　　　　　　　　　　　　　　鰞蹄弄影鬧苔磯

마을 처자가 정분 난 중인 줄 착각하고서　　　村丫錯認情僧到

황급히 빈 침상에서 내려와 사립문을 여네　　　忙下空床啓竹扉

　　　　　　　　－〈마을 처자 정분 난 중인가, 왕문어〉[2]

정약전이 사랑한 물고기와 민초들, 《자산어보》

《자산어보妶山魚譜》를 저술한 이는 손암 정약전丁若銓(1758~ 1816)으로, 다산 정약용의 형이다. 《자산어보》는 가장 유명한 조선의 수산 연구서다. 이 책에 대한 연구나 책도 나와 있고*, 얼

---

* 그중 대표적인 것으로 2002년에 출간된 이태원의 《현산어보를 찾아서》(청어람)와 2008년에 나온 김홍석의 《우해이어보와 자산어보 연구》(한국문화사) 등을 들 수 있다.

　　　　　　　　　　　　　　　2부　바다음식을 사랑한 조선 사람들

마 전에는 영화(2021년 개봉)도 제작되었다. 소설가 김훈의 소설 〈흑산〉(학고재, 2011)도 정약전(과 그의 조카사위인 황사영)을 주인공으로 한 것이다.

정약전은 천주교를 통해 새로운 세상을 꿈꾸었으나 현실의 벽에 부딪치고 말았다. 그는 유배지 흑산 바다에서 눈앞의 물고기를 들여다보며 실증적인 어류생태학 서적《자산어보》를 썼다. 김훈은 손암이 되어 다음과 같이 작가의 말을 썼다.

나는 흑산에 유배되어서 물고기를 들여다보다가 죽은 유자儒者의 삶과 꿈, 희망과 좌절을 생각했다. 그 바다의 넓이와 거리가 내 생각을 가로막았고 나는 그 격절의 벽에 내 말들을 쏘아댔다. 새로운 삶을 증언하면서 죽임을 당한 자들이나 돌아서서 현세의 자리로 돌아온 자들이나, 누구도 삶을 단념할 수는 없다.[3]

학자로서, 종교를 통해 새로운 세상을 꿈꾸던 사람으로서 그의 고민이, 흑산도 민초들과 만나 맺은 결실이 바로《자산어보》인 것이다.

손암 정약전은 누구인가

정약전은 영조 34년(1758) 3월 1일 경기도 광주 마현馬峴에서 태어났다. 자는 천전天全, 호는 손암巽庵이다. 아버지는 진주목사를 지낸 정재원丁載遠이고 어머니는 해남윤씨로, 윤두서의 손녀다. 정재원은 부인이 두 명이었는데, 약전은 둘째 부인인 윤씨의 3남 1녀 중 큰아들이다. 이복형으로 약현丁若鉉, 두 동생 약종若鍾과 약용若鏞이 있었고, 누이는 조선 천주교 최초의 영세자 이승훈 신부의 아내다.

천주교도 박해 사건인 신유박해(1801) 때 정약전 형제는 수난을 입었다. 바로 아래 동생 약종은 처형됐으며, 자신은 신지도(전남 완도군)로, 약용은 장기현(경북 포항)으로 유배되었다. 그러다 형 약현의 사위 황사영黃嗣永이 북경에 있는 프랑스 주교에게 조선에서의 천주교 포교를 위해 함대를 파견할 것을 요청한 편지를 보낸, 이른바 '황사영 백서' 사건이 일어나자 정약전은 전남 흑산도로, 정약용은 전남 강진으로 이배되었다. 이 유배 생활 중 정약전은《자산어보》를, 정약용은《목민심서》등을 집필했으니, 개인의 비극이 우리 사상사의 성과로 이어진 아이러니라 하겠다.

흑산도라면 교통이 발달한 지금도 오가기 쉽지 않은 곳이다. 유배 생활에서 몰려오는 외로움을 잊기 위한 방편이기도 했겠지만, 그 멀고 먼 흑산도에 유배된 정약전은 비로소 바쁜 한양 생활에서 벗어나 외로운 바닷가에서 삶을 관조하게 되었을 것이다. 그러한 관조 속에서 정약전이 기록한 바다생선들은 우리 선조의 삶을 지탱시켜준 자원의 보고였다. 정약전은 유배에서 풀려나지 못한 채 끝내 흑산도에서 생을 마감했다.

《자산어보》에 담긴 물고기들

전라도 흑산도 연안의 물고기를 대상으로 실지 조사와 원주

표 2-3 《자산어보》에서 다룬 주요 바다생물

종류	주요 항목	종수
인류	석수어(石首魚), 치어(鯔魚), 노어(鱸魚), 강항어(强項魚), 시어(鰣魚), 벽문어(碧紋魚), 청어(靑魚), 사어(鯊魚), 검어(黔魚), 접어(鰈魚), 소구어(小口魚), 도어(魛魚), 망어(望魚), 청익어(靑翼魚), 비어(飛魚), 이어(耳魚), 전어(箭魚), 편어(扁魚), 추어(錘魚), 대두어(大頭魚)	20항목 71종
무인류	분어(鱝魚), 해만려(海鰻鱺), 해점어(海鮎魚), 돈어(魨魚), 오적어(烏賊魚), 장어(章魚), 해돈어(海豚魚), 인어(人魚), 사방어(四方魚), 우어(牛魚), 회잔어(繪殘魚), 침어(鱵魚), 천족섬(千足蟾), 해타(海鮀), 경어(鯨魚), 해하(海蝦), 해삼(海參), 굴명충(屈明蟲), 음충(淫蟲)	19항목 45종
개류	해구(海龜), 해(蟹), 복(鰒), 합(蛤), 감(蚶), 정(蟶), 담채(淡菜), 호(螺), 나(螺), 율구합(栗毬蛤), 구배충(龜背蟲), 풍엽어(楓葉魚)	12항목 65종
잡류	해충(海蟲), 해금(海禽), 해수(海獸), 해초(海草)	4항목 45종

민과의 대화 그리고 관련 물고기 문헌을 참조해 기록했다. 인류鱗類, 무인류無鱗類, 개류介類와 잡류雜類 총 226종에 대하여 자세히 기록했는데, 인류는 20항목 71종, 무인류는 19항목 45종, 개류는 12항목 65종, 잡류는 4항목 45종으로 총 55항목 226종을 다룬다. 이는 당시까지 가장 방대하고 자세한 바다생물 분류법이었다. 또한 관련 내용을 자세히 기록하고 있는 최고의 어류서였다. 특히 한국과 중국의 문헌을 인용해 내용을 고증·보충하고 기존 오류의 정정 외에 실지 조사의 필요성과 본인의 의견도 기술하고 있다. 〈표 2-3〉은 《자산어보》에 나오는 주요 바다생물이다. 항목별 설명은 《우해이어보》와 같이 각종 이명里名, 형태,

표 2-4 《자산어보》에 나오는 해초들

표제명	속명 혹은 현지 명칭	특징
해조(海藻)	말, 모자반	세 종류가 있는데 기름조와 고동조는 데쳐 먹을 수 있고 국을 끓여 먹을 수 있다.
해대(海帶)	감곽, 미역	해산한 여성의 여러 병을 치료하는데, 이를 뛰어넘는 약은 없다.
가해대(假海帶)	쇄미역, 넓곽, 넓미역	매우 무르고 얇다. 국을 끓이면 매우 미끌미끌하다.
흑대초(黑帶草)	미역이나 다시 마류로 추측	해대처럼 검고 검은 비단 띠와 같다.
적발초(赤髮草)	개지누아리	쓰임새를 들어본 적이 없다.
지종(地騣)	지충이	색은 황흑이고 보리밭에 거름으로 쓴다.
토의채(土衣菜)	톳	잎이 인동 꽃봉우리와 비슷해 가늘고 끝으로 갈수록 도톰하지만 끝은 다시 뾰족하며 잎의 속은 비어 있다. 맛이 담백하며 개운해서 데쳐 먹을 만하다.
해태(麥苔)		뿌리가 바위에 붙지만 줄기와 가지는 없어서 바위 위에 넓게 깔린다. 색은 푸르다.
해추태(海秋苔)	갈파래	맛은 싱겁고 씹으면 불어나서 입안에 그득해지며 8~9월이면 시들기 시작해 추태라고 한다.
맥태(麥苔)		잎이 길고 넓게 주름져 추태와 비슷하다. 보리를 수확하는 5~6월에 다 자라기 때문에 이렇게 이름 붙였다.
상사태(常思苔)	가시파래, 납작 파래	맛이 달고 좋아 태류 중에서 으뜸이다.
매산태(苺山苔)	매생이	검푸르고 국을 끓이면 부드럽고 미끌미끌하며 서로 뒤엉켜서 풀어지지 않고 맛은 매우 달고 향기롭다.
적태(赤苔)		적색이고 맛이 싱겁다.
갱태(羹苔)	홑파래	연하고 미끌미끌해 국을 끓여 먹기에 좋다.
신경태(信經苔)		매산태와 비슷하지만 거칠고 짧다. 싱겁다.
저태(菹苔)	잎파래	맥태와 유사하며 초겨울에 난다.

감태(甘苔)	가시파래	산태와 비슷한데, 맛은 달고 갯벌에서 자란다.
자채(紫菜)	짐(김)	뿌리가 돌에 달라붙어 있지만 가지는 없어서 바위 위에 넓게 퍼져 있다. 색은 자흑이며 맛은 달고 좋다.
엽자채(葉紫菜)	입짐	맥문동 잎과 비슷하지만 얇아서 투명하며, 미끌미끌하고 윤이 난다.
가자채(假紫菜)	방사무늬돌김	갱태와 모양이 같다.
세자채(細紫菜)		좁고 가늘다. 맛은 싱겁고 쉽게 썩는다.
조자채(早紫菜)	삼짐	엽자채의 무리
취자채(脆紫菜)	물개짐	햇빛에 말리면 색이 붉어지고 싱겁다. 나무틀에서 종이를 뜨는데 해의라고 한다.
석기생(石寄生)	뜸부기	색은 황흑이고 맛은 담백해 국을 끓일 수 있다.
驛加菜 (종가사리)	불둥풀가사리	부드럽고 미끌미끌해 국을 끓일 수 있다.
섬가채(蟾加菜)	풀가사리	끈적끈적해 풀로 사용한다.
조촉초(鳥足草)	세발	줄기와 가지가 마르고 야위었다.
해동초(海凍草)	우모	여름철에 끓여서 우무묵을 만드는데 부드럽게 응고되며 투명하고 미끌미끌해서 먹을 만하다.
만모초(蔓毛草)	나출우모초	우무묵을 만들기도 하지만 해동초보다 덜 단단하다.
가해동초 (假海凍草)	개우모	소털과 비슷하나 더 거칠고 길다.
녹조대(綠條帶)	거머리말	줄기가 맛이 달다. 밭의 거름으로 하기도 한다. 내 생각에 풀과 다 간 무를 섞어 종이를 만들면 좋을 것 같지만 시험해보지는 않았다.
단록대(短綠帶)	애기거머리말	잎이 좁고 단단하며 열매는 열리지 않는다.
석조대(石條帶)	개바다말	잎이 부추처럼 가늘고 말려서 지붕을 이을 수도 있다.
청각채(靑角菜)	청각	맛이 담백해서 김치 맛을 돋운다.
가산호(假珊瑚)	뿔산호류	말라 죽은 나무 모양이다.

습성, 맛, 이용법, 어구, 어법 등을 다루었다.

《자산어보》는 무려 226종의 바다생물을 다루고 있지만, 그가 다룬 해조류가 특히 눈에 띈다. 요즘 해조류가 세계적으로 주목받고 있지만, 우리는 해초라고 하면 대개 김이나 다시마, 미역, 파래나 톳 정도만 떠올린다. 놀랍게도 정약전은 이미 1800년대에 총 35종의 해조류를 구분하고 이에 대한 기록을 남겼다(표 2-4).

서유구의 수산물 품평서, 《난호어목지》와 〈전어지〉

서유구徐有榘(1764~1845)는 《임원경제지》로 유명한 조선 후기의 실학자다. 《임원경제지》는 방대한 백과전서로, 백성의 삶에 필요한 갖가지 실용 지식을 16개 분야로 분류하고 관련 서적과 자료, 실제 적용 방법을 망라한 책이다. '임원십육지林園十六志'라고도 불리는데, 16개의 분야로 나누어 지식을 정리했다는 의미다. 총 113권에 28,000여 가지에 이르는 문물 지식을 담은 최고의 실용서이자 최대의 전통문화 콘텐츠다. 한마디로 조선 후기 실학사상이 낳은 최고의 보물창고라 할 만하다.

서유구는 《임원경제지》로 총망라하기 전에 각 분야를 다룬 저서를 먼저 썼다. 농업 기술과 농지 경영을 주로 다룬 《행포지杏浦志》, 농업 경영과 유통 경제에 초점을 둔 《금화경독기金華耕讀記》, 농업 정책에 관한 《경계책經界策》 등이다. 1820년경에 펴낸 《난호어목지蘭湖漁牧志》는 어류학 저서로, 이 책의 내용 또한 《임원경제지》에 많이 인용되었다.

풍석 서유구는 누구인가

서유구는 조선 후기 영·정·순조대의 사람으로, 자는 준평準平, 호는 풍석楓石이다. 할아버지는 대제학을 지낸 서명응徐命膺, 아버지는 이조판서를 지낸 서호수徐浩修다. 그야말로 명문가의 일원인데, 그저 높은 벼슬을 지낸 세도가가 아니라 명망 있는 학자 집안이다. 할아버지 서명응은 《고사십이집攷事十二集》을 남겼고, 아버지 서호수는 《해동농서海東農書》를 썼다. 심지어 《규합총서》의 저자 빙허각이씨가 형수다. 이 저서들을 보아도 알 수 있듯이, 당대의 실학자 집안이었다. 서유구 또한 관념에 치우친 학문 태도에서 벗어나 직접 음식을 차리고 옷을 짜보고 농기구를 만들며 당대의 실용지식 전반을 기록으로 남겼다.

《임원경제지》에는 의식주와 관련된 것이 16지志 중 9지에 달한다. 그중 〈관휴지灌畦志〉 4권은 식용 풀 백과로, 온갖 채소·나물·해초·약초의 재배법이 나온다. 〈정조지鼎俎志〉 7권은 요리 백과로, 각종 음식 재료에 대한 총론, 밥·떡·죽·엿·국수·만두·국·탕 종류의 요리, 한과·김치·고기 요리, 조미료 만들기, 술 담그기 등 조리법만 해도 1,070개가 소개된다. 그리고 〈보양지葆養志〉 8권에는 정신 수양과 건강에 대한 백과로, 정기신精氣身의 수련, 식이요법, 양로법, 육아법, 섭생법이 나온다. 여기서 다루려는 〈전어지佃漁志〉는 4권으로 구성돼 있는데, 목축·사냥·어로에 관한 백과로, 가축 사육, 사냥 도구와 사용 방법, 각종 어구와 어로 및 낚시 방법을 설명하고 있다.

《난호어목지》의 어패류

《난호어목지》는 강어江魚 55종, 해어海魚 78종, 증험하지 못한 고기인 논해어미험論海魚未驗 9종, 중국의 저서에 나오지 않는 고기인 논화산미견論華産未見 11종, 동양의 물고기로 확실하지 않은 논동산미상論東産未詳 1종으로 전체 145종의 어류를 실었다. 《난호어목지》는 우리 강과 바다에 서식하거나 포획되는 물고기 총 154종을 우리나라와 외국 문헌의 연구를 통해 고증하여 기록했다. 특히 한문으로 명칭을 표기하면서도 당시 실제로 불리던 이름을 함께 기술했으며, 당시 어민의 생활을 개선하는 데 초점을 두었다.

〈전어지〉의 어패류

〈전어지〉의 전어佃漁는 사냥과 어로를 의미하는데, 이외에 목축과 양어, 양봉까지 다룬다. 권1과 2는 목축과 양어 및 양봉을, 권3은 사냥과 고기잡이를 다루었고, 권4 '어명고魚名攷'에서 물고기에 대해 다루었다. '물고기 이름 고찰'이라고 할 수 있다.

총 132종의 수산물을 바닷물고기[海魚]와 민물고기[江魚]로 크게 분류하고, 다시 비늘 있는 물고기[鱗魚]와 비늘 없는 물고기[無鱗魚] 및 조개류[介類]로 나누어 그 명칭을 고증하고 오류를 수정했다.

서유구는 어패류 명칭의 유래, 생김새, 크기, 습성, 서식처뿐

표 2-5 **《난호어목지》 〈어명고〉에 나오는 수산물 명칭**

<table>
<tr><th>분류</th><th colspan="3">표제어</th></tr>
<tr><td>江魚</td><td colspan="3">鯉(이어), 鯔(숭어), 鱸(노어), 鱒(독울이), 鮒(붕어), 魚年節(남쟉어), 鰷(촘피리), 鯊(모릐무즈), 杜父魚(즘무즈), 魚厥(소갈어), 鱭魚(갈치), 細魚(싀나리), 訥魚(누치), 魚年章魚(모쟝이), 赤魚(발강이), 葛多歧魚(쌀담이), 銀口魚(은구어), 餘項魚(열목어), 眉叟甘味魚(미슈감미), 飛魚畢魚(날피리), 赤鰓魚(불거지), 眼黑魚(검정이), 斤過木皮魚(썩), 箭魚(솔치), 也回魚(야회어), 豚魚(돗고기), 迎魚(마지), 魚黍魚(치리), 柳魚(버들치), 堰負魚(둑지게), 袈裟魚(가亽어), 菊息魚(국식이), 鮎(머여이), 鱧(가물치), 鰻鱺魚(빅암쟝어), 鱓(드허리), 泥鰌(구리), 河豚(북), 黃顙魚(자가사리), 魚盎絲魚(통쟈기), 氷魚(빙어), 鱵魚(공지), 僧魚(즁곡이), 文鞭魚(그리취), 望瞳魚(망동이), 鰊魚(어), 龜(거북), 鱉(자라), 黿(큰자라), 蟹(게), 蚌(가장자근죠기), 馬(몰심죠기), 蜆(가막죠기), 田贏 (울엉이), 蝸贏(달핑이)</td></tr>
<tr><td>海魚</td><td colspan="3">石首魚(조기), 黃石首魚(황셕슈어), 鰵魚(민어), 鰣(쥰치), 勒魚(반당이), 禿尾魚(도미), 靑魚(비웃), 鰈(가즈미), 魚(셔딕), 華臍魚(넙치), 魚昌(병어), 魴魚(방어), 年魚(년어), 松魚(송어), 錢魚(젼어), 黃魚(황어), 鮮白魚(션비), 虎魚(범고기), 水魚(물치), 麻魚(삼치), 和尙魚(즁고기), 膾代魚(횟딕), 寶窟帶魚(보굴딕), 鬱抑魚(울억이), 貢魚(공치), 林延壽魚(임연슈어), 羅赤魚(나젹어), 加魚(가어), 悅嗜魚(열씩어), 泥漣水魚(이연슈어), 牛拘秦魚(쇠션이고기), 潛方魚(잠방이), 軍牢魚(굴뇌고기), 昵眶魚(일이), 錨枕魚(닷벼기), 鯨(고릐), 長平魚(장슈피), 魶魚人魚(내인), 沙魚(상어), 海豚魚(슈욱이), 蒸魚(증어), 升魚(승어), 人魚(인어), 文鰩魚(날치), 海鰻鱺(빅암장어), 葛魚(칼치), 吴魚(딕구), 明鮐魚(명틔, 북어), 古魚(고등어), 鼠魚(쥐치), 彈塗魚(장똥이), 銀魚(도로목), 海鷂魚(가오리), 洪魚(무럼), 靑障泥魚(청다릐), 繡魚居魚(슈거리), 鮧鰌(멋), 烏賊魚(오적어), 柔魚(호독이, 꼴독이), 章魚(문어), 石距(낙지), 望湖魚(쥭근이), 水母(물암), 海蔘(히삼), 鰕(싀우), 玳瑁(딕모), 鰒(싱복), 海蚌(바다긴조기), 文蛤(딕합 조기), 白蛤(모시조기), 蛤虫利(춤조기), 虫含虫進(함진조기), 車螯(가장큰기), 蛆(강요쥬), 淡菜(홍합), 정(蟶(가리맛), 牡蠣(굴조기), 海贏(흡힘)</td></tr>
<tr><td rowspan="2">기타</td><td>해어미험</td><td>화산미견</td><td>동산미상</td></tr>
<tr><td>鱣, 鱘, 鮹, 牛魚, 鮠,
馬鮫魚, 魚, 鱠殘魚,
海馬</td><td>鱮, 鱅, 鯇, 靑魚, 白魚,
鰺, 鱤, 黃鯝 魚, 金魚,
鯛, 鱟</td><td>擔羅</td></tr>
</table>

표 2-6 〈전어지〉의 어패류

강어	인류	잉어, 숭어, 거억정이, 독너울이, 붕어, 님작이, 참파리, 모리모자, 자마자, 소갈이, 위어, 깨나리, 누치, 모쟝이, 발강이, 깔담이, 은구어, 연목이, 미슈감미, 날피리, 불거지, 눈검졍이, 젹위, 살치, 야회어, 돗고기, 마디, 어희, 버들치, 독지게, 가사어, 국식어
	무인류	미역이, 가물치, 배암쟝어, 드렁허리, 밋구리, 북어, 자가사리, 통자개, 빙어, 공지, 즁곡이, 그리치, 망동이, 밀어
	개류	거북, 자라, 큰자라, 게, 가장 작은 죠개, 말십죠개, 가막죠개, 울엉이, 달팡이
해어	인류	석수어(조기), 황석수어(黃石首魚), 민어, 쥰치, 반당이, 도미, 청어(비웃), 가자미, 서대, 넙치, 병어, 방어, 연어, 송어, 젼어, 황어, 선비, 범고기, 물치, 삼치, 즁고기, 횟대, 보굴대, 울억이, 공치, 임연슈어(林延壽魚), 나젹어, 가어, 열끽어, 이연슈어, 쇠꼬뜰이곡이, 쟝방어, 굴뇌고기, 일애, 닷베개
	무인류	고래, 쟝슈피, 내인, 사어, 수욱이, 즁어, 승어, 인어, 날치, 배암쟝어, 갈치, 대구, 명태어(속호 생저: 명태, 건어: 북어), 고등어, 서어(쥐치), 쟝뚱이, 은어(도로목), 가오리, 홍어(무름생선), 쳥다래, 슈거리, 몃, 오젹어, 유어(호남인호위 호독기, 해서인호위 꼴독기), 쟝어(문어), 석거(낙지), 쥭근이, 물암, 해삼, 새우
	개류	대모, 생복, 바다긴조개, 대합조개, 모시조개, 합리(참조개), 함진조개, 가장 큰 조개, 강요쥬, 홍합, 가리맛, 모려(굴조개), 흡힘

아니라 주요 산지 및 나는 때, 이동 경로, 맛, 잡는 법, 용도, 효능, 선호도, 가공법, 운송로, 판로 등 어류와 관련된 다양한 측면을 다루었다. 예를 들어, '준치 조'에서는《동의보감東醫寶鑑》이나《산림경제보》에서 준치를 뜻하는 시어鰣魚를 위어危語(웅어)라고 하였으나 이는 사실이 아님을 여러 논거로 설명했는데, 여러 문헌을 참고했을 뿐 아니라 어부에게 직접 물어서 증명했다.

2부 바다음식을 사랑한 조선 사람들

이규경의 물고기 변증론, 《오주연문장전산고》

《오주연문장전산고五洲衍文長箋散稿》는 조선 헌종 때 이규경李
圭景(1788~1856)이 우리나라와 중국을 비롯한 여러 나라의 사
물을 1,400여 항목으로 분류해 고증하고 해설한 저서로, 19세
기 조선의 생활 문화를 탐색하고 있다. 이 책은 전근대와 근대
가 맞물리는 19세기 중반, 재야 지식인 이규경의 인체관과 의학
론, 세시풍속에 대한 인식, 의생활 풍습에 대한 지식, 그리고 시
각 장애인에 대한 인식을 통해 '생활과 사유'의 변용 과정을 엿
볼 수 있다. 그래서 조선 후기의 음식문화를 공부하는 데 꽤 요
긴한 책이다.

그중에서도 '만물 편 충어蟲魚류'에 실린 '어魚 편'은 조선시대
물고기를 연구하는 데 매우 귀중한 자료다. 마침 국립해양박물
관에서 충어류 편⁴을 번역·해제해 출간했기에 이를 참고했다.

이규경은 누구인가

이규경은 실학자 이덕무의 손자로, 조부가 이룩한 실학을 계
승하여 집대성하는 데 전념했다. 《오주연문장전산고》는 방대한
사물을 자유롭게 탐구하고 체계적으로 분류해 서술함으로써
한국적 박물 고증학의 전범을 연 자료로 평가된다. 그러나 그의
생애에 관하여는 자세히 전해지는 것이 없고, 평생 벼슬을 하지
않고 생애의 대부분을 충청도의 농촌에서 보냈다고만 알려져
있다.

책 제목의 오주五洲는 '5대양 6대주'의 줄임말이자 저자 이규경의 호이며, 연문衍文은 '거친 문장', 장전長箋은 문장 형태의 하나를 뜻하며, 산고散稿는 '흩어진 원고'라는 뜻이다. 60권 60책에 달하는 방대한 분량으로, 천문, 의학, 역사, 지리, 농업, 서학, 병법, 광물, 초목, 어충, 음악 같은 다양한 분야를 1,417개 항목으로 나누어 설명했다. 이 책의 특징은 세밀한 문제까지도 고증학적 태도로 변증했다는 것이다. 이규경은 서문에서 "명물도수名物度數의 학문이 성명의리지학(성리학)에는 미치지 못하지만, 가히 폐할 수는 없는 일이다."라고 실학적 학문의 중요성을 강조했다.

《오주연문장전산고》는 처음 편찬된 뒤 오랫동안 제대로 평가받지 못한 채 잊혔다고 한다. 전해 내려오는 이야기로는, 1930년대 최남선이 우연히 군밤장수가 이 책을 포장지로 사용하고 있는 모습을 발견하여 입수한 것을 계기로 그 가치가 새롭게 평가되었다고 한다. 이때 입수한 책이 모두 60권 60책으로, 이미 몇 장은 없어진 상태였고 그 편집 체재도 일정하지 않았기 때문에 학자들은 원래의 《오주연문장전산고》는 현재의 분량보다 더 방대했을 것이라 추정한다.

《오주연문장전산고》 충어류 편에서 다루는 물고기

이규경은 우선 '어魚'라는 글자에 대하여 중국 후한시대 허신許愼이 쓴 《설문해자說文解字》를 인용해 해설했다. "물에 사는 물고기다. 모양을 본떠 만든 상형자이다. 물고기의 꼬리는 제비꼬

지와 닮았다. 모든 어류 따위의 글자에는 어魚를 넣는다. 인충鱗蟲이라고 한다." 그러면서 인충은 약 360종이 있으며 그 가운데 용이 으뜸인데 수족水族이라고 했다. 또한 "대저 어류의 종류는 수억, 수만을 헤아릴 수 없을 만큼 많다."고 했다.[5]

그가 다룬 어류는 바닷물고기와 민물고기를 망라한다. 실제로 조선 후기에는 민물고기를 많이 먹었으며 이에 대한 관심도 높았다. 《자산어보》가 정약전이 흑산도에 거주하면서 직접 관찰한 바닷고기를 기록한 것과는 대조적으로, 이규경은 당대의 문헌을 최대한 동원하여 이를 토대로 변증했다. 따라서 용에 대해 변증한 절이 4개나 있다.

특히 《오주연문장전산고》 충어류 편에서 인상 깊은 내용은 '북어변증설'로 정리한 명태에 대한 서술이다. 그는 당시 백성들이 많이 먹던 명태에 대하여 여러 문헌을 엮어 그 실체는 정리했는데, 당시에 가장 필요한 어류 정보를 정리한 것이라 생각된다.

우리나라 동북해 중에 있는 생선이다. 몸통은 날렵하고 길이가 한 자 정도이다. 입이 크고 비늘이 거의 없다. 묽은 검붉은색이다. 머리에는 호박처럼 타원형의 뼈가 있다. 배에는 알이 있는데, 작고 가늘면서 차다. 또 살은 양의 기름이나 돼지의 등심고기와 비슷하다. 그래서 고지미膏脂美라고 부르기도 한다. 그 이름은 북어北魚이고, 민간에서는 명태明太라고 부른다. 봄에 잡은 것은 춘태春太라고 일컫고, 겨울에 잡은 것은 동태凍太라고 일컫는다. 동짓달에 시장에 나오는 것은 동명태凍明太라고 부른다. 북어 알로 담근 젓을 명란이라고 한다. 생것의 고기는 질이 거칠지만 맛은 담박하다. 말리면 포가 된다. 한 군데 몰려 있어 한 마리를 잡으면 수십 마리가 따라와서 사방이 가득 찬다. 매일같이 밥반찬으로 쓰인다. 여항의 가난한 백성들은 신령에게 제사를 모실 때 말린 것으로 중요한 제수로 삼는다. 가난한 선비의 집에서도 제사 때 올려야 하는 각종 고기 제물을 이것으로 대신한다. 그러니 흔한 것이면서 귀하게 쓰인다. 단지 먹을 줄 알 뿐 그 이름을 모르니 말이 되겠는가.

《식료찬요》에 나타난 수산물
— 수산물로 치료하다

조선 초기 세종, 문종, 세조 3대에 걸쳐 어의로 활동한 전순의는 《동의보감》을 지은 조선 중기의 명의 허준許浚(1539~1615)에 비해서는 덜 알려진 인물이다. 그러나 전순의는 장기간에 걸친 어의 생활과 자신이 참여했던 《의방유취醫方類聚》 편찬 등에서 얻은 지식을 바탕으로 《산가요록山家要錄》(1450)과 《식료찬요食療纂要》(1460)를 남겼는데, 궁중에 비장되어 내려온 의서와 《의방유취》의 식치 부분을 상당히 참고했을 것으로 추정된다.

이 중 《식료찬요》는 세조 6년에 편찬된 한국 최고最古의 식이요법서로, 일상생활에서 쉽게 구할 수 있는 음식을 통하여 질병을 치료하는 방법을 기록했다. 제목의 '식료'란 음식으로 질병을 다스린다는 뜻이며, 식치食治라고도 한다. 내용은 모두 45가지 질병에 대한 식이요법으로 구성되었다.

전순의는 서문에서 식치를 강조했다. "고인이 처방을 내리는 데 있어서 먼저 식품으로 치료하는 것을 우선하고 식품으로 치료가 되지 않으면 약으로 치료한다. (중략) 병을 치료하는 데 있어서 당연히 오곡五穀, 오육五肉, 오과五果, 오채五菜로 다스려야지, 어찌 마른 풀과 죽은 나무의 뿌리에 치료 방법이 있을 수 있겠는가! 이것으로 고인이 병을 치료하는 데 있어서 반드시 식품으로 치료하는 것을 우선하는 이유를 알 수 있다." 즉 약을 먹기 앞서 일상의 음식이 중요함을 강조한 것이다. 전순의가 45가지 질병에 처방한 음식은 육류, 채소는 물론, 어패류도 있다.

그가 다룬 어패류들을 정리해볼 때 가장 많이 등장한 식재료 중 하나는 민물고기 중 잉어다. 잉어는 황달黃疸을 다스리고 갈증을 그치게 하고, 각기 치료나 통증 완화에 도움이 된다고 했다. 면역이나 호흡 질환에도 도움이 되는데 회로 먹거나, 생강과 식초를 넣어 먹거나 마늘에 버무려 먹으라고 했으며, 수종水腫(부종)으로 인하여 다리가 붓는 것을 치료하고 기를 아래로 내려보내려면 잉어의 살[鯉魚白]을 삶아 먹으라고 했다. 전순의는 잉어가 특히 임신 중 모든 병에 효과가 있다고 했다. 지금도 임신부에게 잉어 곤 즙을 권하는데, 역사가 오래된 처방임을 알 수 있다.

전순의가 잉어만큼 자주 처방했던 식재료는 붕어다. 잉어를 처방할 때 살을 먹거나 국을 끓여 먹으라고 한 것에 비하면 붕어의 처방은 좀 더 복잡한 조리를 지시했다. 효합哮呷(천식)으로 인한 폐패肺敗와 밤에 잠을 자지 못하는 것과 목소리가 여울물 같은 것을 치료하려면 붕어 1마리를 방금 본 소변에 적시고 다음 날 새벽에 묽은 식초에 삶아 익혀서 먹으라고 했다. 또 비위脾胃의 기가 약하여 음식을 아래로 내려보내지 못하고 누렇게 뜨고 수척하여 힘이 없는 것을 치료하려면 붕어를 통째로 구운 후 뼈를 제거하고 갈아내 귤피, 소금, 산초, 생강 등을 넣은 순채국[蓴羹]에 넣어 공복에 먹으라고 했다. 치질로 인한 출혈이나 항장肛腸(항문과 창자)이 아픈 것을 치료할 때는 붕어로 회나 국을 만들어 먹으라고 했다.

뱀장어도 다양한 질병에 처방되었다. 중풍에는 양념한 뱀장어에 쌀을 넣고 삶아 먹으라고 했으며, 통증 완화에도 도움이 된다고 했다. 노질勞疾(폐에 침입하여 전염되는 만성 소모성 질환)을 치료하려면 뱀장어를 구워서 공복에 먹으며, 누창漏瘡(상처에 고름이 흐르고 냄새가 나면서 오랫동안 낫지 않는 것)을 치료하려면 양념한 뱀장어에 쌀을 넣고 삶아 먹으며, 장풍하충腸風下蟲(치질로 인하여 피가 나면서 밖으로 돌출된 것)을 치료하려면 뱀장어 2근을 보통 요리하는 방법과 같이 준비하고 작게 잘라 술 3잔을 넣어 삶아 먹으라고 했다.

패류도 다양하게 처방되었다. 전순의는 해산물 중에서 굴이 가장 귀하다면서, 피부를 부드럽게 하고 안색을 좋게 하려면 방금 채취한 굴을 불 위에 놓고 끓도록 구워 먹으라고 했으며, 허손虛損(몸과 마음이 허약하고 피로한 증상)을 보충하려면 굴을 쪄서 먹으라고 했다. 술을 먹고 난 후의 번열煩熱(가슴이 답답하고 열이 나는 증상)을 치료하고 갈증을 그치게 할 때나 단독丹毒(피부가 붉고 화끈거리며 열이 나는 증상)을 치료할 때에는 굴에 생강과 식초를 넣어 날로 먹으라고 했다.

살조개, 가리맛조개, 홍합도 처방되었다. 가슴과 배, 허리와 신장의 냉기를 치료하려면 살조개를 불 위에 놓고 끓으면 공복에 10여 개를 먹은 다음 밥을 먹어 내려보낸다고 했다. 냉리冷痢(차가운 것을 많이 먹어서 생긴 이질)를 다스리려면 가리맛조개를 구워 먹고, 출산 후의 허손, 가슴의 사열邪熱(나쁜 열기), 번민 등을 치료하고 갈증을 그치게 하려면 가리맛조개를 삶아 먹되 밥을 먹은 다음에 복용하라고 했다. 홍합은 성생활을 도와주며 요통을 다스리며 허로손虛勞損(몸과 마음이 허약하고 피로한 증상)을 보하는 기능이 있는데, 불에 구워 먹으라고 했다.

해조류의 효능도 설명했는데, 피부에 생긴 혹을 치료할 때 말려서 가루 낸 다시마 등의 해조류를 술과 함께 먹으라고 했다.

전순의가 처방한 어패류와 해조류의 처방은 지금의 시각으로 볼 때 납득하기 어려운 부분도 있다. 그러나 물고기나 패류는 대개 단백질 식품이므로 영양불량으로 인해 나타나는 당시의 여러 질환에 상당히 효과가 있었으리라 짐작된다.

4장

풍속화로 본
조선의 고기잡이

이 땅에 인류가 거주하기 시작한 선사시대 이래로 어로(고기잡이)와 천렵은 우리 민족의 가장 중요한 먹거리 획득 방식이었다. 또 어로를 통해 얻은 물고기를 판매하는 물고기장수 또한 중요한 일이었다. 그래서일까, 이 물고기와 연관된 백성들의 삶을 기록한 풍속화가 많이 남아 있다. 이 그림들을 통해 물고기를 둘러싼 삶의 현장을 좀 더 자세히 들여다보자.

고기잡이, 생활이자 놀이

농촌에서는 모심기가 끝나고 초벌 논매기가 끝나는 초여름이 되면 조금은 여유가 생긴다. 이 시기에 농민들은 날을 잡아 그물, 통발 등의 어구를 준비해 강으로 천렵을 간다. 맑은 물이 흐

르는 계곡이나 시냇가에 천렵놀이를 하며 하루를 즐겼다. 물고
기를 잡으면 현장에서 회를 뜨거나 탕을 끓여, 이를 안주로 하
여 술을 마시며 한나절을 보내는 것이다. 천렵의 풍경을 읊은
시를 한번 보자.

> 인인隣人 친척들과 백주白酒 황계黃鷄로 냇노리 가자스라.
> 석조夕釣를 말야 하고 되롱이 몸에 걸고
> 사립簑笠을 젓게 쓰고 그믈을 두러메고 시내로 가자스라.
> 황독黃犢을 침터 타고 석양을 띄여가니
> 기구崎嶇 산로山路의 풍경이 다정하다.
> 일대一帶 청강淸江은 장천長天과 일색인듸
> 세백사細白絲져 그믈을 여흘여흘 던져두니
> 은린옥척銀鱗玉尺이 고고이 맷첫거늘
> 자나 굴그나 다 주어 따내여
> 잔 고기 솟그치고 굴근 고기 회를 쳐서
> 와준瓦樽에 거른 술을 박잔朴盞에 가득 부어
> 잡거니 권하거니 취토록 먹은 후에
> 일락함지日落咸池하고 월출동곡月出東谷커늘
> 업떠들며 곱떠들며 시문柴門을 차자오니
> 치자稚子는 부취扶醉하고 수처는 환영이라
> 아마도 강산주인은 나뿐인가 하노라.
>
> — 작자 미상, 〈환산별곡〉 후반

그림 2-1 천렵(김준근, 함부르크민족학박물관)

2부 바다음식을 사랑한 조선 사람들

이 시는 '낙빈가樂貧歌'라고도 하는 〈환산별곡還山別曲〉이다. 가난을 낙으로 삼아 살아가는 유유자적을 노래한 것이다. 이웃과 더불어 술과 안주를 준비한다. 옹기 술그릇인 와준에 거른 서민의 술인 막걸리로 흥을 돋우고, 누렇게 살찐 닭을 가지고 냇가로 놀이하러 간다. 그물로 많은 물고기를 잡는다. 이 물고기를 안주로 하여 술잔을 주고받으며 종일 즐기다가 저녁이 되어서야 취한 몸으로 집으로 돌아오는 것이다. 서민들에게는 최고의 낙이다.

〈그림 2-1〉은 조선 말기에 김준근金俊根(?~?)이 그린 〈천렵〉이다. 천렵에는 어른들뿐만 아니라 아이들도 참여했다. 여럿이 모여 함께 잡고 함께 나누어 먹는 우리 문화의 특징이 잘 표현됐다. 천렵을 즐기는 문화는 신분을 가리지 않았다. 선비들은 물고기를 잡는 것에 그치지 않고 시를 읊거나 노래를 부르며 한가한 시간을 보냈고, 서민들은 친구나 계원들과 날을 잡아 냇가에서 직접 물고기를 잡아 매운탕을 끓이고 술을 마시며 즐거운 한때를 보냈다.

〈그림 2-2〉는 1733년 어부 가족이 출어를 준비하는 모습을 그린 관아재 조영석趙榮祏(1686~1761)의 〈어선도〉다. 조영석은 인물을 비교적 섬세하게 묘사했다. 본격적인 고기잡이보다도 가족이 배를 타고 물놀이를 즐기는 모습을 그린 것인데, 차일을 친 배에는 그물과 낚싯줄이 준비되어 있고 그 아래 간단한 술상이 아예 차려져 있다.

그림 2-2 어선도(조영석, 국립중앙박물관)

고기잡이로 생계를 잇다

놀이 삼아 천렵을 즐기는 양반과 농민이 있는 반면, 고기잡이로 생계를 잇는 어부도 당연히 있었다. 조상들의 고기잡이 방법은 무척 다양했는데, 그 모습들이 풍속화로 남아 있어 우리에게 많은 정보를 준다.

먼저, 우리 전통 어로 방식을 잘 보여주는 〈그림 2-3〉을 보자. '단원풍속화첩' 중 〈고기잡이〉인데, 어살을 이용한 고기잡이를 보여주는 귀한 그림이다. 물고기 떼가 잘 드나드는 바다 한가운데에 대나무 발로 울타리를 치고 그 안에 갇힌 물고기를 잡는

2부 바다음식을 사랑한 조선 사람들

그림 2-3 고기잡이(김홍도, 국립중앙박물관)

모습을 생생하게 그렸다. 이 울타리를 죽살 혹은 어살이라 한다.
어살은 물살에 따라 물고기가 들어가긴 해도 나오지 못하게 하
는 어로 방식이다. 밀물과 함께 들어온 물고기가 어살에 갇히면
그 물고기를 잡으러 어부들이 배를 나눠 타고 어살 안으로 들어

그림 2-4 고깃배(유운홍, 국립중앙박물관)

　　　　　　　　　　　　　2부 바다음식을 사랑한 조선 사람들

그림 2-5 천어도(정세광, 국립중앙박물관)

가 물고기를 떠서 배에 싣는다. 그림에서 세 척의 배가 보이는데 어살 안에서 잡은 고기를 맨 위의 배에서 건네받아 항아리에 싣고, 가운데 배에는 부뚜막에 두 개의 솥이 얹혀 있다. 식사 준비를 위한 것이다. 아래쪽 배는 고기를 싣기 위해 대기 중인 것으로 보인다. 많은 사람들이 함께 어우러져 고기잡이를 하는 모습을 한 장의 그림을 통해 잘 읽어낼 수 있다.

〈그림 2-4〉는 19세기 초반 도화서 화원을 지낸 유운홍劉運弘 (1797~1859)의 풍속도 중 〈고깃배〉다. 커다란 황포 돛을 단 배 위에서 열심히 작업 중인 어부들의 모습을 그린 것이다. 나그네 일행과 나귀를 태운 작은 나룻배가 황포돛배를 비껴 지나가고

그림 2-6 그물로 고기 잡기(김준근, 비엔나민족학박물관)

있다. 자세히 들여다보면 어부들이 탄 배 주위로 물새들이 모여들고 있다. 이 배가 풍어를 맞았음을 암시적으로 표현하는 것으로 보인다.

〈그림 2-5〉는 조선 중기 선비 화가인 정세광鄭世光(?~?)의 〈천어도川魚圖〉다. 그림에는 강가에 긴 대나무를 세워놓고 줄을 매고 그 끝에 큰 통발을 달아 고기를 잡은 것으로 보인다. 통발을 끌어당길 때에는 장대 끝의 도르래를 이용했을 것으로 보인다.

이제 그물로 고기 잡는 모습을 그린 그림을 살펴보자. 〈그림

2부 바다음식을 사랑한 조선 사람들

2-6〉 또한 김준근의 그림인데, 세 명의 남자가 그물을 쳐서 물고기를 잡고 있다. 양쪽의 두 사람은 그물을 잡고 있고 가운데 한 사람은 목에 물고기를 담을 그릇을 걸고 그물 쪽으로 물고기를 몰고 있는 듯하다. 그런데 이들은 전업으로 물고기를 잡는 어부가 아니라 잠시 더위를 식힐 겸 물고기를 잡는 농부로 보인다. 아마도 이렇게 잡은 물고기로 회를 뜨고 막걸리를 곁들여 먹으면서 하루를 즐겼을 것이다.

치열한 삶의 현장

강과 바다를 배경으로 생계를 유지하는 것이 녹록한 삶은 아니었으리라. 〈그림 2-7〉은 김준근의 〈얼음 위에 낚시질하는 모양〉이다. 두 명의 남자가 얼음을 깨고 작은 구멍을 낸 후 낚시를 하고 있다. 얼음에 구멍을 뚫고 하는 낚시라, 이 같은 방식을 구멍치기라고 한다. 두 사람은 방한용防寒用 도롱이를 걸치고 좌판에 올라앉아 책상다리를 한 채 낚시에 열중하고 있다. 어려 보이는 이는 짧은 낚싯대를 드리우고 있다. 겨울에 하는 구멍치기는

그림 2-7 얼음 위에 낚시질하는 모양(김준근, 오스트리아빈민족학박물관)

그림 2-8 미역 따기(김준근, 비엔나민족학박물관)

그림 2-9 소금가마(김준근, 비엔나민족학박물관)

2부 바다음식을 사랑한 조선 사람들

주로 붕어나 잉어를 잡기 위한 것이지만, 때로 누치, 메기, 마자 등도 잡힌다고 한다. 일거리가 없는 추운 겨울에 꽁꽁 언 한강에서 잉어를 주로 잡아 생계에 보탰다고 하니 취미를 넘어선 생존의 현장이다.

김준근의 그림인 〈그림 2-8〉에서 사람들은 배를 타고 얕은 바다를 다니면서 미역을 건져 올리고 있다. 미역을 따는 것으로 일이 끝나지 않는다. 이 미역을 펴서 말려야만 팔아서 생계를 이을 수 있었을 것이다. 역시 김준근이 그린 〈소금가마〉(그림 2-9) 또한 치열한 노동의 현장을 보여준다. 바닷물에서 소금을 얻는 방법은 두 가지다. 하나는 바닷물을 가마에서 끓여 소금을 얻는 것으로, 이렇게 얻은 소금을 자염煮鹽이라 한다. 또 다른 방법은 갯벌에 염전을 만들어 햇볕과 바람으로 바닷물을 말려 소금을 얻는 것으로, 이것이 천일염天日鹽이다. 김준근의 그림은 조선 말기 자염을 만드는 과정을 묘사한 귀한 그림이다.

어부가 잡은 물고기는 여러 곳으로 팔려나갔다. 이렇게 물고기를 사고파는 장면을 그린 그림도 많이 남아 있다. 〈그림 2-10〉은 김홍도金弘道(1745~1806?)의 '행려풍속도병' 중 한 폭으로, 이른 새벽 포구의 정경을 그린 것이다. 해산물을 배에서 받아 각처로 팔러 가는 아낙네들의 삶의 모습을 실감나게 그렸다. 아낙네의 얼굴은 웃음을 띠고 있어 즐거워 보인다. 표암 강세황은 이 그림을 이렇게 평했다. "좋은 게(밤게), 새우, 소금으로 광주리와 항아리에 그득 채워 포구에서 새벽에 포구를 떠나네. 갈매기와 백로가 놀라서 날고 한 번 펼쳐보니 비린내가 코를 찌르

그림 2-10 매염파행(김홍도, 국립중앙박물관)

는 듯하다."

〈그림 2-11〉은 김준근이 그린 〈어물장사〉다. 조선시대 한양에는 어물전도 있고 칠패시장의 난전도 있었다. 그런 시장에 출입이 허용되지 않거나 일정한 장소에 점포를 갖고 있지 않은 장사꾼들은 오일장 등의 장터를 순회하거나 농가를 직접 방문하며 상거래를 했다. 그림에서 두 명의 여인네는 함지에 생선을 담아 머리에 이고 혹은 지게에 지고 장에 가거나 농가를 방문하며 팔았을 것이다. 이렇게 생선을 이고 다니며 판매하는 생선장수는 내가 어릴 적에도 많이 보았던 모습이다.

그림 2-11 어물장사(김준근, 기메박물관)

5장

선비의 일기로 본
조선의 수산물 문화

조선시대 선비들은 시를 짓고 글을 써서 문집을 남겼고, 또 자신의 생활을 세세히 기록한 일기도 썼다. 일기류는 당대의 생활상에 가장 가깝게 다가갈 수 있다는 점에서 많은 관심을 받고 있다.

조선시대의 일기류는 주로 인물과 계층에 따른 경제활동, 관료 생활, 의례, 향촌 생활 등에 관한 내용이 주를 이루고 있으며, 식생활에 대한 내용도 일부 나온다. 고조리서나 문헌을 통한 음식문화 연구는 조선 후기에 집중되어 있는데, 이는 조선 전기나 중기의 음식문화에 관한 자료가 부족하기 때문이다. 따라서 조선 중기인 16세기에 나온 조선 사대부 일기인《미암일기》와《쇄미록》은 16세기 음식문화 연구에 좋은 자료가 되어준다.

《미암일기》를 통해 본 수산물 경제

《미암일기眉巖日記》는 16세기 조선 선조 때의 학자 유희춘柳希春(1513~77)이 1567년 10월 1일부터 사망 직전인 1577년 5월 13일까지 11년 동안 쓴 일기로, 미암眉巖은 유희춘의 호다. 《미암일기》를 통해 16세기 생활사에 관해 파악할 수 있는데, 특히 시장이 발달하지 않은 조선 중기, 그것도 내륙 지방의 주민이 해산물을 어떻게 얻어 생활했는지를 잘 보여준다. 보물 제260호로 지정되었으며 전남 담양군 대덕면 장산리에 소장되어 있다.

선물로 받은 수산물

《미암일기》를 쓴 11년간 유희춘이 수산물을 선물받은 횟수는 2,855회에 달했다. 반면 교환을 통해 물건을 구입한 횟수는 66회로 1년에 6~7회에 불과했다. 이 선물의 경제적 가치는 녹봉, 노비의 신공身貢(노동력 제공 대신 바치는 물품), 경작 소출보다도 컸다. 무엇보다 녹봉과 경작지 소출이 곡식과 면포에 집중되었던 것에 비해 선물은 문방구류·용구류 같은 생활용품과 포육

---

* 이 장의 내용은 다음과 같은 자료를 참고했다. 김미혜, 2013, 〈『眉巖日記』 분석을 통한 16세기 사대부가 음식문화 연구: 정유년(1567년) 10월~무진년(1568년) 9월〉, 《한국식생활문화학회지》 28(5): 425-437; 김미혜, 2020, 〈「쇄미록瑣尾錄」에 기록된 16세기 사대부가 절사節祀와 세시음식歲時飮食〉, 《한국식생활문화학회지》 35(1): 14-27; 차경희, 2007, 《쇄미록》을 통해본 16세기 동물성 식품의 소비현황 연구〉, 《한국조리과학회지》 23(5): 703-719; 정혜경·김미혜, 2013, 〈담양 관련 음식 고문헌을 통한 장수음식 콘텐츠 개발〉, 《한국식생활문화학회지》 28(3): 261-271.

류·어패류·과채류 같은 식품을 망라했으니,[6] 선물이 얼마나 중요했는지 알 수 있다. 미암이 선물받은 수산물의 종류와 양을 살펴보자.

1567년 11월부터 1568년 1월까지 겨울철 3개월간 미암가에서 받은 식품 선물은 212건이었다. 이 중 곡류가 78건으로 가장 많았고, 다음이 어패류 66건, 육류 36건, 과실류 14건, 해조류 10건, 양념류 8건이었다.[7] 육류보다 수산물을 더 자주 선물로 받았던 것을 알 수 있다.

이렇게 선물받은 어패류는 전복 15접 80개, 오징어 10접, 조기 1동 20속, 민어 5마리, 숭어 3속 78마리, 석화 6말, 은어 140마리, 청어 5관 7두름, 홍합 2말, 건어 70속 15마리 이상, 낙지 11속 4첩, 문어 3속 2마리, 해삼 1마리 이상, 건준치 100마리로, 다양한 수산물을 선물로 받았다. 해조류도 감태 20동 30줄 50조, 미역 20동 20조, 해의 14접 30줄을 받았다. 다양한 단위가 사용되었는데, '접'은 100개를 뜻하는 단위이고, '동'은 조기를 셀 때는 1,000마리, 비웃을 셀 때는 2,000마리를 뜻한다. '속'은 생선은 10마리, 김은 100장을 묶어 세는 단위이며, '두름'은 생선 20마리를 가리키는 단위이니 그 양이 많음을 짐작할 수 있다.

한편, 1568년 5월에서 7월까지 여름철 3개월간 미암가에서 식품을 선물받은 횟수는 118건인데, 곡류 13건, 채소류 17건, 육류 16건, 어패류 53건, 해조류 3건, 과실류 14건, 양념류 2건이었다. 당시 귀한 찬물로서 육류보다 어패류를 선호했음을 알 수 있다.

1568년 한 해만 유희춘이 해산물을 선물받은 횟수는 200회가 넘었다. 거의 하루걸러 해산물을 선물로 받은 셈이다. 선어 상태이거나 건조한 숭어 80마리, 숭어젓 4편, 민어 5마리, 잡젓 1말, 석화 1말, 전복 585개, 청어 110마리, 굴 3그릇, 홍합 2말, 김 30줄 이상, 문어 2마리 이상, 건어 263마리 이상이었다. 여기에 민물고기인 은어도 40마리나 있다. 수량을 세는 단위에 따라 다소 차이가 있지만, 대략 계산하더라도 작은 생선 가게를 차릴 만한 양이었다.

이처럼,《미암일기》를 통해 본 조선 중기 사대부들의 음식문화는 반찬거리를 포함해 생활필수품을 주로 가까운 사람들의 선물에 의해 충당했다는 특징을 보인다. 지방 수령으로부터 선물로 받은 것이 대부분이고, 종종 친지의 선물, 왕의 하사품이나 공물 배분을 통해 얻기도 했다. 특히 이웃이나 동료, 친척, 문생 등이 자주 선물을 보내왔는데, 자잘한 반찬거리에서 식량과 의복까지 일상생활에 필요한 거의 모든 것이었다. 그때마다 미암도 다른 물건으로 보답하는 걸 잊지 않았다.

제수로서의 수산물

조선시대 제사祭祀는 당시 양반가에서 반드시 지켜야 할 의례였다. 16세기 조선 중기엔 남녀가 재산을 공평하게 분배받았으므로 제사도 자녀들이 서로 돌려가며 지내는 것이 관행이었다. 미암도 외갓집 제사와 처갓집 제사를 모두 지냈다.

특히 미암은 기본적으로 제사를 자기가 주관해야 하는 것으로 생각했다. 지금도 경북 종가에서 종손이 직접 장을 보고 제사를 주관하는 것과 크게 다르지 않다. 그는 부인과 떨어져 살때는 자신이 주관해서 제사를 지냈고, 부인과 함께 살 때는 지방과 축문을 쓰고 제례를 안내하는 역할은 자신이, 제사음식을 장만하는 역할은 부인이 각각 담당했다. 그러나 제사를 지낸 뒤항상 일기에다 "제물이 풍족하게 갖춰졌으니 부인이 내조한 힘이다", "제물이 깨끗하고 풍비했으니 부인이 준비한 힘이다."라고 쓰면서 부인의 노고에 감사를 표했다.

미암의 일기에 따르면, 이 제사에 올리는 제수 중 어물은 선물로 받아 치렀다. 1568년 5월 13일 일기에는 "저녁에 화량첨사 박공 인수朴公麟壽가 나의 선친 제사를 지냄을 알고 사람을 시켜 민어 4마리와 준어 3마리를 보내왔다."고 적혀 있다. 그리고 1568년 6월 초5일 일기에는 "권옥천이 감장甘醬과 미역, 석이石 茸를 보내왔다. 이춘수가 생민어 1마리와 말린 민어 2마리를 보내왔다. 제수를 도와준 것이다."라고 썼다.

그런데 제물의 변화가 엿보인다. 1568년 6월 초6일의 일기에 "육찬肉饌으로 제사를 지냈다. 예에 당연한 것으로 되어 있어 근래에 유식한 사람들이 많이 이 예를 행하기 때문에 지금부터 육肉으로 제사를 차리고 소물素物을 쓰지 않기로 했다. 제물이 어지간히 갖추어져 기쁘다."라고 쓴 것이다. 과거 풍속에는 제수로서 일상에서 쉽게 구할 수 있는 소박한 채소반찬[素物]으로 제례를 지냈다면, 16세기 중반 이후부터 제수로 고기를 올리는 것이 극진한 정성이자 새로운 예라 생각했던 모양이다.

사대부들의 접빈객용 수산물

사대부들의 일상생활에서 봉제사奉祭祀 다음으로 중시되었던 것이 바로 접빈객接賓客이었다. 자신의 집에 찾아온 손님을 잘 대접하는 것이 사대부로서 당연히 지켜야 할 예의였다.《미암일기》의 기록을 보면 제례가 끝나면 꼭 손님을 불러다가 밥 그리고 술과 고기를 대접한 기록들이 자주 등장한다. 1568년 5월 14일 일기에는 "아침에 임발령任拔英, 신엄申淹, 이지양李枝陽을 불러다가 밥을 대접하고, 또 단자지單字紙 각 2장씩을 줬다. 설공필薛公弼, 김난옥金蘭玉을 불러 술과 고기[酒肉]를 대접했다."고 쓰여 있다. 1568년 5월 15일에도 "이순李淳이 건어 4마리와 생전복 30개와 감곽甘藿(미역) 1동, 말린 꿩 1마리를 나에게 줬다. 이순에게 저녁밥을 대접했다."고 썼다. 평소 미암가에는 각양각색의 사람들이 그야말로 끊임없이 찾아왔다. 찾아오는 사람은 반드시 물건을 가져오고, 주인 역시 음식 대접은 물론 손님이 돌아갈 때 뭔가를 선물로 챙겨주었다는 것을 알 수 있다.

사대부들은 먼 곳에서 자신을 찾아온 빈객들에게 술과 식사를 대접하고 잠자리를 제공하며 노자를 보태주는 것이 덕을 베푸는 길이라고 생각했는데, 여기에 수산물이 중요한 역할을 했다. 1568년 10월 8일의 일기에 손님이 찾아와 주과를 베풀었는데, 덕분에 귀한 굴과 쇠고기를 먹을 수 있었다고 쓰여 있는 것이 그 예다.

《쇄미록》을 통해 본 수산물 문화

《쇄미록瑣尾錄》은 오희문吳希文(1539~1601)이 임진왜란과 정유재란의 난리를 피해 1591년 11월 27일 한양을 떠나 1601년 2월에 돌아올 때까지 9년 3개월에 걸친 상황을 기록한 일기다. 《쇄미록》을 통해 당시의 구체적이고 생생한 생활에 관한 정보를 읽어낼 수 있는데, 이를 바탕으로 식생활의 특징도 살펴볼 수 있다.

전쟁통에도 풍부했던 수산물

우선 《쇄미록》에 나오는 수산물을 살펴보자. 가자미·갈치·고등어·넙치·농어·대구·도미 등 어류 44종, 오징어·낙지·문어·해삼 등 연체류 4종, 게·전복·새우·굴·홍합 등 갑각류와 패류 6종, 여기에 가자미 알·대구 알·삼치 알·송어 알·숭어 알 등의 생선 알이 있는데, 특이하게도 자라·남생이·거북까지 포함되어 있다.[8] 이를 통해 전란의 와중에도 다양한 해산물을 풍부하게 먹었음을 알 수 있다. 이는 오희문은 비록 관직에 진출하지 못했지만, 아들이 영의정에까지 이르는 관직에 있었고 집안 전체가 잘 알려진 양반가로, 거주지 인근 지방관과 관직에 진출한 일가친척에게 선물을 받을 수 있었기 때문이라고 한다.

어류 중에서 빈도나 양에서 가장 많이 등장한 것은 조기다. 조기는 건조하거나 염장되어 유통되었으며 식해로도 먹었다. 다음으로 민어, 게, 고등어, 숭어, 웅어, 전복과 천어(민물고기)가 나오는데, 선물받기도 했지만 낚시로도 잡았다. 1596년 이전에는 조기, 새우, 게, 숭어, 웅어 등의 소비가 많았으나, 1597년 이후에는 대구, 방어, 은어, 전복, 문어의 소비가 많아졌다. 또한 이전에 기록되지 않았던 금린어(쏘가리), 눌어(누치), 빙어, 연어가 기록되어 있었다. 수산물은 해수어와 담수어 모두를 식용으로 이용했으며, 단백질 식품으로 널리 활용되었다.

당시 수산물은 거리의 제약이나 보관 시설의 미비로 인한 잉여 생산량을 건조, 염장, 발효 방법으로 포, 자반, 젓갈, 식해 등의 가공식품을 만들었다. 이로 인해 제철 식품의 한계를 벗어난 수산물의 저장과 유통은 그 범위가 확장되었다.

또 조선시대에는 제향이 중시되었다. 따라서 각 계층에서 제사가 빈번히 거행되었고, 제사에 필수적인 제물의 수요가 증대되었다. 제물 중 가장 큰 비중을 차지하는 것이 바로 수산물이었다. 17세기 고을 단위의 관고에는 제수를 위한 북어, 건대구, 건문어, 굴비, 미역 등의 마른 해산물과 젓갈류로 저장하고 있었다고 전해진다. 특히 조기와 명태는 빼놓을 수 없는 제물이었는데, 이런 경향을《쇄미록》을 통해서 볼 수 있다.

낚시를 통해 획득하고 사기도 했다

《쇄미록》에는 직접 낚시로 물고기를 잡았다는 기록이 있다. 강에서 눌어와 빙어를 잡아 탕으로도 먹고 제사에까지 사용했다. 다음은 1599년 4월 26일의 일기다.

오늘 김주부, 명세 등과 냇가에 모여서 이야기하고 물고기도 잡기로 약속했으나 마침 내가 떠나는 것이 모레여서 일이 많기 때문에 가서 참여하지 못했더니 저들은 고기를 잡았는데 눌어 제일 큰 것은 거의 한 자 반이나 되는 것과 빙어 큰 것 열다섯 마리를 보내왔으니 깊이 감사하다. 저녁식사에 탕을 끓여 같이 먹었다. 빙어는 소금에 절였다가 제사에 쓰련다. 윤해 형제가 또 낚시질을 하여 백여 마리를 잡아 왔다.

이외에도 수산물은 사기도 하고, 물물교환을 통해 얻기도 했다. 대부분 시장에서 샀지만, 장인과 행상 등을 통해서도 구입했다. 예를 들어 절인 고등어는 목 3필에, 작은 고등어 10마리와 갈치 55마리는 쌀 4말에 교환하고, 큰 민어와 생도미 2마리는 거친 조 1말과 바꾸었다. 생광어 1마리는 쌀 1되로 바꾸었다. 굴 5큰사발은 조 2말과 바꾸었으며 쌀과도 바꾸었다. 새우젓 4종자는 조 1말과 고등어 30마리는 쌀 2말과 건은어 3묶음은 콩 3말과, 은어 7묶음은 콩 2말과 방어 1조는 콩 1말과 바꾸었다. 대구 2마리는 쌀 5되와, 염진어 11마리는 무명 1필과, 전어 1마리와 갈치 1마리를 쌀 6되와 바꾸고 있어, 아무래도 생선이 비쌌던 것을 알 수 있다. 이런 일들은 주로 노비가 맡았는데 노비가 속인 일도 있었는지, 이에 관한 기록도 있다.

《쇄미록》에 나오는 수산물 요리들

《쇄미록》에 등장하는 음식명은 16세기 조선 중기의 수산물 조리법을 짐작할 수 있는 단서가 된다. 사용된 조리법은 죽, 탕, 찜,

삶기, 구이, 회, 포, 젓갈(해醢), 식해食醢, 건조, 절임 등이다. 생선은 말리거나 절인 형태로 가공했다. 냉장시설이 없어 이 방법이 안전했다. 농어와 웅어, 도미 같은 생선과 게 등이 모두 국이나 탕의 재료로 쓰였다. 구이의 방법도 많이 쓰였는데 방어, 빙어, 웅어, 고등어나 낚시로 잡은 민물고기를 구워 먹은 것으로 나온다. 도기를 이용해 물에 삶는 찜과 삶기의 조리법이 나오는데 붕어나 잉어, 준치, 전복 등을 주로 찌거나 삶아서 먹었다.

《쇄미록》에는 생선회에 대한 기록도 많이 보인다. 잉어, 농어, 숭어, 웅어 등을 회로 먹었고, 민물고기의 경우는 직접 낚시로 잡아 그 자리에서 바로 회로 즐겼다. 아래는 1597년 10월 6일의 기록이다.

이른 아침에 물고기를 두어 말을 얻었는데 모두 크기가 전일에 잡았던 것이 아니다. 그중에 빙어는 크기가 청어만 한 것이니 20마리나 된다. 회를 쳐서 먹으려 했으나 겨자가 없고 또 술이 없어서 먹지 못했으니 한스럽다. 모두 쪼개서 말리게 하고 그 나머지 큰 것을 구워 먹었다.

어패류는 역시 젓갈과 식해를 만드는 데에 많이 이용했다. 새우젓, 뱅어젓, 생선젓, 게젓, 조개젓, 굴젓, 알젓의 이름이 많이 등장한다. 식해는 종류를 알 수 없는 생선과 열목어, 웅어, 조기, 굴, 전복 등으로 만들어 먹었다. 다음으로 포로도 먹었는데, 주로 도미와 민어를 이용한 포가 나온다.

3부

우리가 먹어온
바다음식들

특정 수산물에 대한 선호는 매우 문화적이며 역사적으로 형성된다. 전 세계에서 즐겨 먹는 육류는 쇠고기, 돼지고기, 닭고기, 양고기 등으로 몇 종류 되지 않지만 수산물의 종류는 문화권별로 다양하다. 우리 민족이 먹어온 수산물은 다양성에서 세계 최고라 할 만하다.

우리가 막연하게 수산물이라고 알고 있지만, 그 안에는 동물과 식물의 구분이 있고, 동물 또한 어류, 연체류, 갑각류, 패류 등으로 나뉜다. 그러나 여기에서는 크게 생선(강과 호수에서 생산되는 민물고기도 함께 다루었다), 연체류와 갑각류와 패류, 그리고 해조류로 나누어 살펴볼 것이다.

여기에서 모든 수산물을 다루지는 못했다. 우리 조상들이 오랜 세월 먹으며 사랑해온 바다음식이라고 판단되는 것들을 중심으로 했다. 이 방대한 수산물을 정리하기 위해 다양한 문헌을 참고했는데, 특히 수산물에 대한 대규모 조사 결과인 《우리나라 수산식품의 유통, 영양 및 요리 정보시스템 개발》(한국식품영양재단, 2004)을 참고했다.

6장

바다와 강의 주인공, 생선

강과 바다에서 나는 가장 중요한 먹거리는 역시 물고기, 즉 생선fish이다. 처음 내가 사랑한 것도 바다를 유유히 헤엄쳐 다니는 물고기였고, 쓰고 싶었던 것도 이 물고기에 관한 것이었다.

물고기, 즉 어류에 대한 백과사전적 정의는 다음과 같다. "수중에서 생활하는 변온성 동물로, 주로 아가미 호흡을 하며 사지가 없고 지느러미를 갖는 척추동물의 총칭이다. 생물학적으로 본다면 어류는 지구상의 모든 척추동물 중에서 가장 먼저 출현하였고 또 가장 번성하여 그 형태적·생태적 분화가 매우 다양하다."[1] 우리나라 전체 어류는 민물고기가 200여 종, 바닷물고기가 1,000여 종으로 보고되어 있으나 계속 새로운 종이 발견되고 있어 전체 종수는 늘어나는 추세라고 한다.

여기서는 마음 가볍게 우리 민족이 그동안 즐겨 먹어온 물고기들에 관한 이야기를 풀어보려 한다.

지금은 귀해진 대중 생선

명태의 변신은 무죄

명태明太는 이름이 많다. 명태의 상태에 따라 다양하게 변주되어 여러 이름으로 불리는데, 생물은 생태, 말리면 북어, 반쯤 말리면 코다리라고 한다. 또 그물이 아닌 낚시로 잡았다 하여 낚시태, 겨우내 얼었다 녹았다 반복하여 포실하게 마르면 황태, 황태 중에서도 겨우내 낮은 온도에서 마르면 백태, 높은 온도에서 마르면 덕태라고 하니 변신의 귀재라고나 할까.

명태는 오래전부터 먹어온 생선이다. 러시아어로는 민타이минтай, 중국에서도 '밍타이明太'라고 부르는데, 이는 우리말 명태에서 비롯된 것이다. 일본어로 명란젓을 가리키는 멘타이코明太子도 마찬가지다. 그렇다면 명태라는 이름은 어디서 온 것일까. 대부분의 생선은 '-치'나 '-어'라고 부르는 것을 생각하면 명태는 낯선 이름이다.

명태 이름은 조선 후기 이유원李裕元(1814~88)이 쓴 《임하필기林下筆記》에 이렇게 유래가 소개돼 있다. "명천明川 사는 태太씨 성을 지닌 어부가 어떤 물고기를 낚아 도백道伯에게 바쳤는데, 도백이 이를 아주 맛있게 먹고 그 이름을 물으니 모두 알지 못하여, 이 물고기는 명천의 태가라는 어부가 잡은 것이니 도

백이 이를 명천의 태라는 의미로 '명태明太'라고 하였고 이후 이 물고기가 아주 많이 잡혀 전국에 넘쳤고 이를 북어라고 부르게 되었다." 한편 이만영李晩永의 《재물보才物譜》(1788)에는 북해北海에서 나기 때문에 북어라 한다고 나온다. 한편 산간 지방에서 눈이 침침해진 이들이 해안에 나와 명태의 간을 먹고 눈이 밝아져 '밝을 명明'자를 써서 명태라고 이름 붙였다는 이야기도 있다. 이처럼 명칭의 유래는 기록마다 다르고 근거를 밝히기도 어렵다. 그냥 명태를 둘러싼 재미있는 스토리텔링이라고 이해하자. 명태 또는 북어라는 이름은 조선 전기에는 문헌에 보이지 않고 조선 후기에 비로소 나타난다. 다만 《신증동국여지승람》(1530)에는 동해에 면해 있는 함경도 경성과 명천의 '토산 조' '신증新增부'에 명태로 추정되는 '무태어無泰魚'라는 생선 이름이 보인다. 그러다가 《승정원일기》 효종 3년(1652)의 기록에 명태라는 이름이 나타나는데, "강원도에서 진상하는 대구어란에 명태어란이 첨입添入되어 있다."는 내용이다. 즉, 대구알젓에 명태알젓이 섞여 이를 추궁하는 내용이다. 지금 명란이 귀한 것과는 달리 당시는 대구알젓이 더 귀했던 모양이다. 이후 서유구의 《난호어목지》에 "명태를 한자로 명태어明鮐魚라고 쓰고, 속칭 생것은 명태, 말린 것은 북어라고 한다. 명태가 다산하여 전국에 넘쳐 흐르며 우리나라 수산물 중에서 명태는 청어와 더불어 가장 많이 나는 것이다."라고 상세히 설명되는데, 이를 통해 조선 후기 가장 물량이 많은 생선이 바로 명태였던 것을 알 수 있다.

구한말에 이르면 명태 어업이 대성황을 이룬다. 일제강점기 일본인들의 기록에는 명태가 자주 보이는데, 이 시기에 명태는 가장 많이 생산되는 어류 중 하나였다. 주로 겨울에 잡는 명태는 얼려서 말리는 우리만의 독특한 가공 방법인 동건법凍乾法으로 북어를 만들어 저장할 수 있어 전국적으로 유통이 되었다. 이런 가공법의 개발이 명태의 대량 어획을 가능케 하는 요소가 된 것이다.

황태, 즉 겨우내 얼었다 녹았다 반복하여 포실하게 마른 명태는 영하 10도 이하의 한랭한 고원지대에서 얻을 수 있는데, 그 최적지가 강원도다. 겨울 날씨가 매섭게 춥고 눈바람이 적당히 불어주어야 좋은 황태를 얻을 수 있다. 덕장에 걸린 명태는 밤에는 얼고 낮에는 녹으면서 겨우내 서서히 건조된다. 이런 과정을 거치면서 맛 좋은 황태가 되는데, 마른 후에도 외형은 물에 불린 것처럼 통통하고 노랗거나 붉은빛이 돌며, 속살은 희고 포슬포슬하여 향긋하고 구수한 맛을 낸다. 알맞게 마른 황태를 반으로 갈라 등뼈와 지느러미, 가시를 발라낸 후 고추장이나 간장 양념을 발라서 즉석에서 구워낸 황태 양념구이는 단백질이 풍부한 맛있는 음식이다. 지금은 강원도의 유명한 향토 요리로 사람들을 끌어 모은다.

북어로는 국을 끓이기도 하고, 물에 불려서 연하게 한 후 조미하여 찌기도 하고, 결대로 잘게 찢어 무침도 한다. 그런데 북어는 한국에서 기복신앙과 깊은 관련이 있는 생선이다. 북어는 지금도 제사상에 올라간다. 북어를 실로 묶어 새로 이사 들어간 집이나 개업한 가게에 거는 풍습도 여전히 보인다. 명태는 한국인에게 생선 이상의 무엇이다.

신선한 명태는 주로 탕을 끓여 먹는다. 또 발효해서 먹기도 한다. 명태는 김장할 때 넣기도 하고, 식해를 담그기도 했다. 잘 삭은 명태식해는 동해 북부 지역의 겨우내 중요한 반찬이 되었다. 또 함경도에서는 명태로 순대를 만들기도 한다(생태로 만들지만 겨우내 얼려두었다 먹으므로 동태순대라고도 한다). 명태는 버리는 게 없는 생선이다. 거의 모든 부위를 이용해서 먹었다. 명태의 어란은 일찍부터 명란젓으로, 명태의 창자는 창난젓으로, 아가미는 아가미젓으로 가공하여 먹었다. 간으로는 어유魚油를 만들었다. 심지어 눈알은 따로 볶아서 술안주로 쓰고, 껍질도 쪄서 쌈재료로 쓴다. 요새는 이 북어 껍질이 콜라겐 식품으로 인기가 있다.

17세기 중반에 명태잡이가 본격화된 이후 국민 생선이 되었던 명태를, 지금은 보기 어렵게 되었다. 1990년대까지만 해도 근근이 잡히던 명태는 이제 대한민국에서는 씨가 말랐다. 우리가 지금 먹는 명태는 대부분 러시아에서 들어온다. 언젠가 명태는 한국인의 생선이 아니라 러시아 생선이 될지도 모르겠다.

입이 큰 생선, 대구

대구大口는 세계적인 생선이다. 마크 쿨란스키는 역사 속 대구의 역할과 생태, 요리법 등을 7년간 밀착 취재하여 《대구: 세계의 역사와 지도를 바꾼 물고기의 일대기》(박중서 옮김, 알에이치코리아, 2014)를 썼다. 그는 바이킹의 대이동, 미국 독립혁명, 영국과 아이슬란드 사이의 전쟁 등 세계의 역사와 지도가 대구 어장을 따라 변화해왔다고 주장했다.

그럼, 한국에서 대구는 어떤 생선일까? 《신증동국여지승람》에 의하면, 대구는 경상도, 강원도, 함경도에서 잡혔다. 그런데 허균은 《도문대작》에서 다르게 말한다. "대구어는 동해, 남해, 서해에서 모두 나는데 북쪽에서 나는 것이 가장 크고 누른색이며 두껍다. 동해에서 나는 것은 붉고 작은데 중국인들이 가장 좋아한다. 서해에서 나는 것은 더욱 작다." 정조가 각종 공선貢膳 진상품의 물품 및 수량과 진상 방법을 감축, 개정 반포한 《공선정례供膳定例》(1776)에 건대구어乾大口魚, 반건대구어半乾大口魚, 대구어란젓[大口魚卵醢], 대구고지젓[大口古之醢] 등이 보인다. 대구 건제품과 알이나 내장으로 담근 젓갈이 왕실 진상품이었던 셈이다. 이렇게 대구는 일찍부터 여러 곳에서 많이 어획되었으며 우리 민족이 즐겨 먹어온 어류였다. 주로 소금에 절이지 않은 건제품, 즉 통대구로 가공하여 사용했다.

대구가 모든 바다에서 난다고 했지만, 아무래도 남해안을 대표하는 어종이었다. 경남에서 자랐던 나에게도 대구는 추억의 음식이다. 그때 마산 항구에는 대구잡이 배가 넘치게 들어오곤 했는데, 그러면 아무리 가난한 집에도 대구 한 동강쯤은 차례가 돌아갔다고 한다. 그러니 마산 사람치고 대구 좋아하지 않는 사람이 없다. 이쪽 지역에서는 대구 한 가지만 가지면 다른 반찬 백 가지를 당한다고 말한다.

대구는 생으로도 먹고, 말려서도 먹고, 국을 끓이고, 전도 부치고, 지져도 먹고, 구워도 먹고, 포도 뜨고, 김치에도 넣어 먹는다. 살만 먹는 게 아니다. 알은 생으로 먹거나 쪄서 먹고, 수놈의 곤(이리)과 창자, 아감지(아가미)뿐 아니라 '깡다구'라는 이름으로 등뼈다귀까지 발라 먹는다. 그리고 대구 알을 소금에 절여 벌겋게 익혀 먹으며 아가미와 창자로 창자젓을 담그기도 한다.[2] 대구 간도 명태 간처럼 간유의 원료로 쓰인다. 실로 다재다능한 생선이다. 고조리서에도 대구 요리가 다양하게 소개되었다. 안동장씨의 《음식디미방》에는 대구 껍질을 삶아서 가늘게 썰어서 무친 것을 '대구껍질누르미'라는 이름으로 소개했다. 또 《소문사설》에는 '어복증魚腹蒸'이라는 이름으로 대구순대가 나온다. "대구의 창자를 취하여 대구의 흰 살을 소로 넣고 끈으로 양쪽의 머리를 졸라매고 이것을 쪄서 칼로 편을 썰어 초장을 찍어 먹는다. 또는 꿩고기나 돼지고기나 닭고기 등을 가지고 소를 넣어 만들어도 좋다." 지금도 경상도에서는 대구 배를 가르지 않고 알이 든 채로 말리는 '약대구'라는 이름의 통대구를 만든다. 이 약대구는 알은 알대로 먹고 머리와 몸은 푹 고아서 보신용으로 먹는다.

그런데 대구도 남획에 의해 씨가 말라가고 있다. 그동안 동해에서는 사라져가는 명태 복원을 위해 노력했다. 그런데 과거에 대구가 많이 났던 서해의 대구 자원 회복을 위해 충남이 나섰다고 전해진다. 이를 위해 대구 수정란을 방류했다고 하니, 곧 서해안 대구를 먹을 수 있으리라 기대해본다.

앞서 언급한 명태와 대구는 서로 사촌쯤 돼 닮은 점이 많다.

명태는 한국에서 '국민 생선'이라 불리지만, 대구는 한국을 넘어 인류에게 가장 중요한 역할을 한 물고기로 꼽힌다. 세계적으로 본다면 명태보다 대구의 역할이 더 컸던 셈이다.

한국인의 기운을 돋우는 생선, 조기

조기는 한자로 도울 조助, 기운 기氣를 쓰는 생선으로, 사람의 원기 회복을 돕는다는 뜻을 담고 있다. 그리고 머리에 돌이 있는 생선이라는 의미로 석수어石首魚라고도 한다. 조기는 농어목 민어과에 속하는 생선인데 황조기(참조기), 수조기, 부세, 보구치, 흑구어 등 여러 종류가 있으나, 맛으로는 황조기를 제일로 친다. 황조기는 우리나라 근해에서 가장 많이 나는 생선이다. 조기는 3월경 제주 추자도 근해를 거쳐 북상해 5월에 전남 영광 근해에서 산란하고 더 북상하여 연평도에 이른다.

조기는 국을 끓이기도 하고 구워 먹기도 하며 젓갈을 담가 먹기도 한다. 조기를 염장 건조한 굴비屈非의 맛 또한 일품이다. 굴비는 영광의 것이 가장 맛이 좋아 영광굴비는 굴비의 대명사가 되었다. 원래 영광굴비는 경사진 지붕의 안쪽에 조기를 촘촘히 매달고, 바닥에는 숯불을 피워놓고 바닷바람에 서서히 말렸다고 한다. 3월이니 파리도 없고 산란하러 온 조기라 알이 뱃속에 꽉 차 있다. 살을 그대로 찢어 먹어도 구운 맛 이상을 낸다. 말린 것은 통보리 속에 넣어 저장하는데 전통 영광굴비 제법으로 전해진다.

굴비는 근대 조리서에도 자주 등장한다. 굴비는 한 철에 먹는 음식으로, 반찬으로도 좋고 술안주로도 좋다. 이용기李用基 (1870~1933)는 《조선무쌍신식요리제법朝鮮無雙新式料理製法》에서 "알이 가장 맛이 있으며 영광굴비가 작기는 하지만 빛깔이 거뭇하고 알이 크며 맛도 아주 좋다."고 했다. 방신영方信榮 (1890~1977)은 《조선요리제법朝鮮料理製法》에서 "굴비는 생선 조기로 소금에 절여서 말리는 것이니 마른반찬 중에 매우 좋은 것이라. 껍질을 벗기고 새끼손 굵기만큼 길이는 팔 푼 길이씩 잘라서 접시에 놓고 고추장을 찍어서 먹나니라. 굴비 알은 원(통)으로 꺼내어 한 푼 두께로 썰어 접시에 담아놓고 초고추장이나 초장에 찍어 반찬 하면 좋으니라."고 했다.

인기 많은 생선인 만큼 조기에 얽힌 이야기도 많이 있다. 그중 하나가 연평도의 조기잡이에 얽힌 임경업 장군의 전설이다. 인조 때 평안병사였던 임경업 장군은 명과 합세해 청나라를 공격하자는 내용의 비밀문서가 탄로 나자 명나라로 피신하려고 했다. 그 길에 연평도에 이르러 엄나무 발을 만들어 꽂았더니 수천 마리의 조기가 걸렸다. 이것이 연평도 조기잡이의 시초라는 것이다. 연평도에는 임경업 장군의 사당이 있고 어부들이 조기잡이를 나갈 때는 참배를 하는 것이 상례라고 한다.

조기구이 못지않게 맛있는 음식이 조기찌개다. 조기는 봄철에 한해 매운탕을 해 먹어야 제맛이 난다. 조기를 살과 알만 골라서 국물 적은 고추장찌개를 끓인 후에 뜨끈뜨끈한 밥에 봄빛이 싱싱한 상추쌈을 싸서 먹는 풍치란 비교할 수 없는 좋은 풍경이요, 좋은 맛이라고 전해진다. 생조기가 아니라 굴비를 물에

담가 비늘을 긁어 풋고추, 호박, 파, 마늘 등을 넣고 새우젓으로
간을 맞춘 굴비찌개도 즐겨 먹었다니, 생선 한 마리를 두고 참
다양하게도 먹었다는 생각이 든다.

무시무시한 이름, 그러나 맛있는 갈치

국산 갈치를 먹는 게 어려워졌다, 몸값이 비싸졌기 때문이다.
갈치는 모양부터 압도적이다. 《자산어보》에서는 '치마 군裙'과
'띠 대帶' 자를 써서 군대어裙帶魚라 불렀다. 그러고 보니 갈치
의 모양이 여인네의 하얀 치마 띠처럼 보이기도 한다. 서유구
는 《난호어목지》와 《임원경제지》〈전어지〉에서 가늘고 긴 모양
이 칡의 넝쿨과 같으므로 '칡 갈葛' 자를 써서 갈치葛侈라 한다고
했다. 그러나 어류학자 정문기鄭文基(1895~1995)는 갈치라는 이
름은 형태가 칼과 같이 생긴 데에서 유래한 것으로, 신라시대에
는 '칼'을 '갈'이라고 불렀기에 옛 신라 지역에서는 지금도 갈치
라 부르고 그 밖의 지역에서는 칼치[刀魚]라고 부른다고 했다. 이
렇게 하나의 생선을 놓고 어떤 이는 무시무시한 칼을, 어떤 이는
치마 띠를 연상하니, 보는 이의 인성에 따른 것일까 하는 생각
도 든다. 지금은 표준어가 갈치로 통일되었다.

갈치는 우리나라의 여러 곳에서 잡히며, 특히 서남해에서 많
이 잡힌다. 《세종실록》〈지리지〉는 경기도와 충청도에서, 《신증
동국여지승람》은 충청도, 강원도, 경상도, 전라도에서 나는 것
으로 기록했다. 갈치는 옛날부터 많이 잡히는 다획성 대중어로
우리 민족이 즐겨 먹어온 바닷물고기다. 《난호어목지》에서도 갈

치를 잡아 소금 간 하여 서울로 보내는데 맛이 좋을 뿐 아니라 값이 싸다고 했다. 그만큼 많이 잡혔다는 것이다. 《한국수산지》에서는 모심기를 할 때 가장 많이 소비된다고 했다.

갈치는 살이 희고 부드러우며 감칠맛이 있는데, 너무 큰 것보다는 중간 크기로 새벽에서 아침까지 잡힌 것이 맛이 있고, 4~5월에 난소가 숙성되어 지방이 많은 것이 맛이 좋다고 한다. 갈치는 필수 아미노산, 무기질, 비타민 등의 영양소를 골고루 갖추고 있어 오장의 기운을 돋워주고 특히 위장을 따뜻하게 하여 소화력을 촉진하고 식욕을 증가시킨다.

갈치는 생물로 먹기도 하고 말려서 먹기도 했다. 다른 생선과 마찬가지로 다양하게 조리한다. 역시 소금 뿌려 깨끗하게 구운 갈치구이가 맛있었던지, 이용기는 《조선무쌍신식요리제법》에서 "갈치는 구워 먹으면 자반보다 훨씬 낫고 이보다 더 맛있는 생선은 없다."고 했다. 갈치조림도 고조리서에 많이 등장한다. 싱싱한 갈치로는 국이나 찌개도 끓이는데, 호박과 궁합이 좋아 제주도의 갈치호박국과 충남의 호박갈치찌개가 유명하다. 부산 기장산 갈치는 통일신라시대부터 유명했다고 전해진다. 특히 갈치회가 유명한데, 갈치비늘은 호박잎을 이용해 벗기고 막걸리로 헹구어 물기를 마른 면포로 제거하며 초고추장이나 고추냉이간장을 곁들인다.

전라도에서는 갈치속젓이 유명하다. 갈치의 식도에서 창자까지 하나도 버리지 않고 내장만으로 담갔다고 하여 속젓이다. 속젓은 송송 썬 풋고추와 고춧가루, 다진 파와 마늘, 참기름, 깨소금을 넣어 무쳐 먹으면 맛있다. 갈치속젓을 넣어 김치를 담그기도 한다. 제주도에서는 갈치 아가미젓을 담그고, 경남에서는 갈치와 밥, 엿기름가루, 양념을 넣고 버무려 갈치식해를 담근다. 또 김치에 갈치를 썰어 넣고 배추김치나 섞박지를 담그기도 하고, 충남에서는 생갈치를 썰어 넣고 고들빼기갈치김치를 담가 먹는다.

이렇게 갈치는 우리 민족이 오랜 세월 다양하게 조리하여 즐긴 생선이었으나 최근 값이 비싸지면서 수입산 갈치가 우리 밥상을 점령하고 있다. 심지어 우리나라가 갈치를 수입하는 국가가 20개를 넘어섰다고 한다. 중국, 모로코, 남아공, 세네갈, 모리타니 등이라고 하니 갈치의 세계화라고 불러야 할까.

푸른 바다를 유영하는 고등어

고등어는 우리에게 친숙하다. 산울림의 노래 〈어머니와 고등어〉부터 공지영의 소설 〈고등어〉까지 대중문화에도 자주 등장한다. 옛 문헌에도 고등어는 다양한 이름으로 등장한다. 정약전의 《자산어보》에서는 등에 있는 푸른 무늬 때문에 '벽문어碧紋魚'라 했고, 성종 때의 지리지 《동국여지승람》에서는 옛 칼의 모양을 닮았다 하여 '고도어古刀魚'라 했다. 《세종실록》〈지리지〉에는 황해도와 함경도 지방의 토산물로 기록되어 있고, 《신증동국여지승람》에는 경상도, 전라도, 강원도, 함경도 지방의 토산물로 기록되어 있다. 영조 때 편찬된 《여지도서》에도 함경도, 강원도, 경상도, 전라도에서 잡히는 것으로 되어 있으니, 전 연안에서 잡혔던 것 같다. 세계적으로도 태평양, 대서양, 인도양의 온대 및 아열대 해역에 널리 분포한다.

《자산어보》는 다음과 같이 고등어를 설명했다. "길이가 두 자 가량이며 몸이 둥글다. 비늘은 매우 잘고 등에는 푸른 무늬가 있다. 맛은 달고 시고 탁하다. 국을 끓이거나 젓을 담글 수는 있어도 회나 어포는 할 수 없다. 추자도 부근에서는 5월부터 잡히기 시작하여 7월에 자취를 감추며 8~9월에 다시 나타난다. 흑산도 연해에서는 6월부터 잡히기 시작하여 9월에 자취를 감춘다. 밝은 것을 좋아하는 성질이므로 불을 밝혀 밤에 잡는다. 영조 26년(1750)부터 성하기 시작하였다가 순조 6년(1806) 이후 해마다 줄어들어 자취를 감추었다고 한다. 요즈음 영남의 바다에 새로이 나타났다고 들었는데 그 이치를 알 수 없다."

고등어는 조선시대부터 많이 소비되었으며, 주로 염장한 것이 각처에서 판매되었을 것이다. 허균의 《도문대작》에는 "고등어는 동해에 있는데 그 내장으로 젓을 담근 것이 가장 좋다."라고 나오며, 《공선정례》에도 고도어장장해古刀魚腸臟醢가 기록되어 있는 것으로 보아 창자도 가공되었음을 알 수 있다. 현재에는 날것 또는 염건한 자반을 굽거나 조려서 먹는다. 옛날부터 고등어는 '바다의 보리'라 불렀다. 이것은 보리와 맞먹을 정도로 영양가 있고 또 맛이 있음을 표현한 말이니 고등어가 보리보다 귀해진 요즘에 보면 재미있다. 서민에게 고등어는 값이 싸고 친근한 생선이었다.

고등어 이름에 얽힌 재미난 이야기가 있다. 일본어로 고등어

를 사바さば, 鯖라 하는데, 이 단어를 반복하면 '사바사바'가 된다. 흔히 자신의 이익을 위해 뇌물을 주고 떳떳하지 못하게 일을 처리하거나 아부할 때 '사바사바'라는 속어를 쓴다. 일제강점기에 관공서를 찾던 민간인들이 잘 봐달라는 의미로 고등어 2마리를 촌지로 들이밀곤 했는데, 이렇게 고등어 2마리면 적당히 봐주는 일이 되풀이되다 보니 고등어 2마리를 일컫는 '사바사바'가 부정부패를 상징하는 말이 되었다는 것이다. 고등어가 서민들의 생활과 밀접하게 관련된 생선임이 분명하다.

고등어는 구이나 조림, 전과 찜 그리고 찌개까지 다양하게 먹었다. 싱싱한 고등어를 잡았던 제주도에서는 고등어회나 풋배추를 넣은 고등엇국, 고등어 살을 넣고 쑨 고등어죽을 먹었다. 조자호의 《조선요리제법》(1943)에는 '고등어숙회'가 나온다. 표현이 재미있어 그대로 옮겨본다.

성하고 좋은 고등어를 정히 다러서 대가리와 내부는 없애야 하는데 배를 가르지 말고 대가리를 자르고 그리고 내부를 빼버리어야 합니다. 그래가지고 진간장에다 초를 조금 섞어가지고 한 십 분 동안 당거놓았다가 건저놓고 연한 살코기를 곱게 다저서 갖은양념을 하고 지단채 치고 표고도 채 처서 한데 주물러서 배속에다 잔득 처넣고 앞뒤 몸에다가 참기름을 살살 발러서 솥에다 경그레를 놓고 쩌내서 잠깐 식혀가지고 썰어서 접시에 세여서 담어놓습니다. 초장에 잡수십시오. 이것은 보통 술안주에 지나지 않습니다.

아무래도 고등어 요리라면 자반구이를 빼놓을 수 없다. 이용기의 《조선무쌍신식요리제법》(1936)에는 "자반고등어는 값이 싸서 가난한 사람이나 시골 사람들이 많이 먹는다. 방어나 고등어는 준치만 못하다. 뼈가 없어서 아이들에게 먹이기 좋다. 좋은 고등어에 소금을 조금 뿌려 구워 먹으면 맛이 매우 좋다."고 나온다. 이 자반고등어의 대명사가 안동 간고등어다. 내륙 지방이라 신선한 생선을 먹기 힘들었던 안동 사람들이 즐겼던 것으로, 일상의 반찬뿐 아니라 제상에도 올랐다. 생선의 부패 방지를 위하여 왕소금으로 절여서 이용한 것이 전통 간고등어이며, 그 맛이 일품이어서 안동 지방의 특산물이 되었다.

계절의 맛, 지역의 맛

흥망성쇠의 물고기, 청어

청어靑魚는 이름 그대로 푸른 물고기다. 청어는 냉수성 물고기로, 《세종실록》〈지리지〉와 《신증동국여지승람》 '토산 조'에 의하면 우리나라 전역에서 잡혔다. 그런데 청어는 자원 변동이 심한 물고기다. 세계 여러 곳에서 심한 자원 변동을 보였고 우리 연해에서도 다른 어류와는 달리 아주 심한 단기적 또는 장기적인 변동 현상을 보였다.

조선시대의 각종 문헌에는 청어 자원 변동에 관한 기록이 종종 나온다. 중종 6년(1511) 부안현감이 올린 상소문에 "부안현에서 자고로 청어가 많이 잡혔으나 을축(1505) 이후 청어가 없어졌다."는 말이 있으며, 류성룡柳成龍(1542~1607)의 《징비록懲毖錄》에는 "해주에 나던 청어는 요즘 와서 10년이 넘도록 근절되어 생산되지 않고 요동 바다로 옮겨 가서 생산된다."고 나온다. 또한 이수광李睟光(1563~1628)의 《지봉유설芝峰類設》(1613)에는 "청어가 해마다 봄에는 서해에서 많이 잡혔으나 선조 3년(1570) 이후 없어졌다."고 나온 반면, 선조 36년(1603)에는 "경상도, 전라도, 함경도에 청어가 많이 산출되는데, 어선들이 구름처럼 모여들어 무수히 잡혔다."(《선조실록》)고 나온다.

허균은 《성소부부고》에서 청어 산출량의 부침에 대해 기록했다. "청어는 네 종류가 있다. 북도에서 나는 것은 크고 배가 희고, 경상도에서 잡히는 것은 등이 검고 배가 붉다. 호남에서 잡히는 것은 조금 작고, 해주에서는 2월에 잡히는데 매우 맛이 좋다. 옛날에는 매우 흔했으나 고려 말에는 쌀 한 되에 40마리밖에 주지 않았으므로, 목로牧老(목은 이색을 가리킨다)가 시를 지어 그를 한탄하였으니, 즉 난리가 나고 나라가 황폐해져서 모든 물건이 부족하기 때문에 청어도 귀해진 것을 탄식한 것이다. 명종 이전만 해도 쌀 한 말에 50마리였는데 지금은 전혀 잡히지 않으니 괴이하다."

그런데 이익의 《성호사설》(1763년경)에는 청어에 관해 이렇게 설명돼 있다. "지금 생산되는 청어는 옛날에도 있었는지 없었는지 알 수 없다. 그러나 해마다 가을철이 되면 함경도에서 생산되고 있는데, 형태가 아주 크게 생겼다. 추운 겨울이 되면 경상도에서 생산되고 봄이 되면 차츰 전라도와 충청도로 옮겨 간다.

봄과 여름 사이에는 황해도에서 생산되는데, 차츰 서쪽으로 옮겨 감에 따라 점점 잘아져서 천해지기 때문에 사람마다 먹지 않는 이가 없다."

이런 기록들을 통해 볼 때, 조선시대 청어가 백성의 먹거리를 걱정한 유학자들의 지극한 주목을 받았던 것을 짐작할 수 있다.

청어를 서울에서는 '비웃'이라 불렀다.《명물기략名物紀略》*에 의하면, 청어는 값싸고 맛이 있어 서울의 가난한 선비들이 잘 먹었는데, 선비들을 살찌게 하는 물고기라고 '비웃'이라 불렀다고 했다.

일제강점기에 나온《한국수산지》(1911)에는 황해도 각지에서 약 30년 동안 청어가 잡히지 않았다는 구절이 여러 곳에 보이는데, 1934년에는 동해에서 1년에 5,000만kg이나 잡혔고, 청어 알만 해도 영일만 연안에 산더미처럼 쌓였다고 한다. 최근에는 동해안에서 청어가 희귀해졌고, 시장에 나오는 청어는 대부분 북태평양에서 원양어선이 잡아 오는 것이다. 이와 같이 청어의 생산량이 때와 곳에 따라 변천하는 것은 해류의 변동 때문으로 보인다. 청어 무리는 산란하기 위해 우리나라 해안에 몰려온다. 그런데 갑작스런 난류의 북상으로 갈 길이 막히자 한류성 어족인 청어가 사라진 것이다. 이렇게 기후 변화의 영향을 크게 받는 물고기가 청어다.

청어는 다양한 요리로 만들어진다. 일반적인 구이부터, 시루

---

* 황필수黃泌秀(1842~1914)가 각종 사물의 명칭을 고증하여 1870년에 펴낸 책.

에 솔잎을 깔고 쪄내는 '청어백숙', 고추장 푼 물에 넣고 끓여내는 '청어지짐이'도 있다. 무를 깔고 양념장을 끼얹어 조려내는 '청어조림', 청어에 소금을 켜켜이 뿌려 만드는 '자반청어'도 일제 강점기 조리서에 많이 나온다. 또한 소금을 뿌려서 젓갈로 담그는 '청어젓'도 조리서에 많이 등장하는 것으로 보아 집집마다 청어젓을 담가두고 많이 먹었던 것을 알 수 있다. 보통 우리는 명태나 대구로 생선전을 부쳤지만, 청어로도 전을 부쳐 청어전유화를 만들기도 했다.

그런데 청어 요리의 백미는 '청어선'이다. 조자호의 《조선요리법》(1939)에는 다음과 같이 조리법을 소개했다. "깨끗하고 좋은 청어를 깨끗이 다듬어 지느러미를 제거하고 통으로 안팎을 잔칼질을 해서 진간장을 발라 굽는다. 연한 살코기를 곱게 다져 갖은양념을 한다. 청어 안팎을 익히고, 숙주는 머리와 꼬리를 떼어내 양념해놓고, 미나리는 줄기만 1치 길이로 잘라놓는다. 갖은 고명 한 후 당근도 곱게 채 썰어 양념하여서 청어 몸 위에 색 맞추어 늘어놓고 녹말을 입혀 솥에서 찐다. 쪄서 익으면 초장을 만들어 곁들인다."

《주식방문》(1847)에는 청어로 만든 순대를 넣고 끓이는 '청어소탕'이 나온다. "매우 크고 싱싱한 청어를 2~3조각으로 자르고 알과 이리를 꺼내어 소를 만든다. 이때 알이 너무 많으면 사각사각하여 좋지 않으므로 알은 적게 하고 이리는 많이 한다. 돼지고기나 쇠고기를 다져서 만두소와 같이 만들고 알과 이리를 함께 섞어 청어 속에 집어넣는다. 밀가루와 달걀을 묻혀 기름

에 지져놓고 장국에 끓여 먹을 때에 가루를 약간 풀어 끓이면
좋다."

마지막으로, 청어로 만드는 가장 매력적인 음식은 겨울철 별
미 과메기다. 지금은 주로 꽁치로 과메기를 만들지만, 과거에는
청어 말린 것을 '관메기'라고 했다. 경상도의 과메기가 맛이 특
별한데, 이는 청어를 말리는 특별한 방법에서 비롯되는 맛이다.
농가의 부엌 아궁이에 송엽을 때면 부엌 안은 연기로 자욱하게
되고 자연 통풍의 필요가 생긴다. 채광을 겸한 그 통기구가 추
녀 바로 아래에 뚫은 살창이다. 겨우내 청어 몇 두름을 그 살
창에 걸어두면 송엽의 연기로 훈제가 되어 이른 봄에는 빳빳한
관목이 되었다고 한다. 《오주연문장전산고》에도 "청어는 연기
에 그을려 부패를 방지하는데 이를 '관목'이라 부른다."고 쓰여
있다. 또 조선시대에 왕실에 진상품으로 바친 웅어 등도 박달나
무를 태워 훈제한 것[3]이라고 한다.

백성의 생선에서 반가의 여름 보양식으로, 민어

민어는 '백성 민民' 자를 쓰는 생선으로, 백성들의 생선이라는
의미다. 민어는 옛날부터 우리 민족이 좋아하는 물고기로, 《세
종실록》〈지리지〉와 《신증동국여지승람》'토산 조'에 민어民魚라
는 이름이 나온다. 과거 많이 잡힐 때에는 백성들의 반찬거리에
서 제사의 제물로까지 많이 쓰인 물고기였다.

정약전은 《자산어보》에서 "민어는 면어鮸魚라고 하고 그 속명
을 민어民魚라고 하였으며, 비늘이 크고 입이 크다. 맛은 담담하

고 좋다. 날것이나 익힌 것이나 모두 좋고, 말린 것은 더욱 몸에 좋다. 부레로는 아교를 만든다. 흑산도 바다에는 희귀하나 간혹 수면에 떠오르고, 간혹 낚아서 잡는다. 젓갈이나 어포가 모두 맛이 있다."고 했다. 《난호어목지》는 민어의 다양한 쓰임과 인기를 서술하면서 '대구 민鰵' 자를 써서 '민어鰵魚'라고 쓴다고 했으니, 서유구는 민어를 대구과로 본 듯하다. "서해와 남해에서 나며 동해에는 없고, 모양이 조기[石首魚]와 유사하나 그 크기가 4~5배에 달하며, 부레는 교착력이 강하여 아교로 쓰인다."는 설명도 덧붙였다. 또 민어의 알젓은 진귀한 식품이고 민어의 염건품鹽乾品은 손님 접대용이나 제수용으로 쓰인다고도 설명했다.

나는 1994년에 서울 음식 연구를 위해 서울 반가 음식 전문가들을 인터뷰한 적이 있다. 이때 대부분의 서울 반가 음식 전문가들이 여름 보양식으로 주로 민어를 먹었다고 했다. 서울 반가에서는 삼계탕이나 육개장보다 여름 산란기가 되어 지방이 오를 대로 오른 민어로 탕을 끓여 여름 복달임을 했다는 것이다. 또한 민어 암컷인 암치 껍질로는 국을 끓여 여성들이 주로 먹었다고 알려주었다. 그때까지만 해도 지금처럼 여름철 민어 보양탕이 언급되지 않았다. 지금은 어떠한가. 여름철이면 방송에서 민어탕을 언급하고 이로 인해 민어는 서민들은 넘보기 힘든 비싼 생선이 되어버렸다. 좀 더 고급한 여름 보양식에 대한 대중적 호기심이 불러온 결과로 생각된다. 이용기는 《조선무쌍신식요리제법》(1936)에서 '민어어채'를 설명하면서 "민어는 구하기 쉽고 맛도 평범하여 어채에 민어가 주로 사용된다."고 언급했다. 일제강점기만 해도 민어는 그리 값비싼 어종은 아니었던 셈이다.

어쨌든 민어는 맛있다. 특히 여름철 복달임 음식으로 탕을 끓일 때면, 끓이면 끓일수록 풍미가 짙고 깊어진다. 여기에 넉넉하게 들어간 민어 살은 맛을 더 풍요롭게 해준다. 민어는 호박 날때에 가장 맛이 좋아 호박을 넣어 끓이면 좋다고 한다.

민어는 구이로도 많이 먹었는데 소금만 쳐서 굽기도 하지만 간장, 참기름, 깨소금 설탕, 파, 마늘을 넣은 양념장을 발라 굽기도 했다. 서울 반가 조리서인 조자호의 《조선요리법》(1939)에는 색다른 민어구이가 나온다. "민어를 살만 도톰하게 떠서 나붓하게 썰어놓는다. 연한 쇠고기를 곱게 다져 갖은양념을 하고 생선에도 갖은양념 한다. 민어 한쪽에다가 고기를 얄팍하게 붙여서 굽는다. 생선 뜬 너비는 보통 손가락 3개 너비만 하면 맞다." 민어에 양념한 쇠고기를 붙여서 굽는 이것은 '사슬적'이라는 음식이다. 또 잘 말려서 민어포도 만들었는데, 서울 반가 출신인 빙허각이씨는 《규합총서》에서 "가을에 어포를 두껍게 떠 펴서 말리면 광어보다 낫다."고 했다.

또 흰 살 생선으로 주로 만드는 전유어 중에서도 민어전유화를 최상으로 쳤다. 민어 내장은 내장대로 회로 탕으로 또 데쳐서 두루 먹었지만, 민어 부레에 소를 채워 어교순대도 만들었으며 어만두도 만들어 먹었다. 민어 알은 알젓으로, 또 귀한 어란으로 변신했다. 실제 담백하고 수수한 서울 반가의 대표 생선이 바로 민어였다.

3부 우리가 먹어온 바다음식들

백성의 음식이었던 민어가 갑자기 복달임 음식의 대명사가 되고, 이제 몸값 비싼 생선이 되었다. 민어가 쉽게 먹을 수 없는 생선이 된 듯해 아쉽다.

혐오와 사랑을 동시에 받는 홍어

홍어는 참 특별한 음식이다. 어떤 사람들에게는 혐오식품이면서, 어떤 사람들에게는 가장 사랑받는 음식이다. 홍어는 가오릿과의 물고기다. 모양도 가오리와 비슷한데, 주둥이 부분이 둥근 가오리에 비해 홍어는 뾰족한 게 다르다. 홍어는 등 쪽은 갈색이고 배 쪽은 백색이나 회색을 띠며 몸길이는 150cm 정도다. 우리나라 연해와 남일본 연해 및 동중국해에 분포한다. 부산, 목포, 영광, 연평도 등지의 연해에 특히 많다.

홍어는 생으로도 먹고 삭혀서도 먹는다. 홍어 하면 떠오르는 독특한 냄새는 삭힌 홍어에서 나는 것인데, 흑산도 인근에서 잡은 홍어를 옹기 항아리에 짚을 넣고 담아 배에 싣고 가면 영산포에 닿기 전에 발효되어 독특한 냄새가 난다. 이 썩은 냄새에도 불구하고 홍어는 아무 탈이 없고 개운하여 삭힌 홍어가 만들어졌고 이 지역 사람들의 사랑을 받게 된 것이다. 유명한 영산포 홍어의 탄생이다. 《자산어보》에서도 "분어鱝魚, 속명을 홍어洪魚라 하며, 나주 가까운 마을에 사는 사람들은 홍어를 삭혀서 먹는 것을 좋아하니 지방에 따라 음식 기호가 다르다."고 했으니, 조선시대부터 홍어를 다른 방식으로 즐겼음을 알 수 있다. 반면 흑산도와 가까운 목포나 광주에서는 신선한 흑산도 홍어를 회로 즐긴다. 지금도 이 지역 장례식에 빠질 수 없는 음식이 신선한 홍어회로, 대사를 치르는 가정에서는 고기는 빠뜨려도 홍어는 빠뜨리지 않는다.

이후 삭힌 홍어의 명성이 서울까지 전해지고 홍어회와 막걸리의 앙상블인 홍탁이 전라도 음식의 대명사가 되었다. 그러나 홍어는 살코기만이 아니라 머리부터 꼬리, 그리고 내장까지 하나도 버릴 것이 없다. 홍어의 뼈는 다져서 회로 먹고, 내장은 국으로 끓여 먹는다. 특히 한겨울에 홍어 애(간)를 보리 순과 함께 세 번 국을 끓여 먹으면 더위를 먹지 않는다는 말이 있다. '홍어 애 보릿국'은 각별한 음식이자 가장 토속적인 풍미를 주는 전라도의 맛이다.

지금은 홍어를 삶은 삼겹살, 묵은지와 함께 먹는 홍어삼합이 유명하지만, 과거에는 홍어구이를 제일 쳤다. 홍어구이는 홍어를 토막 쳐 기름에 지진 뒤 석쇠에 굽는 것인데, 바르는 양념은 간장과 고추장 등으로 가급적 맵게 한다. 홍어구이는 약간 상해 코를 푹 찌르는 암모니아 냄새가 자극적일 때 유난히 식욕을 돋운다고 한다. 황해도나 전라도에서는 이처럼 약간 상해야 홍어구이로 인정한다.

한때 미식가의 기본 조건에 홍어 경험이 있었다. 얼마나 센걸 먹었느냐에 따라 등급이 정해진 것이다. 입천장이 홀랑 벗겨진 체험의 횟수가 중요했다. 추울 때의 홍어애탕, 간과 기름장의 궁합, 홍어 코를 먹어봤는지도 따졌다. 홍어는 그냥 홍어가 아니다. 게다가 정치적 혐오의 상징으로 쓰였던, 한 맺힌 전라도를 대표하는 생선이다.

우리 민족만 삭힌 홍어를 먹는다고 생각해왔다. 그런데 아이슬란드에서도 홍어를, 그것도 삭힌 홍어를 먹는다는 사실을 알게 되었다. 음식을 두고 함부로 말하지 말아야 할 것 같다. 이 지구상 어느 곳에서도 사람들은 자기 방식대로 음식을 먹고 있으며, 우리가 아는 것은 극히 일부라는 사실을 새삼 깨달았다. 한편, 삭히지 않은 홍어로 만든 스테이크 비슷한 요리는 뉴욕 같은 대도시에서 만날 수 있다.

돈 생각 안 하고 사 먹는 전어

"봄 도다리, 가을 전어"라는 말이 있다. 봄엔 도다리가 맛나고 가을엔 전어가 맛있다는 계절의 맛을 드러낸 것이다. 가을에 전어 굽는 냄새에 집 나간 며느리도 돌아온다고 하니, 전어의 맛은 이미 검증된 것이나 마찬가지다. 실제 9월부터 11월 초까지 잡히는 전어는 살이 통통하고 비린내가 적으며 뼈가 무르고 맛이 고소하다. 전어는 서해안과 남해안에서 주로 잡히고, 육지에 가까운 바닷가 그리고 바닷물과 민물이 만나는 수역에 주로 산다.

《자산어보》에는 '화살 전箭' 자를 써서 전어箭魚라고 쓰고 그 속명도 같다 나오니, 정약전은 전어 형태를 화살 모양으로 본 것 같다. 정약전은 "큰 것은 1척가량이고 몸이 높고 좁다. 빛깔은 청흑색이다. 기름이 많고 맛이 좋고 짙다. 흑산도에 간혹 있는데 육지 가까운 곳에서 나는 것만 못하다."며 섬보다는 육지에 가까운 바다에서 잡은 전어가 맛있다고 평했다. 서유구는《난호어목지》에서 '동 전錢' 자를 써서 전어錢魚라고 하는데, 그 맛이 좋아 사는 사람이 돈을 생각하지 않고 사 먹기 때문에 그런 이름이 붙었다고 설명했다.

가을 전어 맛의 비밀은 풍부한 지방에 있다. 전어의 지방 함량은 계절마다 크게 다르다. 봄에 비해 가을에는 지방 함량이 세 배로 늘어난다. "가을 전어의 대가리엔 참깨가 서 말"이라는 속담이 그래서 나왔다. 전어의 지방 대부분은 혈관 건강에 이로운 불포화지방으로, 콜레스테롤을 낮춰주므로 성인병 예방에 효능이 크다. 씹을수록 뒷맛이 고소하고 은은하다. 전어는 성질이 급해 양식이 안 되고, 횟집 수족관에서도 하루 이상을 버티지 못한다.

전어를 즐기는 방법은 여러 가지다. 소금만 살짝 뿌려 불에 구워낸 전어구이, 싱싱하게 즐기는 전어회, 뼈째 썰어 채소와 초고추장에 무쳐내는 전어무침 등등. 사실 어떻게 먹어도 맛있는 게 전어다. 그중에서도 몸에 지방이 오르고 뼈가 부드러워지는 가을에 뼈째 먹는 전어회가 일품이다. 뼈째 썰어내 싸그락 싸그락 씹히는 식감이 무척 재미있는데다 고소하면서도 부드러운 감칠맛을 낸다. 최근에는 선도가 높은 전어는 회로 많이 소비되어 그 값이 비싸고, 활어로 판매되는 것은 더욱 비싸다. 전어회무침은 전어를 회로 먹을 때보다 더 잘게 썰어 깻잎, 미나리, 오이 등의 채소를 넣어 초고추장에 무쳐내는 것이다. 톡 쏘는 새콤한 양념장과 아삭아삭 씹히는 채소들, 특히 미나리와 깻잎의 싱그러운 향이 전어회의 고소함과 잘 어우러져서 회를 좋아하지 않는 사람들도 편하게 즐길 수 있다.

전어는 구이로도 많이 먹는다. 소금을 뿌려 저장해놓은 자반 전어로 구이를 해 먹고 자반전어찌개도 만들어 먹었다. 또한 유명한 것이 전어밤젓이다. 전어밤젓이란 전어의 위(밤 모양으로 단단하다)로 담그는 젓갈을 말하는데, 매우 독특한 맛이 있다.

생선 대접도 괄목상대

썩어도 준치, 생선의 귀족

준치는 생선의 귀족이라고 하며, 예부터 서울에서 즐겨 먹었다. "썩어도 준치"라는 말이 있다. 준치 맛이 그만큼 좋다는 말인데, 그래서 《증보산림경제》에는 '진짜 물고기'라는 의미의 '진어眞魚'라고 나온다. 여름이 지나면 사라졌다가 이듬해 봄에 나타나서 시절어라는 의미로 '시어時魚'라고도 한다. 충남에서는 '준어', 평남에서는 '왕눈이'라고도 부른다.

준치는 청어목 준치과의 생선인데, 청어만큼이나 뼈가 많은 생선이다. 이에 대한 재미있는 이야기가 전해진다. 옛날에는 준치가 맛도 좋거니와 가시도 없어서 사람들이 준치만 먹었다고 한다. 그 때문에 준치는 멸종의 위기에 빠졌고, 이에 용왕이 모든 어류를 모아놓고 준치 멸망지환의 대책을 토론했다. 그때 준치가 가시를 많이 갖도록 해주자는 의견이 나왔다. 용왕은 모든 물고기에게 자기의 가시 한 개씩을 뽑아 준치 몸에 꽂아주라고 명령했다. 모든 물고기가 가시 한 개씩 준치 몸에 꽂으니 준치는 그 아픔을 견디다 못해 달아났는데, 뒤쫓아 가서까지 꽂으니 준치는 꽁지 부근에 가시가 많다[4]는 것이다. 이렇게까지 해서 멸종 위기를 벗어났는데, 이제는 어획량이 적어 귀한 생선이 되었다.

조선시대 조리서에는 준치 뼈 제거하는 법이 많이 나온다. 《규합총서》에는 "토막 낸 준치를 도마 위에 세우고 허리를 꺾어 베나 모시 수건으로 두 끝을 누르면 가는 뼈가 수건 밖으로 내밀 것이니 낱낱이 뽑으면 가시가 적어진다."고 했고,《증보산림경제》에서는 "준치 토막을 삶아 체에 걸러 갖은양념을 하여 다시 손으로 준치처럼 만들어 녹말을 씌워 먼저 삶던 물에 다시 넣고 유장이나 파 등을 넣고 끓이면 뼈 하나 없어 좋다."고 했다. 맛있는 준치를 먹기 위해 얼마나 노력을 기울였는지를 알 수 있다.

중국 원대의 《거가필용》에는 '증시어蒸時魚'라는 준치찜 조리법이 나온다. "내장을 제거하되 비늘을 벗겨내지 않은 준치에 강다江茶(강서 지방의 차)를 뿌리고 비벼서 비린내를 잡고 깨끗하게 씻어낸다. 이것을 크고 길게 썰어 탕라盪鑼(통 모양의 그릇)에 담되, 먼저 부추 잎이나 줄풀 잎, 혹은 썬 죽순을 깔고, 술과 식초를 합해 1사발에 소금·장醬·화초 조금을 풀어 준치에 뿌려서 담는다. (탕라를) 끓는 물 속에 넣고 단번에 데워서 내놓는다. 혹은 지져서 먹는다. 이때에도 비늘을 벗기지 말아야 하며 기름을 조금만 써야 하는데, 기름이 저절로 나오기 때문이다." 서유구의《임원경제지》도 이 방법을 인용했다.

우리도 준치를 다양하게 조리해 먹었다. 준칫국, 준치찜, 준치

조림 그리고 준치젓을 담가 먹었다. 찌개로도 끓여 먹었고 회로도 먹었는데, 준치회는 단오 즈음에 먹는 것이 고소한 맛이 좋다고 한다.

가장 손이 많이 가는 준치 음식은 서울 반가 음식인 준치만두일 것이다. 준치 살을 다 발라서 만두 모양으로 빚어 만든다. 그리고 쑥갓 향 가득한 맑은 준칫국도 대표적인 서울 반가의 요리였다.

가자미와 넙치, 도다리는 친구

가자미와 넙치, 도다리는 서로 친구로 보인다. 그것도 생김새가 매우 비슷한 가까운 친구 말이다. 그래서인지 어떤 경우는 구분이 어렵다. 가자미는 넙치, 즉 광어廣魚와 헷갈리기도 한다. 하지만 넙치와 달리 가자미는 눈이 오른쪽에 쏠려 있는 것이 특징이다. "가자미눈을 뜬다."거나 "가자미눈을 한다."는 말이 화가 나 옆으로 째려보는 모습을 뜻하는 이유다. 그리고 넙치와 도다리를 구분할 때는 '좌광우도'라는 말을 쓴다. 이는 넙치는 왼쪽에, 도다리는 오른쪽에 눈이 몰려 있다는 의미다. 또한 입이 크고 이빨이 있으면 넙치, 입이 작고 이빨이 없으면 도다리로 구분하기도 한다.

가자미는 등이 검고 배가 흰 바닷물고기로, 몸통이 둥글납작하다. 《난호어목지》는 '鰈'(접)은 '가ᄌ미', '鞋底魚'(혜저어), '比目魚'(비목어), '魪'(개), '魼'(허), '鰜'(겸), '版魚'(판어), '奴屬魚'(노교어), '婢簁魚'(비사어)라고도 한다고 소개했다. 가자미는 단일 어족이 아니라 가자미목 가자밋과에 속하는 참가자미, 가시가자미, 줄가자미, 눈가자미, 기름가자미, 호가자미, 용가자미, 돌가자미, 노랑가자미 등을 통칭하는 말이다. 맛이 담백하고 살이 연하고 비린내도 적어 우리 조상들도 즐겨 먹었는데, 심지어 《지봉유설》에는 가자미가 많이 잡히는 땅이라 하여 조선을 '접허鰈墟' 또는 '접강鰈疆'이라고 지칭했다고 나온다.

조선시대 이응희李應禧(1579~1651)는 《옥담시집玉潭詩集》에서 〈가자미[鰈魚]〉라는 시를 남겼다. "가자미가 우리 동방에 흔하여 어부들이 힘 안 들이고 잡누나. 금방 잡았을 땐 신선해 먹을 만하고 수레에 실으면 냄새 나 옮기기 어렵네. 꼭꼭 씹으면 사슴 뼈와 같고 구워서 먹으면 얇은 껍질뿐. 이 중에 사소한 맛이 있는데 오직 이 시골 늙은이가 알 뿐[有鰈東方賤 漁人捕不疲 網頭鮮可食 車載臭難移 軋嚼徒鹿骨 燔餕但薄皮 此中些少味 惟有野翁知]."[5]

가자미는 찌개, 소금구이, 양념구이, 조림, 회, 젓갈, 무침, 미역국, 전유어, 식해 등 다양하게 조리하여 먹었다. 방신영의 《조선음식 만드는 법》(1946)에 '자반가자미 만드는 법'이 나오는데, 가자미를 소금에 절였다가 건져서 보자기에 싸서, 맷돌같이 무거운 것으로 하루쯤 눌러두었다가 꼬챙이에 꿰거나 채반에 넣어서 바싹 말려서 만든다. 자반은 바람이 잘 통하는 데 보관했다가 반찬이나 술안주로 쓰는데, 주로 참기름을 발라 구워서 고추장에 찍어 먹거나 지져 먹는다. 가자미에 좁쌀을 넣어 발효시켜서 먹는 가자미식해는 함경도 향토 음식으로, 지금도 발효음식 마니아들이 주로 찾는 음식으로 유명하다.

그림 3-1 가자미를 그린 '어해도'(작자 미상, 국립중앙박물관)

가자미목 넙칫과인 넙치는 '광어'라고 흔히 불린다. 비린내가 적고 살이 부드럽다. 요즘은 넙치를 흔히 회로 먹거나 익혀 먹더라도 생물을 조리해 먹지만, 조선시대에는 주로 말려두었다가 음식을 만들곤 했다. 허균은 《도문대작》에서 넙치가 동해에서 많이 나며 가을에 말린 것이 끈끈하지 않아서 좋다고 했고, 서유구는 《난호어목지》에서 동해와 남해에서 나는데 어민이 잡아 등을 갈라 등골뼈를 제거하고 햇볕에다 말려 서울에 판다고 했다. 유중림柳重臨(1705~71)은 《증보산림경제增補山林經濟》에서 탕이나 구이에 알맞고 회는 칠 수 없다고 했다.

맛이 담백한 넙치는 각색절육에 포함되어 궁중의 잔칫상에 올랐고, 조림, 찌개, 마른안주, 다식 등으로 만들어지기도 했다. 광어(넙치)다식은 대구포다식이나 전복다식처럼 넙치 말린 것을 가루 내 만드는 음식이다. 이렇게 다양하게 조리를 해 먹었지만, 조선시대에는 넙치를 그다지 귀한 생선으로 취급하지 않았나 보다. 이용기는 《조선무쌍신식요리제법》(1936)에서 우리나라에서는 넙치를 우습게 여기지만, 회를 쳐서 먹어보면 다른 생선회 못지않고 말려놓으면 최고의 안주가 된다고 했다. 또한 넙치를 쪼개 알을 빼서 소금을 쳤다가 삭혀 먹는 넙치알젓은 젓 중에서 일품이라고 평했다. 다음은 《조선무쌍신식요리제법》에 소개된 넙칫국 조리법이다.

넙치를 정하게 씨서 비눌을 긁은 후 내장을 쎄고 쪼개서 토막을 처노은 후에 고초장을 슴슴하게 풀고 파를 잘러 너코 미나리 데처 너코 고기 써러 너은 후 불을 째여 팔팔 스리다가 넙치 토막 친 것을 너어 다시 한참 스려 먹나니 혹 아욱국에도 넙치를 너어 먹나니라

도다리 또한 가자미목 가자밋과의 바닷물고기다. 우리나라의 전 연안에 서식하며 일본 홋카이도 남부, 중국해 등에도 분포한다. 몸의 색깔이, 눈이 있는 쪽은 갈색 바탕에 진한 갈색의 작은 반점이 흩어져 있으며 눈이 없는 쪽은 흰색이다. 등지느러미와 뒷지느러미에도 작은 반점이 나열되어 있으며 뒤쪽 가장자리는 검은색이다. 도다리는 단백질을 다량 함유하고 있는 대표적인 흰 살 생선이다. 보통 봄 도다리가 제일이라고 한다. 이는 산란을 위해 영양분인 지방을 많이 축적했기 때문이다.

몇 해 전까지 넙치가 고급 어종으로 인기 있었으나 요즘은 도다리가 더 인기다. 도다리는 모두 자연산이기 때문이다. 회나 뼈째 생선회, 미역국 등으로 다양하게 조리해 먹는다. 특히 봄에 주로 먹는 남쪽 지방의 도다리쑥국은 이제 전국적으로 유명세를 타는 봄맞이 음식이 되었다.

유학자들이 기피한 생선, 삼치와 참치

조선시대에 삼치와 갈치, 고등어 등은 왕족이나 양반들이 즐긴 생선은 아니었다. '치' 자가 들어가는 생선은 차례상에 올리지 않았다고 한다. 그런데 치 자가 이름에 들어가는 생선은 주로 등 푸른 생선으로, EPA나 DHA와 같은 불포화지방산을 많이 함유하고 있다. 불포화지방산은 현재는 심혈관 질환에 좋은

효능이 부각되지만 불포화도가 높아 산패가 잘된다. 따라서 냉장 시설이 부족했던 조선시대에는 아무리 맛이 좋아도 먹기 어려웠을 것이다.

삼치는 고등엇과에 속하는 등 푸른 생선이며, 남해안과 서해안에서 주로 잡힌다. 삼치는 소금구이, 찜, 튀김 등으로 먹는데, 삼치를 즐기는 사람들은 삼치 맛을 "입에서 살살 녹는다."고 흔히 표현한다. 기름기가 많아 맛이 고소하고 부드럽기 때문이다. 특히 은백색을 띠고 있는 배 부위의 지방 함량이 높아 최고의 맛으로 친다. 삼치는 살이 약해 숙련된 사람이 아니면 회로 뜨기가 어렵다. 그래서 대개는 살짝 얼려 회를 뜬 뒤 겨자간장에 찍어 먹는다.

《난호어목지》에서는 삼치를 마어麻魚라 쓰고, 한글로 '삼치'라고 설명했다. "동·남·서해에 모두 있다. 모양은 조기[石首魚]와 비슷하나 몸이 둥글고 머리가 작다. 주둥이는 길고 비늘은 잘다. 등은 청흑색으로서 기름을 문지른 것처럼 빛나고 윤기가 있다. 등 쪽 밑 좌우에는 검은 반문이 있고 배는 순백색이다. 맛이 극히 좋다. (중략) 북쪽 사람은 마어麻魚라고 부르고 남쪽 사람은 망어魟魚라고 부르는데, 어가漁家는 즐겨 먹으나 사대부는 그 이름을 싫어하여 잘 먹지 않는다." 삼치의 이명이 망어이기 때문에 사대부는 잘 먹지 않는다는 것인데, 이름으로 인해 기피는 20세기까지 이어진 듯하다. 1905년에 간행된 《한국수산업조사보고》에도 충청도 연해에서는 삼치를 '근심할 우憂'를 써서 '우어'라고 하여 기피하는 경향이 있다고 쓰여 있다. 망어, 우어라는 이름을 붙인 이유를 정확히는 알 수 없지만, 잘 산패하는 특성으로 상한 삼치를 먹고 탈이 날까 염려한 탓으로 짐작된다. 어쨌든 고조리서에는 삼치 조리법이 등장하지 않는다.

삼치는 회로도 먹지만 구이나 조림으로도 먹는데, 특히 강원도 특산물인 곤드레 나물과 함께 조린 삼치는 그 맛이 특별하다. 삼치뿐 아니라 다른 생선을 조릴 때도 곤드레 나물을 넣으면 비린내가 나지 않으며 섬유소도 풍부하게 섭취할 수 있다.

삼치와 이름이 비슷한 참치는 원래 다랑어류 중 참다랑어를 가리켰지만, 지금은 다랑어류에 새치류까지 포함하는 통칭으로 사용된다. 다랑어는 그 종류가 많은데, 현재 많이 잡히는 다랑어로는 참다랑어, 날개다랑어, 눈다랑어, 황다랑어, 가다랑어 등이 있다. 선사시대의 패총에서도 다른 물고기의 뼈와 함께 다랑어 뼈가 출토되어, 어획이 일찍부터 이루어졌음을 알 수 있다. 우리나라 연안에서도 대형선망과 정치망 등으로 잡아왔지만, 1957년 이후 우리나라 원양 어업의 주요 어획종이다. 그래서인지 과거의 문헌에서는 참치에 관한 내용을 찾아보기 어렵다. 일제강점기 조리서에서도 참치조림만 1건 나온다.

참다랑어는 다랑어류 중에서 가장 높은 평가를 받으며, 살이 붉고 아름다워 횟감으로 선호된다. 일본에서 특히 별미로 치는데, 참다랑이 한 마리를 통째로 사려면 그야말로 천문학적인 가격을 지불해야 한다. 워낙 인기가 하늘을 찌르다 보니 과포획으로 인한 멸종 위기에 처해 있다.[6] 현재 우리나라에서도 참치 어족 보호 차원에서 참치 양식에 뛰어들고 있다.

참치는 영양이 풍부하고 그 맛도 뛰어나다. 원양에서 잡히는 참치를 일반인이 처음 접할 수 있었던 것은 통조림 형태였다. 참치 스테이크나 캔 제품에 쓰이는 생선은 참다랑어가 아니라 다른 다랑어류다. 김치찌개에 넣어도 맛이 뛰어나고 샐러드에도 사용되었던 통조림 참치는 전천후 음식으로, 특히 청소년들의 인기를 끌고 있다.

작아도 매력적인 멸치

멸치는 몸은 작아도 그 생김새가 날렵하다. 등 쪽이 암청색이고 배 쪽은 은백색이다. 비늘은 크고 얇어 떨어지기 쉽다. 멸치는 연안 회유어로 우리나라의 전 연안에 분포한다. 멸치는 조선 후기에는 대량으로 어획되었지만 그 이전에도 잡았다는 것을 입증하는 자료는 발견되지 않는다. 이같이 멸치에 관한 기록이 없는 것은 멸치를 중요한 물고기로 취급하지 않았거나, 식성이나 다른 이유에 의하여 많이 어획하지 않았기 때문으로 추측할 수 있다. 그러나 어망을 사용하여 물고기를 잡았을 때는 멸치가 함께 많이 잡혔을 것이다.

김려는 《우해이어보》에서 멸치를 '멸아鱴兒'로 표기하면서, "멸아가 진해에서 나는데 본토박이는 그 이름을 기鱀라고 하며, 그 방언은 '멸'이라고 한다."고 기록했다. 정약전은 《자산어보》에서 멸치가 추어鯫魚이고 그 속명이 멸어라고 하면서, 추어는 불빛을 좋아하기 때문에 밤에 등을 밝혀 움푹 팬 곳으로 유인하여 광망匡網으로 떠낸다고 기록했다. 서유구는 《난호어목지》에 동해

안에서 멸치가 방어 떼에 쫓겨 몰려올 때는 그 세력이 풍도風濤
와 같고, 어민이 방어를 어획하기 위하여 큰 그물을 치면 어망
전체가 멸치로 가득 차므로 멸치 가운데서 방어를 가려낸다고
했다. 또 멸치는 모래톱에서 건조시켜 판매하는데, 우천으로 미
처 말리지 못하여 부패할 때는 거름으로 사용한다고 했다.

조선 후기에는 멸치를 대량으로 어획했다. 이규경의《오주연
문장전산고》에는 한 그물로 만선하는데 어민이 즉시 말리지 못
하면 썩으므로 이를 거름으로 사용하며, 마른 멸치는 날마다
먹는 반찬으로 삼는다고 기록했다.《오주연문장전산고》에서 특
별히 기록한 요리는 멸치좌반[鯷魚佐飯]인데, 그 조리법은 다음과
같다.

짜지 않은 멸치 1말을 불에서 타지 않게 알맞게 볶아내고 살짝 비
벼서 부드럽게 한다. 순무, 배추 흰 속통, 장, 참기름, 질 좋은 검은콩
한두 되를 삶아서 물기를 없애고 다시마를 순무나 배추를 잘라놓
은 것처럼 잘라 몇 줌을 넣고 흑당黑糖(검은 엿) 5~6조각을 넣는다.
가마에 모두 넣어 6시간 정도 끓인다. 막대기로 뜨거울 때 휘저어
골고루 섞은 후 꺼내서 항아리에 담는다. 간장도 같이 넣어준다. 볶
은 참깨를 많이 넣는다. 고추를 좋아하는 사람은 고추를 넣어 먹으
면 식사로 아주 훌륭하다.*

---

* 取鯷魚不煉者一斗, 炒於火上不至於過焦取出, 畧擣軟鬆, 取菁菘白醬香油, 好黑大豆煮
乾一二升, 多士麻潤者截如菁菘数握, 黑糖五六片. 入鍋全煮三時, 以杖乘熱翻覆攪匀,
取出入缸, 醬汁亦傾其中. 多糝炒芝麻, 嗜椒者糝蠻椒. 為餐極好.

구한말 이후 일제강점기 동안 일본의 멸치 수요로 인해 멸치 어획량이 크게 늘어났다. 국내 수요도 늘어 해방 이후에도 어획량은 계속 증가했다. 멸치는 현재 연근해 물고기 중에서는 가장 많이 잡히는 어종이다. 멸치는 주로 삶아서 말린 건멸치로 가공하고 이외에도 젓갈이나 염장품으로 활용한다.

유몽인柳夢寅(1559~1623)의 《어우야담於于野談》에 멸치에 관한 재미있는 이야기가 나온다. "동해에 작은 물고기가 있다. 온몸이 희고, 풍파에 따라 물가에 밀려 오르면 어민들이 이것을 먹는다. 우리나라 북도의 스님은 이 물고기를 초식이라 부르면서 먹고 거리낌이 없다. 북도에 간 객승에 흰 빛깔의 물고깃국을 주발에 가득 담아준다. 경이하여 이것이 무엇이냐고 물으니, 북방에서는 이것을 초식이라 부르고 채소와 마찬가지로 먹는다고 답했다." 스님들이 어식을 하기 위한 방편으로 멸치를 초식이라고 불렀다는 것이다. 멸치는 스님도 좋아한 작고 매력적인 생선이다.

예나 지금이나 귀한 대접

최고 어종으로 대접받는 도미

도미는 '돔'이라고도 부른다. 우리나라 연해에 분포하는 도미의 종류로는 참돔, 감성돔, 청돔, 새눈치, 그리고 제주도의 자리돔 등이 있다. 부산 동삼동에서 발견된 선사시대 조개무지에서 참돔의 뼈가 출토되었을 정도로 오래전부터 먹어왔다. 조선시대

의 《경상도지리지》에는 고성현의 토산 공물 가운데 도음어都音
魚, 즉 도미가 들어 있다. 여러 지역의 읍지들에도 도미어道味魚,
到美魚라는 이름이 많이 실려 있어 중요한 왕실 진상품이었음을
알 수 있다.

도미는 살이 희고 연해 뛰어난 횟감이고, 맛이 좋아 옛날부터
국, 탕, 조림, 구이, 찜뿐 아니라 도미면 같은 다양한 음식으로
만들어 먹었다. 특히 일본인들이 도미를 좋아하는데, 일본 에도
시대 초기에 나온 요리책 《료리모노가타리料理物語》에는 도미를
이용한 '고려자高麗煮'라는 요리가 나온다. 그 명칭으로 보아 우
리나라에서 전파된 음식으로 찜류로 추측된다.[7] 우리 조상들은
일찍부터 도미의 맑고 산뜻한 맛을 즐겼으며, 그 조리법이 일본
에까지 전해진 것으로 보인다.

도미는 조선시대 문헌에 많이 등장하는 생선이다. 유중림의
《증보산림경제》에는 "그 맛이 머리에 있는데, 가을의 맛이 봄·
여름보다 나으며 순채를 넣어 국으로 끓이면 좋다."라고 나온다.
《자산어보》는 도미를 몇 가지로 분류하여 비교적 상세하게 형
태, 특성, 잡는 방법 등을 설명했다. 그 가운데 지금의 참돔을 강
항어强項魚라 하며, 다음과 같은 특징을 서술했다. "머리뼈가 단
단하여 부딪치는 물체는 모두 깨어지고, 이빨도 강하여 조개껍
데기를 부술 수 있으며, 낚시를 물어도 곧잘 이를 부러뜨린다. 살
코기는 탄력이 있고 맛이 좋다. 4~5월에 그물로 잡는데, 흑산도
에서는 4~5월에 처음으로 잡히며 겨울에는 자취를 감춘다." 참
돔은 도미류를 대표하는 생선으로, 일반적으로 분홍색을 띤다.

크기는 50~100cm에 이른다.

《난호어목지》에서는 도미를 '독미어禿尾魚'라 했다. 지역마다 달리 불렀는데 강원도에서는 '도미道尾, 道味', '돔', '돗도미'라 부르고, 어린 참돔을 전남에서는 '상사리', 제주도에서는 '배들래기', 경남에서는 '고다이'라고 부른다.

도미 중에서도 유명한 것이 제주도의 자리돔(자리)이다. 자리돔은 5월부터 9월에 걸쳐 제주도 연해에서만 잡힌다. 짙은 자주색에 흰 기운이 약간 도는데, 몸통이 납작하며 아무리 커도 길이 10cm를 넘지 않는다. 자리돔은 구워서도 먹고 조림으로도 먹는다. 그러나 역시 회가 최고다. 비늘을 벗기고 등가시와 지느러미 그리고 창자를 발라낸 다음 얇게 썬다. 이렇게 썬 것을 풋고추, 미나리, 부추, 산초잎, 들깻잎 등을 썰어 넣은 고추장이나 된장에 무친다. 식초 대신 아직 새파란 채로 있는 유자나 귤 즙을 짜 넣으면 제주의 풍미가 더욱 살아난다. 이렇게 무쳐 그냥 먹는 것은 '강회'이고, 여기에다 물을 적당히 넣어 국물도 마시고 고기도 먹는 것이 '물회'다.

최고 생선 숭어, 선비 생선 농어

숭어는 '높은 숭崇' 자를 쓴다. 혹은 '숭어 치鯔' 자를 써서 치어라고 하거나 '물 수水' 자나 '빼어날 수秀' 자를 써서 수어라고 하니, 이름이 많다. 수어는 왕실 기록에 가장 많이 나오는 생선인데, 《신증동국여지승람》에는 수어秀魚가 전국에서 생산되는 것으로 나오며, 기록된 빈도도 매우 높다.

이수광의 《지봉유설》에는 수어秀魚라는 이름의 유래에 대한 재미있는 이야기가 있다. 옛날에 기祁라는 중국 사신이 와서 숭어를 먹어보고 그 속명을 물었다. 역관이 답하기를 물 수 자를 쓴 수어水魚라고 하자 그 사신이 웃었으므로, 다른 역관이 나아가 말하기를 숭어는 물고기 중에서 빼어난 것이므로 그 이름이 수어水魚가 아니고 수어秀魚라고 하자 사신이 이를 납득했다는 것이다.

《자산어보》에는 '치어鯔魚'로 나온다. "몸은 둥글고 검으며 눈이 작고 노란빛을 띤다. 성질이 의심이 많아 화를 피할 때 민첩하다. 작은 것을 속칭 등기리登其里라 하고 어린 것을 모치毛峙 또는 모쟁이라고 한다. 맛이 좋아 물고기 중에서 제일이다."《임원경제지》〈전어지〉에는 "물고기의 몸 빛깔이 검어 '검을 치鯔'를 써서 치어라고 하고, 오吳나라 사람들은 그 새끼가 맛이 있고 예뻐서 자어라고 부르며, 우리나라에서는 그 모양이 장수하므로 수어壽魚라고 부른다."고 기록되어 있다.

숭어는 사철 나는 생선으로, 살이 통통하고 기름기가 많다. 특히 겨울에 얼음을 깨뜨리고 잡은 것은 동수어凍秀魚라 하는데 맛이 유별나며, 특히 회로 먹을 때 그 깊은 맛을 잘 즐길 수 있다고 한다. 몇 년 전 겨울, 전남 금오도 해변의 얕은 모래밭에서 풀쩍 풀쩍 뛰는 숭어 떼를 만난 적이 있는데, 그 숭어로 뜬 회는 일생의 맛으로 기억된다. 마을 주민들이 오랜 경험으로 물때를 잘 보고 그물을 던져 쉽게 숭어를 잡는 것이 인상적이었다. 숭어는 전라도 지역의 중요한 물고기인데, 특히 영산강의

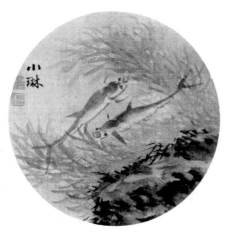

그림 3-2 숭어가 그려진 '수중어초'(조석진, 국립중앙박물관)

숭어는 유명하다고 한다.

숭어는 회뿐 아니라 구이, 찜, 찌개, 조림 등 다양하게 조리해 먹었다. 살짝 익힌 숙회인 어채와 생선살을 껍질 삼아 소를 넣고 찐 어만두, 살을 얇게 저미서 말린 어포 등 고급 요리의 주재료이기도 했다. 그중에 어선이 있는데, 어선은 생선살을 넓게 떠서 채소와 고기를 넣고 말아서 쪄낸 음식이다. 이용기는 《조선무쌍신식요리제법》에서 "어채(어선) 중에서 숭어로 만든 것이 가장 맛이 좋다. 껍질째 녹말을 씌워도 좋으며 쑥갓을 곁들여야 좋다."라고 꼽았다.

숭어는 어란으로 유명하다. 예부터 진상하는 어란으로는 이 숭어 알이 제일이었다. 영산강 하류의 나주에서 목포 사이의 강에서 나는 숭어의 알을 말린 것이 특히 좋다고 했다.

농어도 숭어 못지않게 즐겼다. 농어는 10월부터 4월까지가 산란기로, 민물과 바닷물이 합쳐지는 강 하구에서 알을 낳고, 그 알에서 깬 어린 고기가 강을 거슬러 올라가 봄과 여름을 보내고 가을이 깊어지면 다시 바다로 간다. 농어는 육지에 가까운 얕은 바다에 주로 서식하는데 거의 남서해에서 잡히며 현재는 양식도 한다. 몸빛은 회색을 띤 청록색이며 입이 크고 위턱에 단단한 뼈가 있고 온몸에 작은 비늘이 많다.

조선시대 선비들이 농어를 많이 언급했는데, 이는 중국에서 순채와 농어회를 최상으로 치는 고사가 전해지기 때문으로 보인다. 진나라 장한張翰이 자기 고향 강동의 농어와 순채가 생각나 벼슬을 그만두고 돌아갔다는 일화다. 그러니까 강동 오중송강吳中宋江의 농어가 벼슬을 그만두게 할 만큼 맛있다는 것이다. 《조선무쌍신식요리제법》에 이 송강 농어가 나온다. "예부터 중국 송강에서 잡히는 것을 '송강 농어'라 한다. 입이 크고 비늘이 잔 것이 좋으며 회를 치면 빛깔이 조금 누렇다. 10월에 맛이 특별히 좋다고도 하고 4월에 잡힌 것이 가장 좋다."고 했다. 농어는 싱싱한 것은 회로 뜨지만 살을 얇게 떠서 전을 부치기도 한다. 농어를 미역국에 넣으면 담백한 맛을 낸다.

치명적인 독과 맛, 복어

복어는 중국에서는 '물 하河'에 '돼지 돈豚'을 써 하돈이라고 부르는 생선이다. 강에 사는 돼지라는 의미다. 복어는 주로 바다에서 잡히지만 황복은 강에서 잡힌다. 복어는 청산가리보다 10배 이상 독성이 강한 테트로도톡신이라는 맹독을 가지고 있다. 특히 피와 알에 독이 많아 조리할 때 조심해야 한다. 그러나 복어는 지방이 적고 단백질이 풍부한 고급 어종이기도 하다. 그중에서도 수컷 복어의 이리는 고급 식재료로 손꼽히지만 전문가가 조심스럽게 손질해야 한다.

그림 3-3 복어가 그려진 '어해도'
(작자 미상, 국립중앙박물관)

치명적인 독에도 불구하고, 예로부터 복어를 즐기는 이들이 많았다. 《규합총서》는 복어에 대해 이렇게 설명했다. "본초에 이르기를, 독 있는 생선들은 비늘이 없는 것, 배가 땡땡한 것, 이 갈고 눈 감은 것, 소리 내는 생선이 다 지독하다 하였는데, 복어가 이 다섯 가지를 겸하였으니 그 독한 줄은 묻지 않아도 가히 알 만하다. 그러나 옛날부터 맛 좋기로 이름이 났으니 능히 안 먹을 수 없으나 속기에 부엌의 그을음이 떨어지는 것을 크게 꺼리니 뜰에서 끓이고, 먹은 후 숭늉 마시기를 또한 크게 꺼린다. 곤쟁이젓이 복어 독을 푼다." 이어서 복어 끓이는 법도 소개했다. "핏줄이 가로 세로 있으니 칼로 긁어 꼼꼼히 보아 실오리만 한 것도 남기지 말고 다 없이 하고 여러 번 빨고 또 빨아 등과 배에 피 흔적도 없이 하되 살결을 상하게 하지 말라. 노구솥에 백반 작은 조각과 기름을 많이 붓고 많은 장과 미나리를 넣어 끓여라. 그 이리는 본디 독이 없으니 생선 배에 넣고 실로 동여 뭉근한 불로 두어 시간 끓여 먹어라. 이 국은 식어도 비리지 않은 것이 이상한 노릇이다."

복어의 제철은 겨울이다. 그 밖의 계절에는 독이 많다. 특히, 봄에서 여름에 이르는 산란기가 가장 위험하다. 그래서 유득공 柳得恭(1749~1807)이 서울 풍속을 기록한 《경도잡지京都雜志》에는 "복숭아꽃이 떨어지기 전에 복엇국을 먹는다."고 나오며 이덕무의 《청장관전서》에는 "2~3월 사이에 흔히 복어를 먹고 죽는 자가 많다. 죽는 줄 알면서도 먹고 있다."고 나오니 참 치명적인 생선이다. 허균 또한 《도문대작》에서 "한강에서 나는 것이 맛이 좋은데 독이 있어 사람이 많이 죽는다. 영동 지방에서 나는 것은 맛이 조금 떨어지지만 독은 없다."고 했다.

복국은 말린 복어로 끓이기도 한다. 맛있는 복엇국을 만들려면 복어를 말리는 데 온갖 정성을 다해야 하지만, 그것에 비하여 조리는 간단하다. 햅쌀을 씻은 뜨물에다 복어를 넣어 끓인다. 양념을 소금이나 마늘 정도로만 하여 맑게 끓이면 맛은 단조롭지만 국물이 시원하다. 그러나 고추장, 집된장, 파, 미나리 등을 넣고 무쇠 솥에다 장작불을 지펴서 끓여 먹기도 한다. 이렇게 많은 사람이 먹을 수 있도록 많이 만들면 그 맛이 깊어진다. 복어는 고기 살이 쫄깃쫄깃하면서도 부드럽다. 한 번 그 맛을 들이면 끊기 어렵다.

특유의 흙냄새가 매력적인 민물고기

강과 호수 등의 담수에서 서식하는 물고기를 민물고기라 한다. 그런데 민물고기와 바닷물고기는 그 경계가 애매하기도 하다. 일반적으로 민물고기와 바닷물고기는 서식하는 기간이 긴 쪽의 장소를 기준으로 구별한다. 따라서 민물과 바닷물이 섞이는 곳에서 일생을 보내는 물고기들, 강에서 살다가 알을 낳기 위해 바다로 가는 뱀장어, 일생의 대부분을 강에서 보내는 은어도 민물고기에 포함된다. 바다에서 살다가 산란기와 자어기를 민물에서 보내는 연어 무리도 민물고기에 포함된다.

그런데 민물고기는 특유의 흙냄새로 인해 호불호가 갈리는 식재료다. 붕어, 메기, 가물치, 미꾸리의 근육 내 맛 성분을 분석했더니, 네 담수어 모두에서 글루탐산과 아스파르트산이 풍부했다. 또 IMPInosine monophosphate, 하이포크산틴Hypoxanthine과 함께 알라닌Alanine, 라이신Lysine, 세린Serine, 글리신Glycine 및 히스티딘Histidine이 담수어의 맛 성분으로 중요한 역할을 한다고 밝혀졌다.[8] 조선시대에는 잡기도 쉽고 감칠맛도 풍부한 민물고기를 즐겼다. 민물고기는 우리 민족이 특히 사랑하는 물고기로, 조선시대 문헌이나 어해도魚蟹圖에도 많이 등장한다.

최고 민물고기, 잉어

잉어는 민물고기의 대표 주자다. 한자로는 잉어 이鯉 자를 써 이어라 한다. 우리나라뿐 아니라 전 세계에 분포하고 있다. 중국에서 6세기 초에 나온 가사협賈思勰의 《제민요술齊民要術》에도 잉어 양식법이 등장할 만큼, 인류가 양식한 가장 오래된 물고기다. 《제민요술》에는 또한 잉어를 발효시켜 만드는 '잉어 식해법'도 나온다. 우리나라의 고조리서에도 잉어가 많이 등장한다. 《산림경제》를 비롯한 백과사전 및 조리서에 한결같이 잉어는 꼬리를 베어 피를 빼내야 냄새가 나지 않는다고 설명했다. 《증보산림경제》의 '이어탕 조'에는 "물을 끓인 다음 잉어를 고는데 감장이나 술을 넣으라."고 쓰여 있으며, 이보다 약 50년 후의 《규합총서》에는 '잉어감정', 즉 잉어고추장찌개가 나온다. "오래 끓여 물이 3분의 1로 줄면 고추장을 탄다. 막걸리 1보시기를 붓고 다시 끓이면 그 국이 진하고 맛이 좋다. 죽과 같을 것이니 내어 쓰

그림 3-4 잉어를 그린 '니어'
(김준근, 숭실대 기독교박물관)

면 된다."면서 "생강, 파 등의 양념은 잉어가 반쯤 익었을 때 넣으라."고 했다. 한편, 잉어에 관해 "겨울에 얼음 언 후는 좋고, 봄에는 풍병을 일으킨다. 그 비늘이 길이로 세면 36린이니 그중 거꾸로 붙은 비늘이 하나라도 있으면 용족이니 먹지 말라."는 설명을 붙였지만, 이용기는 《조선무쌍신식요리제법》에서 이는 근거가 없는 말이라고 했다. 한편 《임원경제지》는 중국의 《거가필용》을 인용해 "잉어 뱃속에 요물을 채우고 술이나 닥나무 열매를 넣고 천천히 고면 잉어의 뼈가 가루처럼 된다."고 했는데, 이 방법은 이후 조선 조리서에 계속 인용되었다.

옛 사람들은 잉어는 겨울에 먹는 것이 좋고 얼음이 언 뒤에 먹는 것이 더욱 좋다고 했다. 찜, 구이, 전유어, 회, 조림, 맑은장국, 자반 등으로 조리되었다. 잉어는 특히 백숙을 해서 먹으면 몸에 좋다고 '잉어 고는 법'이 고조리서에 많이 나온다. 잉어로 포를 만드는 법도 《오주연문장전산고》나 《해동농서》에 나온다. 이용기의 《조선무쌍신식요리제법》에는 잉어지짐이(발갱이지짐이) 만드는 법이 나오는데, 이 책에서도 잉어는 겨울에 얼음이 얼고 나서 먹는 것이 가장 좋고 봄에는 풍이 동하므로 먹지 말아야 한다고 지적했다.

최고 보양식, 붕어

붕어는 우리 민족이 즐겨 먹어온 민물고기다. 붕어는 '붕어 부鮒' 자를 써서 부어鮒魚, 혹은 '붕어 즉鯽' 자를 써서 즉어鯽魚라고 썼다. 붕어는 잉어와 비슷해 구분이 잘 안 되는데, 실제로 잉엇과에 속한다. 세계적으로 널리 분포하며 우리나라 전역에 서식한다. 손쉽게 잡을 수 있는 곳에 많이 분포하여 과거로부터 가장 많이 먹은 민물고기라 할 만한데, 환경에 대한 적응력이 강하다고 한다.

붕어는 고의서에 많이 등장하는 민물고기다. 《향약집성방鄕藥集成方》(1433)에는 즉어가 여러 가지 부스럼을 다스리며, 순채와 함께 국을 끓여 먹으면 위가 약하여 음식이 내리지 않는 것을 다스리고, 회를 쳐서 먹으면 오래된 설사인 적리赤痢과 백리白痢를 다스린다고 나온다. 그러나 민물고기를 회로 먹으면 간디

스토마에 걸리기 쉬우므로 먹지 않는 것이 좋다. 또 《동의보감》은 여러 물고기 중에서 가장 먹을 만하다고 했다. 이와 같이 붕어는 약이나 건강식품으로 일찍부터 유명했다.

고조리서에서도 다양한 붕어 요리를 소개했는데, 특히 붕어찜이 많이 등장한다. 《증보산림경제》는 "뱃속에 쇠고기, 돼지고기, 각종 양념을 채우고 입속에 백반 한 조각을 넣고 녹두가루 풀을 몸에 발라서 밀가루와 유장의 즙을 넣어서 쪄낸 것을 먹는다."고 했다. 붕어구이도 유명해 《임원경제지》와 《증보산림경제》에 나온다. 《규합총서》에서는 "숯불을 많이 피워 얇게 재를 위에 덮고 붕어를 깨끗이 씻되 비늘을 거슬리지 말고 불 위에 얹어 굽는다. 이때 비늘이 말라 일어날 것이니 냉수를 바르곤 한다. 이 일을 5~6번 되풀이한 후 발개 깃(꿩의 깃)으로 거꾸로 잡아 쑤셔가며 유장을 발라 무르녹게 구우면 비늘이 스스로 떨어지고 맛이 유달리 아름답다."고 조리법을 소개했다. 지금 많이 쓰는 석쇠구이는 철사에 생선이 붙어서 껍질이 벗겨지는 일

그림 3-5 붕어를 표현한 '어해도'
(작자 미상, 국립중앙박물관)

이 흔한데 꼬챙이에 꿰서 굽는 조리법도 적합해 보인다.

조선시대 어의인 이시필이 지은 《소문사설》에는 지금 많이 먹는 붕어찜, 즉 '부어증鮒魚蒸' 만드는 법이 나온다. "큰 붕어 한 마리를 등을 갈라 배가 갈라지지 않게 한다. 등뼈를 발라내고 꿩, 닭, 돼지고기 등 재료와 생강, 후추, 파, 마늘 등 여러 가지 양념을 붕어 뱃속에 가득 채워 넣고 볏짚 몇 가닥으로 붕어를 잘 묶어 안에 있는 소가 새어 나오지 않게 한다. 솥뚜껑 위에서 유채기름에 뒤집어가면서 지져낸 다음 양푼에 담아 닭육수에 담가서 중탕하여 쪄낸다. 속을 만들고 남은 것으로 즙을 만들어 적셔 먹는다."* 또 '붕어죽[鮒魚粥]' 만드는 법도 나온다. "붕어를 깨끗이 씻어서 수건으로 닦아서 물기와 습기가 없이 말린 후에 살코기를 취해 진흙반죽같이 짓이겨 가루처럼 체에 받쳐놓는다. 먼저 맑은 장국을 붓고 부드러운 쌀죽을 쑤는데 죽이 끓으려고 할 때 쌀죽물을 조금 떠서 붕어반죽과 섞어 고루 저어서 뭉친 것이 없게 한다. 쌀죽과 붕어즙을 섞어 골고루 저어서 죽을 끓인다. 맛이 매우 좋으며 비린내도 없다. 경자년에 궐에서 죽을 쑤어 따뜻할 때 임금께 올렸는데 맛이 매우 좋아 조기죽도 가르쳤는데 참조기를 가지고 위와 같은 방법으로 만들었다. 내가 예전에 아픈 사람이 있는 집에서 이 방법

* 大鮒魚一尾從背剖開, 勿傷腹縫剔去脊骨, 以雉鷄猪肉等料物薑椒葱蒜諸料塡滿, 以稻稈數莖扎縛, 毋令餡物吐出, 以淸油飜轉煮出於鼎冠上後, 入盛盆子, 以烹鷄水浸漬重湯蒸出, 以餡物餘味作汁浸埋食之.

을 들었다."[*]

조선시대의 섬세한 붕어 조리법이 젊은 요리사들에게 영감을 주어, 현재에도 적용되기를 바라는 마음이다.

장어의 왕, 뱀장어

몸이 길다는 뜻의 장어長魚라는 이름을 가진 동물은 종류가 많다. 우리 주변에서 흔히 접하게 되는 뱀장어와 갯장어, 붕장어 등이다. 붕장어는 아나고あなご라는 일본 이름으로 주로 불리는 바닷물고기로, 회로 많이 먹는다. 갯장어 역시 바닷물고기로, 일본에서 하모はも라는 이름의 고급 식재료로 쓰인다. 그러나 뱀장어는 민물고기다. 뱀장어는 5~12년간 담수에서 성장하여 60cm 정도 크기의 성어가 되면 산란을 위해 바다로 간다. 요새는 양식도 많이 하고 있다. 뱀장어는 예로부터 자양식품과 약으로 사용된 고급 생선이었다.

《자산어보》에는 뱀장어를 해만리海鰻鱺, 속명은 장어라 기록하고 있다. "큰 놈은 길이가 십여 자, 모양은 뱀과 같으나 짧고 거무스름하다. 대체로 물고기는 물에서 나오면 달리지 못하나 이 물고기만은 곧잘 달린다. 맛이 달콤하여 사람에게 이롭다. 오랫동안 설사를 하는 사람은 이 고기로 죽을 끓여 먹으면 이내 낫는다." 뱀장어가 보양식품으로 인기 있는 이유는 노화방지 비

---

[*] 鮒魚洗浄以巾拭乾無水濕氣, 取肉爛成泥, 篩如粉, 先以淡醬湯煮細元味粥, 臨沸以元味汁少許和魚泥攪匀, 令無碍粒後入湯攪匀作粥, 味甚佳, 無腥臭. 庚子間自內作粥乘溫進御有味頗好之, 教助氣粥以石首魚為之如右, 余曾聞于病家.

타민인 토코페롤(비타민E)을 많이 함유하고 있기 때문이다.

뱀장어는 여름이 제철이다. 각지의 작은 개울에서 나는데, 몸이 길고 통통하고 빛이 푸르스름하고 비늘이 없다. 백숙을 한 후 짜서 마시거나 구이나 조림 등 여러 가지로 조리한다.

뱀장어라고 하면 '풍천장어'를 최고로 친다. 그런데 이 풍천을 풍천장어의 유래가 된 곳이자 특산으로 유명한 전라북도 고창군 선운사 앞 인천강의 별명으로 아는 사람이 많다. 이곳은 서해안의 강한 조류와 갯벌에 형성된 풍부한 영양분으로 인해 장어가 살 수 있는 천혜의 조건을 갖추고 있다. 그러나 풍천은 특정 지역을 가리키는 말이 아니다. 뱀장어가 바닷물을 따라 강으로 들어올 때면 일반적으로 육지 쪽으로 바람이 불기 때문에 바람을 타고 강으로 들어오는 장어라는 의미에서 '바람 풍風'에 '내 천川' 자를 써서 풍천장어라고 하는 것이다.

끈적끈적한 메기, 궁궐 생선 쏘가리

메기는 끈적끈적한 민물고기라는 뜻으로 점어鮎魚 혹은 으뜸이라는 의미로 종어宗魚로 표기되었다. 우리나라 전역에 있으며 사람들에게 친숙하기 때문에 각 지역마다 메기를 가리키는 다양한 방언이 있다. 고양이처럼 수염이 길어서 영어로는 catfish라고 한다.

《산림경제》는 "몸 전체가 누렇고 살이 쪘으며 미끄러운데, 맛이 퍽 좋다."고 메기를 설명했다. 《규합총서》에 메기 조리법이 나온다. "물을 끓여 튀하면 검고 미끄러운 것이 없어진다. 좋은

그림 3-6 쏘가리를 그린 '궐어도'(장한종, 국립중앙박물관)

고추장에 꿀을 좀 섞어 끓이면 좋다." 고추장을 넣어 끓인 탕이니, 매운탕을 연상케 한다. 지금도 한강 상류의 팔당이나 청평, 더 멀리 한탄강 근처까지 민물고기 매운탕을 먹으러 찾아가는 사람이 많은데, 어느 곳에서나 매운탕에 메기 쓰는 것을 별미로 꼽고 있다.

한편, 매운탕으로 유명한 쏘가리는 《임원경제지》 〈전어지〉에 나온다. 쏘가리는 맛이 돼지고기와 비슷하다고 하여 수돈水豚이라고 표기했으며, 민물고기 중 최고의 맛을 가져 예부터 '천자어

天子魚'라 했다. 쏘가리는 살이 탄력 있고 쫄깃해 횟감으로 좋고, 매운탕 중에서도 으뜸으로 친다. 쏘가리를 주재료로 하고 채소를 넣어 얼큰하게 끓인 음식으로, 충북의 대표적인 향토 음식으로 정착했다.

《규합총서》에는 쏘가리를 "천자가 먹었기 때문에 천자어라고도 하는데, 허약을 보해주고 위에 유익하지만 등마루 뼈에 독이 있어 사람이 죽기 쉬우니 모조리 없애고 먹으라."고 설명했다. 《조선무쌍신식요리제법》에서는 쏘가리지짐이(찌개) 만드는 법을 소개하며 쏘가리 맛을 찬양했다. "쏘가리는 예부터 '궐어鱖魚'라 이르는 것으로 도화유수궐어비桃花流水鱖魚肥*라는 말이 있다. 지지는 방법은 잉어지짐이 만드는 법과 같고 지짐이 중에 가장 좋고 흔하지 않은 것이다. 여러 가지 생선으로 지짐이를 만들기는 하나 쏘가리 맛과는 상당히 다르다. 쏘가리는 4월 정도에 맛이 가장 좋다."

여성 생선, 가물치

생선 중에서 특히 여성에게 좋은 것이 있으니 바로 가물치다. 《규합총서》에는 "본초에 말하기를, 온갖 짐승과 생선의 쓸개는 다 쓰지만, 가물치의 쓸개는 달다 하기에 시험해보니 과연 그렇고, 그 맛이 반찬으로는 가히 좋지 않으나 여자 보혈에 신기한

---

* 당나라 시인 장지화長志和의 시 〈어부가漁父歌〉의 일부로, '복사꽃 흐르는 물에 쏘가리는 살쪘네.'라는 뜻이다.

약이 된다."고 쓰여 있다.

중국에서 500년대에 편찬한 《제민요술》에는 '예어확鱧魚臛'이
나온다. 확이 탕을 뜻하는 글자이므로, 이는 가물칫국이라고 볼
수 있다. 그 조리법은 이렇다. "가물치는 아주 큰 것을 쓴다. 1자
이하는 쓰기에 적합하지 않다. 끓는 물에 데쳐서 비늘을 손질하
고 비스듬하게 사방 1치 반 정도 되게 얇게 썬다. 시즙豉汁(메주
즙)과 생선을 모두 물에 넣고 으깬 싸라기 즙[米汁]을 넣는다. 푹
삶아 소금, 생강, 귤피, 산초가루, 술을 같이 넣는다. 가물치는 떫
기에 반드시 싸라기 즙을 넣어야 한다." 이와 같이 가물칫국은
오래전 중국에서부터 먹었다. 우리나라에서는 역시 혈을 보하
는 효험 때문에 산모의 보양이나 여성 빈혈 치료에 귀한 민물고
기로 알려져 있다.

추사가 사랑한 은어

이름도 아름다운 은어銀魚는 맑은 물을 좋아하며, 어릴 때
바다로 나갔다가 다시 하천으로 돌아오는 대표적인 회귀어다.
은어는 살에서 수박 향이 나는 것으로 유명하며, 옛 선비들이
즐긴 생선이었다. 《신증동국여지승람》에는 '은구어銀口魚'라고 나
오며, 은어 특산지로 무려 8도 109개 지역을 꼽고 있다. 《난호어
목지》에도 주둥이의 턱뼈가 은처럼 하얗기 때문에 은구어라고
부른다고 나온다.

은어는 육지와 가까운 바다에서 겨울을 지내고 봄이 되면 강
으로 거슬러 올라온다. 바닥이 자갈이나 모래인 맑은 하천에서

여름철을 보내면서 성장하고, 가을이 되면 산란하는데 부화하면 곧바로 바다로 나간다. 은어는 봄이 제철인데, 벚꽃잎 떨어져 강물에 흐를 때쯤 바다에 나갔던 어린 은어가 태어난 고향의 여울로 돌아오기 때문이다. 세찬 물살을 거스르고 험한 여울턱을 넘어 상류로 올라오는 데 성공한 은어만, 또 봄이 제철이라고 노리는 낚시꾼들을 피한 은어만 알을 낳을 수 있다. 그러나 슬프게도, 알을 낳고 난 은어는 기력이 다해 생을 마감한다고 한다.

조선의 명필 추사 김정희는 30세에 다산의 아들 정학연의 소개로 동갑인 초의선사草衣禪師(1786~1866)를 만났다. 초의선사는 제주도에 귀양 간 추사에게 제자 소치 허련許鍊(1809~92)을 통해 손수 법제한 차를 보내고, 추사는 초의에게 유명한 '일로향실一爐香室'이라는 편액 글씨를 써 보내기도 한 관계였다고 한다. 그러다 초의가 제주도를 찾았을 때 마침 추사는 강정 사는 어부에게 은어를 얻었다. 그러나 밤새 쥐들에게 은어를 도둑맞았던 모양이다.

그래서 이때의 심정을 담아 〈은어를 쥐에게 도둑맞고서 초의에게 보이다銀魚爲鼠偸 示艸衣〉(《완당집》 권9)라는 시를 남겼다. 원래 이 시는 은어라는 별미를 찾는 욕구를 나타내지만, 그 소망이 좌절되었을 때 그것을 삭이는 여유도 보이고 있다. 수박 향 나는 은어는 조선시대에도 최고의 민물고기였고 지금도 그렇다.

바늘낚시 걸려든 오십 마리 은조어는 　　　　　五十銀條針生花

3부 우리가 먹어온 바다음식들

강정이라 어자의 집에서 보내왔네	來自江亭漁子家
어자는 고길 잡아 스스로 먹지 않고	漁子得魚不自食
꾸러미에 고이 싸서 먼 손에게 부쳤구려	包裹珍重寄遠客
앙상한 마른 폐가 참깨 마늘 냄새 맡으니	槎牙枯肺因麻蒜
입가에서 흘러내린 군침을 자주 닦네	口角屢拭饞津零
냉락한 부엌 사람 기쁜 빛이 낯에 도니	冷落廚人喜動色
식단에 진착이 오를 것을 예상했네	將見食單登珍錯
밤이 오자 쥐 떼가 틈새를 파고들어	夜來穴隙壯哉鼠
모두 다 훔쳐가고 한 치도 남김없네	儌盡了無遺寸許
모를레라 쥐의 기호 사람과 같은 건가	不知鼠嗜與人似
애를 끌어 아름다운 생선 맛을 능히 아네	拖腸能解魚之美
쥐가 먹건 사람이 먹건 먹기는 마찬가지	鼠食人食將無同
평등으로 보노라면 이치는 공평하이	平等觀來理則公
초의라는 늙은 스님 마침 곁에 있었는데	草衣老師適在傍
저는 소식한다 해서 심상으로 보는구려	彼自茹素看尋常

은어는 그동안 양식이 어려운 귀한 민물고기였다. 하지만 최근에는 인공 채란과 치어稚魚 육성에 의한 인공 종묘 생산 기술도 발달하고 있으니 조만간 은어를 손쉽게 먹을 수 있을 듯하다.

한강의 명물, 웅어

웅어는 멸칫과의 물고기다. 민물과 짠물이 섞이는 기수汽水에 살며, 길이는 30cm 정도에 뾰족한 칼 모양을 한 은백색 고기인데 비늘이 잘다. 봄과 여름에 강을 거슬러 올라가 산란하는, 귀한 물고기로 여겨진다. 서울 풍속을 기록한 《경도잡지》에 웅어 이야기가 나온다. "한강 하류 행주에서 웅어가 나는데, 사옹원 소속의 위어소葦魚所라는 것이 있어서 늦은 봄, 초여름에 관원들이 그물로 잡아다가 궁중에 진상하였다. 그리고 고기장수들은 거리로 돌아다니면서 웅어 사라고 소리친다. 이 웅어는 횟감으로 좋다." 웅어를 위어라 해서 웅어 잡는 관청이 위어소다.

웅어는 한강 중에서도 행주강(고양 지역의 한강)에서만 나는데, 5월 단오 상추쌈 먹을 때 웅어 맛이 최고라고 한다. 이 또한 서울 사람만 먹을 수 있는 맛의 하나라고 했으니, 낭만의 물고기다. 현재는 행주강에서 웅어 축제가 열리고 있다.

웅어를 회로만 먹는 것은 아니다. 칼날같이 푸르고 흰 웅어를 두름으로 낚아서 집으로 가지고 돌아와 잘 다져서 동그란 단자를 빚은 후에 고추장을 물에 타서 끓여놓고 상추쌈을 해서 먹어도 맛있다고 한다. 허균의 《도문대작》에는 '葦魚(위어)'로 나온다. "한강의 것이 가장 좋다. 호남에는 2월이면 잡히고, 관서 지방에서는 5월에야 잡히는데 모두 맛이 좋다."

그림 3-7 웅어를 그린 '어훼도'(작자 미상, 국립중앙박물관)

7장

부드럽고도 단단한 맛,
연체류와 갑각류 그리고 패류

부드러움 속의 단단함, 연체류

까마귀를 잡아먹는 오적, 오징어

오징어는 한국인에게 친숙한 해물로, 한자로 '까마귀 오', '도둑 적'을 써서 오적어烏賊魚라고 썼다. 《자산어보》는 "《남월지南越志》에서 이르기를, 그 성질이 까마귀를 즐겨 먹어서 매일 물 위에 떠 있다가 날아가던 까마귀가 이것을 보고 죽은 줄 알고 쪼면 곧 그 까마귀를 감아 잡아서 물속에 들어가 먹으므로 오적烏賊이라 이름 지었는데, 까마귀를 해치는 도적이라는 뜻이다."라고 설명했다. 《난호어목지》에서도 '오적어' 외에 흑어 혹은 남어라는 오징어의 별칭을 소개했는데, 이의 유래도 설명했다. "뱃속의 피와 쓸개가 새까맣기가 먹과 같으며 사람이나 큰 고기를 보면 먹을 갑자기 사방 여러 자까지 내뿜어서 스스로 몸을 흐리게 하므로 일명 흑어黑魚라고 한다. 그리고 풍파를 만나면 수염 (더듬다리를 말함)으로 닻줄처럼 닻돌을 내리기 때문에 남어纜魚 라고도 한다."

《자산어보》는 오징어를 다음과 같이 설명했다.

오징어는 등에 긴 뼈가 있는데 타원형이다. 살은 매우 무르고 연하다. 알이 있다. 속에 주머니가 있어 먹물을 가득 채우고 있다. 오징어를 침범하는 것이 있으면 곧 그 먹물을 내뿜어서 침범한 것을 현혹하게 한다. 그 먹물을 취하여 글씨를 쓰면 색이 매우 윤기가 있다. 그러나 오래되면 벗겨져서 흔적이 없어진다. 바닷물에 넣으면 먹의 흔적이 다시 살아난다고 한다. 등은 검붉고 반문이 있다. 맛은 감미로워 회나 포 감으로 좋다. 그 뼈는 곧잘 상처를 아물게 하고 새 살이 나게 한다. 뼈는 또한 말의 상처와 당나귀의 등창을 다스리는데, 뼈가 아니면 이것들을 고치지 못한다.

《규합총서》에도 오징어 뼈의 효능에 대해 다소 신비한 이야기를 붙인 설명이 나온다. 나무를 심을 때 오징어 뼈가 나무에 들어가면 죽고, 모란을 심을 때 오징어 뼈가 들어가면 죽고, 오징어 뼈를 우물 가운데 담그면 잡벌레가 다 죽는다는 것이다. 조선시대부터 오징어는 친숙한 해물이었던 듯, 《규합총서》에는 오징어를 이용한 요리도 소개되어 있다. "살을 얇게 저며 골패 모

그림 3-8 오징어와 가오리를 그린 '어도'
(작자 미상, 국립중앙박물관)

양과 같이 썰어, 닭 속에 깻국을 걸러 여름에 쓰면 소담하고 영계찜에 넣어도 좋다." 오징어를 고명으로 이용한 것이 흥미롭다.

오징어 하면 울릉도다. 동해의 깊고 맑은 바다에서 건져올린 울릉도 오징어는 다른 지역 오징어에 비해 육질이 두껍고 씹을수록 구수하고 단맛이 나는 것이 특징이다. 특히 6, 7월의 오징어는 육질이 연해서 입안에 넣어 조금만 오물거려도 그냥 넘어간다. 도동항. 울릉도로 들어가는 관문인 이 포구에 발을 딛는 순간, 콤콤한 듯 비릿한 냄새가 바람을 타고 코끝을 자극한다. 오징어 냄새다. 도동항에서는 살아 펄떡이는 산 오징어를 비롯, 덕장에 걸려 말려지는 오징어, 꼬챙이에 꿰인 채 판매되는 건오징어 등을 한꺼번에 볼 수 있다. 도동항뿐만 아니다. 울릉도는 어디를 가더라도 오징어 덕장이나 반

지르르한 오징어가 횟집 수족관 안에서 몸을 곧추세운 모습을 볼 수 있다. 울릉도에서 오징어를 맛보면 육지의 오징어 맛은 허무해진다. 그러나 이제는 기후변화로 인해 울릉도에서 오징어가 거의 잡히지 않는다고 한다.

우리나라 사람들은 유난히 오징어를 좋아한다. 산 채로 썰어서 먹고, 말려서, 볶아서 원하는 대로 먹는다. 내장을 빼내 탕을 끓여 먹기도 한다. 오징어 맛에 대한 변별력이 탁월하기 때문이다. 오징어를 많이 잡는 동해안 지방의 요리로 오징어를 잘게 썰어 만든 오징어 물회국수가 있다. 또 오징어로 순대를 만들기도 하고, 오징어 식해나 오징어 젓갈을 담그기도 한다.

세계를 놀라게 한 〈올드보이〉의 산 낙지

낙지는 이름이 많다. 석거石距, 소팔초어小八梢魚, 장어章魚, 장거어章擧魚, 낙제絡蹄, 낙체絡締 등이다. 지방에 따라서는 낙자, 낙짜, 낙쭈, 낙찌, 낙치라고도 부른다. 심지어 북한에서는 낙지를 오징어라고 부른다. 많은 곳에서 낙지를 즐겨 먹다보니 이름도 다양한 것을 알 수 있다. 낙지는 주로 갯벌에서 서식하지만, 숨어 있다가 밤에 주로 활동하는 연체동물이다. 낙지가 정력에 좋다는 이야기가 많이 알려져 있는데, 이는 《자산어보》의 다음과 같은 기록에서 비롯되었다. "낙지를 먹으면 사람의 원기가 돋고, 말라빠진 소에게 낙지 두세 마리를 먹이면 힘이 강해진다. 낙지는 맛이 달콤하고 회로 먹거나 포를 만들기 좋다." 여러 고의서도 낙지는 기혈을 순조롭게 하는 식품이라고 전한다. 이처럼 낙지는 오래전부터 원기를 돋우는 강정식품으로 알려졌다. 위장을 튼튼히 해주고 오장을 편안하게 하며 보혈·강장 효과가 있고 근육을 강하게 하며 뼈를 튼튼하게 해준다고 전해진다. 한마디로, 낙지는 대표적인 고단백·저지방·저콜레스테롤·저열량의 건강식품이다. 낙지 한 마리가 인삼 한 근과 맞먹는다는 말이 나올 만하다.

그래서 낙지 요리는 시대를 초월해 사랑받아왔다. 낙지 요리에 관한 기록은 1600년대까지 거슬러 올라간다. 초기의 낙지 요리는 낙지를 채 썰어 나물처럼 무쳐 먹는 것이었다. 19세기에 들어서는 낙지회와 말린 낙지를 먹었고, 궁중에서는 낙지전을 부쳐 먹기도 했다. 20세기에 들어서는 낙지를 끓는 물에 살짝 데친 낙지숙회와 맑게 끓인 낙지백숙을 먹었다. 낙지는 문어와 마찬가지로 숙회로 주로 먹지만 생회로도 먹는다. 세발낙지라는 이름의 생낙지 요리가 있는데, 세발낙지는 가는 발을 가진 낙지라는 뜻이다. 세발낙지의 산지는 목포, 영암과 해남 등지다. 생으로 먹기에는 늦은 봄에서 초여름에 나는 세발낙지가 제격이다. 낙지 생회는 이가 약한 노인과 어린이도 먹을 수 있거니와 더운 밥에 비벼 먹으면 그 고소하고도 보드라운 맛은 뭐라고 표현할 수 없다. 반찬과 술안주를 겸할 수 있는 요리다.

칸영화제 심사위원대상을 받은 박찬욱 감독의 영화 〈올드보이〉에 살아 움직이는 낙지를 먹는 장면이 등장해 세계를 놀라게 한 바 있다. 그러나 이제는 한국을 방문한 외국인들이 문화 경험으로 먹어보는 음식의 하나가 되었으니, 한식의 위상도 문화산업 수준과 함께한다는 것을 느끼게 된다. 그런데 고조리서에 낙지가 많이 등장하기는 해도 낙지를 생으로 먹는 조리법은 나오지 않는다. 대개 낙지회는 낙지를 녹말 묻혀 삶아 건져 초고추장에 찍어 먹는 것이다. 녹말을 입히면 반짝이는 윤기가 나고 더 맛있다.

글을 아는 연체동물, 문어

문어는 한자로는 팔초어八梢魚라고 쓰며, 장어章魚, 망조望潮, 팔대어八帶魚라고도 했다. 우리말로는 예전부터 문어라 했다. 문어는 낙지류와 마찬가지로 4쌍 8개의 다리를 가지며 다리에는 빨판이 배열되어 있다. 몸이 큰 종류로 몸길이 3m, 몸무게 30kg에 달하는 것도 있다.

이름에 '글월 문文' 자가 붙었다. 문어가 뿜는 먹물을 지식인들의 상징인 먹물로 생각한데다 큼직한 머리까지 있다고 보았기 때문이라고 하나 확실하지는 않다. 그런데 둥그스름한 부위는 머리가 아닌 몸통이다. 머리는 이 둥그스름한 몸통과 발의 연결부에 있으며 그 속에 뇌가 있다고 한다. 문어의 뇌는 복잡한 구조로 되어 있어 생각보다 위험하고 똑똑하다고 한다. 흥미롭게도 2020년에 넷플릭스에서 〈나의 문어 선생님My Octopus Teacher〉이라는 다큐멘터리를 방영했다. 문어의 교감능력에 깊은 인상을 받았다. 우리 조상들은 문어의 지능이 그렇게 높은지 어떻게 알았을까?

《동국여지승람》에는 문어가 경상도, 전라도, 강원도, 함경도

37개 고을의 토산물로 나와, 예전에도 동해와 남해에서 많이 산출되었음을 알 수 있다. 《임원경제지》〈전어지〉는 문어 잡는 법을 설명하는데, "보통 문어를 잡는 데는 노끈으로 단지를 옭아매어 물속에 던지면 얼마 뒤에 문어가 스스로 단지 속에 들어가는데, 단지가 크고 작음에 관계없이 단지 한 개에 한 마리가 들어간다."고 했다. 《규합총서》에는 "문어는 북도에서 나는 것이다. 돈 모양으로 썰어 볶으면 그 맛이 깨끗하고 담담하며, 그 알은 머리, 배, 보혈에 귀한 약이므로 토하고 설사하는 데 유익하다."고 나온다.

《산림경제》는 문어 조리법을 이렇게 설명했다. "밤톨만 한 크기로 썰어 달궈진 솥에 기름과 술을 두르고 재빨리 볶아 반쯤 익혀낸다. 기름과 장물, 양념을 솥에 넣고 끓어오르면 문어를 넣고 여러 번 끓어오르면 먹는다. 또 다른 법은 참깨즙을 뿌려 올리기도 하는데 맛이 좋다. 구이를 해도 먹을 만하다. 말린 것은 썰어 먹는다."

문어는 주로 부드럽게 삶아서 먹는다. 이외에도 죽, 꼬치구이, 조림으로도 먹는다. 또, 말린 문어는 봉황이나 용 등 여러 가지 모양으로 오려서 잔칫상에 웃기로 올린다.

단단함 속의 달콤함, 갑각류

무궁무진한 새우 종류와 요리

새우는 많은 사람이 사랑하는 식재료다. 새우구이, 새우튀김,

새우찜에다 새우젓까지 다양하게 발달했다. 새우라고 하면 십각목 새우아목 중 게와 소라게를 제외한 절지동물의 총칭인데, 전 세계적으로 약 2,900종이 있다고 하는데, 우리나라에서는 약 90종이 알려져 있다. 민물에서 나는 가재, 새뱅이, 징거미새우, 바다에서 나는 도화새우, 보리새우, 대하, 중하, 꽃새우, 젓새우 등이 잘 알려져 있다. 길이가 20cm가 넘는 대하에서부터 아주 작은 곤쟁이(자하紫蝦)에 이르기까지 다양하다. 새우는 한자로 보통 '하鰕'를 쓰는데, '하蝦'로도 쓴다.

대하는 크기가 27cm 전후인 서해산 고급 새우다. 매년 가을 충남 홍성 남당리 등에서는 대하축제가 열리는데, 굵은 소금 위에 살아 있는 대하를 올려 구워 먹는 맛은 일품이다. 보리새우는 새우 중에서 최고의 맛을 자랑하며 남해안 등지에서 많이 잡힌다. 색깔이 잘 익은 보리를 닮아서 붙은 이름이다. 보리새우는 펄떡 펄떡 뛸 정도로 싱싱하다고 해서 일본말로 춤을 춘다는 뜻의 '오도리'라는 별명이 붙었는데, 고급 횟감으로 대접받는다. 새우젓은 김치를 담그거나 음식의 간을 맞추는 데 중요하게 사용된다. 새우젓을 담그는 작은 새우를 젓새우, 백하, 세하 등으로 부른다. 1~4cm의 작은 새우로 젓갈을 담근다.

《난호어목지》에는 "우리나라 동해에는 새우가 없다. 서해에서 강하糠蝦가 나오는데, 이것으로 젓갈을 담아 전국적으로 널리 이용한다. 강하를 세하細蝦라고도 하고, 건조한 것은 백하白蝦라고도 한다. 한편, 빛깔이 붉고 길이가 한 자 남짓한 것을 대하大蝦라 하는데 이것을 《본초》에서는 '해하海蝦'라 한다. 회에 좋고

그림 3-9 새우를 그린 '어해도'(작자 미상, 국립중앙박물관)

국에 좋고 또 그대로 말려서 안주로도 한다."고 나오는데, 동해의 독도새우를 서유구는 몰랐던 것 같다.

우리나라에서는 오래전부터 새우를 즐겨 먹었다. 《산림경제》에는 새우 조리법을 다음과 같이 설명했다. "대하는 쪄서 햇볕에 말려 먹으면 맛이 좋다. 중하는 햇볕에 말려서 속살을 꺼내 가루를 내 자루에 담아 장독에 넣어두면 맛이 아주 좋다. 아욱국에 뿌려 먹어도 좋다. 기름과 장으로 볶아내 햇볕에 말려 먹기도 한다. 작은 새우는 젓갈을 담그면 좋다. 그 젓갈 즙으로 생선이나 고 깃국을 끓이면 모두 맛있는데 특히 돼지고기와 두붓국에 넣으면 좋다." 새우젓에는 지방 분해 효소인 리파아제가 있어 돼지고기와 궁합이 잘 맞는데, 이를 알고 있었는지 새우젓을 돼지고기에 넣으라고 했다. 또 《규합총서》에는 새우 보관법이 다음과 같이 나온다. "소금을 볶아 새우가 익은 후 대통 속에 넣어 그 소금에 지져 우물물에 넣어 씻어 볕에 말리면 붉은빛이 변치 않는다."

우리는 대하를 찜, 구이, 전, 산적 등으로 많이 먹었는데, 일본에서는 튀김 음식인 에비덴푸라えび天婦羅를, 중국에서는 튀기거

나 매운 토마토소스로 버무린 깐쇼밍하干燒明蝦를, 서양에서는 빵가루를 묻힌 새우튀김을 즐겨 먹는다.

마니아를 만드는 유혹적인 맛, 게

고려시대 문인 이규보는 게장을 '황금빛 금액'이라고 표현했다. 그만큼 우리 민족은 게를 좋아했다. 게는 한자로 '해蟹'라 쓰며, 한글로 '궤'라 불렀다. 《자산어보》와 《임원경제지》〈전어지〉에서는 게를 개류介類로 분류했고, 유희柳僖(1773~1837)의 《물명고物名攷》에서는 개충介蟲에 넣었다.

게는 절지동물 십각목에 속하는 갑각류의 총칭이다. 게는 단백질이 풍부해 어린이에게 좋을 뿐만 아니라 지방이 적고 소화가 아주 잘되기 때문에 회복기 환자나 성인병 환자, 노인들에게 건강식으로 이용된다. 허준의 《동의보감》에도 게는 "몸의 열기를 푼다."고 나온다.

게의 산란기는 6~10월이다. 지금은 게장으로 알이 꽉 찬 5월의 암꽃게를 최고로 치지만, 과거에는 늦가을의 게가 근육이 단단하고 기름이 올라 가장 맛이 좋다고 했다. 수게와 암게를 구별하는 방법은 제(배꼽)의 모양이다. 배의 껍데기가 이중으로 되어 있는 부분이 제다. 암게의 제는 둥글기 때문에 단제라 하고, 수게의 제는 뾰족하기 때문에 첨제라 한다. 속담에 '구월단제 시월첨제'라는 말이 있는데, 9월경의 암게의 배에는 알이 가득 차 있고, 10월경의 수게에는 살이 차 있어서 9월에는 암게, 10월에는 수게를 먹어야 한다는 뜻이다.

그림 3-10 게를 그린 '어해도'(작자 미상, 국립중앙박물관)

지금도 꽃게탕을 많이 먹지만 고조리서에도 게탕법이 많이 나온다. 《증보산림경제》, 《요록要錄》, 《군학회등》, 《시의전서》, 《오주연문장전산고》 등에 소개된 게탕 조리법은 이렇다. "게의 누른 장(황고)과 검은 장을 긁어모으고 따로 딱지와 다리를 칼등으로 짓찧어 짜내고 여기에 게장을 섞어준다. 장수

에 해즙과 동과 등을 넣어 덩어리가 지지 않게 휘저어가면서 끓인다."《규합총서》에는 게장에 달걀과 양념장 등을 넣어 중탕하는 게찜탕도 소개되었다.

궁중이나 반가에서는 게살만을 발라서 전을 부치는 게전유화(해전)를 먹었으며 겟국, 게지짐이, 온게전, 게찌개, 게찜, 술게젓 등도 의궤와 발기 등에 나와 게가 얼마나 맛있고 고급스러운 식재료였는지 알 수 있다. 외국에서도 게를 많이 먹지만 게를 이토록 섬세하고 다양하게 조리하기로는 단연 우리 민족이 최고일 것이다.

인류와 함께해온 조개의 맛

제주인의 한이 서린, 전복

여러 곳에서 발굴된 선사시대 조개무지에서 볼 수 있듯이, 전복全鰒은 옛날부터 식용으로 삼았던 중요 수산물 중 하나다. 식용으로 쓰이는 연체부는 날것으로도 먹고, 말려서도 먹을 뿐 아니라 통조림의 원료로도 이용된다. 그리고 전복 껍데기는 빛깔과 광택이 좋기 때문에 여러 공예품의 재료 및 액세서리 재료로 쓰인다.

조선시대에 전복은 고급 요리 재료로 궁중 연회식에 많이 나온다. 1719년의 〈진연의궤〉와 1827년의 〈진작의궤進爵儀軌〉, 1827년의 〈진작의궤〉 등을 보면 전복초나 잡탕, 신선로의 재료로 쓰였다. 반가 조리서인 《규합총서》에는 "전복을 일명 천리광이라 하고 껍질에 구멍이 아홉 있는 것은 석결명이라 하여 눈을 밝히는 약이요, 벽해수에 삶은 것은 숙복이다. 그리고 제주 것이 으뜸이다."라고 설명했다. 《시의전서》에는 전복찜 만드는 법이 구체적으로 나온다. "큰 전복을 삶되 한 번 삶아 물을 퍼 버리고, 쇠고기와 해삼, 문어, 홍합 등속을 섞어서 무르게 곤다. 큰 전복은 저미든가 통째로 잘게 에어서 열십자로 자르고 황육, 해삼, 문어, 홍합을 큰 조각으로 저며놓고 파와 마늘을 다져서 후춧가루, 기름, 깨소금, 꿀과 함께 삶는 물에 넣고 조려야 좋다."

전복은 가공 상태에 따라 이름을 달리 부른다. 살아 있는 것을 '생복', 삶은 것을 '숙복', 또 말려서 건제품으로 만든 것을 '명포', 그

그림 3-11 전복(조중묵, 국립중앙박물관)

리고 두들겨 말린 것을 '추복'이라고 한다. 전복 종류도 전복, 말전복, 까막전복(둥근전복), 참전복, 오분자기 등으로 다양하다. 전복은 동해와 남해안에서도 잡히지만 제주도에서 많이 잡힌다. 특히 오분자기는 길이 7~8cm를 넘지 않는 제주산 전복이다. 최근에는 전남 완도의 노화도 등지에서 양식을 많이 하고 있다.

전복은 고급 어종으로 중국, 일본, 한국에서 각각의 조리법으로 요리해 먹는다. 우리나라에서는 '생복회'로 많이 먹는다. 생복회는 깨끗이 씻은 전복을 얇게 썰어 내놓는 것으로, 전복 내장을 곁들인다. 전복을 익혀 먹는 요리 중 '거펑구이', '거펑볶음'이라 부르는 것이 있다. 전복을 썰어 다진 마늘과 함께 기름 양념을 치고 굽는 요리인데, 이때 다 된 요리를 접시에 내놓는 것이 아니고 그 전복의 껍데기에 올려 내놓는다. 제주도에서는 전복 껍데기를 거펑이라 부르기 때문에 '거펑구이'라는 이름이 붙었다. 《임원경제지》, 《증보산림경제》, 《규합총서》, 《시의전서》 등에는 전복을 정육면체 모양으로 썰어 달걀흰자에 섞어 전복 껍데기에 담고 숯불 위에다 간접으로 굽거나, 손가락 크기로 잘라 대꼬챙이에 꿰어 유장에 묻혀 직화로 굽는 요리가 나오는데, 당

3부 우리가 먹어온 바다음식들

시에도 전복은 구이로 많이 먹었던 것을 알 수 있다.

제주도를 상징하는 전복은, 그러나 제주 백성에게는 원성의 어물이기도 했다. 제주의 읍지《탐라지耽羅志》를 비롯한 기록들을 살펴보면, 전복은 말, 밀감과 함께 왕에게 바치는 공물 중 하나였다. 잠녀(해녀)들이 갖은 고생을 하며 전복을 따내지만 탐관오리의 등살에 거의 뜯기고 자신들은 굶주림에 허덕였음을 알 수 있다. 당시 관리들이 진상을 구실로 무자비한 수탈을 행한 탓이다. 한편, 세종 때의 한 선비는 2년간 제주목사로 재임하면서 해녀들의 고생을 생각하여 한 번도 전복을 입에 대지 않았다는 이야기도 제주도에 전한다.

고대인의 먹거리, 조개류와 홍합

조개류는 예로부터 사람들의 중요한 먹거리였다. 철기시대 초기의 유적인 김해 조개무지에서는 11종의 조개류 껍데기(굴, 꼬막, 담치, 홍합, 소라, 고둥, 백합, 다슬기 등)가 발견되었다.《동국여지승람》의 토산 편에는 석화石花(굴)는 7도 70고을, 조개류인 합蛤은 7도 55고을, 그리고 홍합은 6도 54고을의 토산품이었다고 나오니, 광범위하게 조개류를 먹었음을 알 수 있다. 이외에도 죽합竹蛤, 감합甘蛤, 강요주江瑤柱(꼬막), 회세합回細蛤, 황합黃蛤(모시조개), 백합白蛤, 소합小蛤 등이 기록되어 있어 조개류를 매우 다양하게 분류하여 먹었음을 알 수 있다.《재물보》,《물명고》에는 각각 10여 종류의 조개류가 나오고,《자산어보》에는 20여 종류의 조개류가 나온다.

《증보산림경제》에는 황합, 대합, 굴[石花], 가리맛조개[土花], 전복[鰒魚], 소라[海螺] 등을 먹는 방법이 간단히 나온다. 또《난호어목지》에는 말씹조개[馬刀], 가막조개[蜆], 우렁이[田螺], 달팽이[蝸蠃], 바다긴조개[海蚌], 대합조개[文蛤], 참조개[蛤蜊], 함진조개[蚫蛢](대합), 새고막조개[蚶], 긴맛과조개[蟶], 굴조개[牡蠣] 등이 나온다. 지금은 이렇게 다양한 조개들을 즐기지 못하는 듯해 아쉽다.

우리 조상들은 조개를 어떻게 조리해 먹었을까?《음식디미방》에는 조개로 탕을 끓이는 법이 나온다. "모시조개나 가막조개를 껍질째 씻어 맹물에 삶아 만드는데, 다 되면 조개의 입이 벌어지게 되며 이때 국물까지 함께 사용한다. 다른 이름으로는 와각탕이라고 한다." 이후 여러 조리서에 조개회, 조개구이, 조개깍두기, 대합찜, 조개전골, 조개찌개 등 다양한 조리법이 나온다. 그중《시의전서》에는 '조개어채'라는 요리가 소개된다. "조개를 까서 깨끗이 발라내고 녹말을 씌워 삶는다. 오이를 갸름하게 썰고 녹말을 씌워 삶은 다음 찬물에 헹군다. 이것을 다시 갸름하게 자르고 조개 삶은 것과 달걀 삶아 4등분하여 썬 것을 채소와 함께 섞는다."

세계인이 두루 즐기는 패류로 홍합이 있는데, 우리 민족도 홍합을 즐겨 먹었다.《증보산림경제》에는 홍합을 담채라 하면서 "중국 사람은 이것을 동해부인이라 한다."고 설명했으며,《시의전서》의 '홍합탕 조'에는 "홍합을 초하여 계란을 얹어 쓴다."라는 조리법이 나온다. 또《규합총서》에는 좀 더 상세한 설명이 나온다. "바다 것이 모두 짜지만 홍합만이 홀로 싱겁기 때문에 담채라 하고 또 동해부인이라고도 한다. 살이 붉은 것은 암컷이니 맛이 좋고, 흰 것은 수컷이니 맛이 그것만 못하다. 동해 것은 작고 검으나 포익에 으뜸이요, 북해 것은 크고 살쪄 있으나 맛이 그것만 못하다. 본초에서 말하기를 많이 먹으면 사람의 머리털이 빠진다."

홍합은 회나 구이로 즐길 뿐 아니라 양념장에 조려 초를 만들거나 홍합죽을 쑤며, 홍합지지미(찌개)에도 쓰고 채소국에 넣기도 한다. 그 밖에도 홍합장, 홍합장아찌 등을 만들어 저장식품으로 즐기기도 했다.

바다에 피는 꽃 석화, 굴 *

굴은 동서양을 막론하고 많은 사람에게 사랑받는 식품이다. 우리 민족도 오래전부터 굴을 즐겨 먹었다. 선사시대 사람들의 쓰레기장인 조개무지에서도 굴 껍데기가 출토되고, 조선시대의 《신증동국여지승람》에는 굴이 동해안을 제외한 7도의 중요한 토산물로 기록돼 있다. 굴을 부르는 이름도 다양해 모려牡蠣, 굴조개, 석굴, 석화石花 등으로 불렀다. 석화는 '돌 석' 자에 '꽃 화' 자로, 바닷가 바윗돌에 핀 꽃이라는 뜻으로 부른 이름이다.

굴은 일단 눈으로 보아도 매끈한 윤기가 느껴지며 부드러우면서도 탱글탱글한 식감을 갖고 있다. 굴에는 많은 이야기가 전해

---

* 이 단락은 내가 쓴 글 '카사노바가 사랑한 굴'(KISTI의 과학향기 칼럼. 2015. 11. 25)을 요약한 것이다.

지고 있다. 서양인에게 굴은 매우 유혹적인 식품이었다. 실제로 서양인들이 날로 먹는 해산물은 굴이 거의 유일했다. 전해지는 바에 의하면, 고대 로마 황제들을 비롯해 "짐이 곧 국가다."라고 한 프랑스의 루이 14세, 그리고 대문호 알렉상드르 뒤마도 굴 마니아였다고 전한다.

하지만 역시 서양에서 굴을 사랑한 인물로는 카사노바를 빼놓을 수 없다. 서양 최고의 플레이보이로 꼽히는 카사노바는 매일 아침 생굴을 50개씩 먹었다고 전설처럼 전한다. 굴이 정력에 좋은 식품으로 알려진 탓이다. 그러나 맛을 아는 여성들도 굴을 즐겼는데, 절세미인 클레오파트라가 탄력 있는 피부를 유지하기 위해 식탁에서 빼놓지 않았던 식품이라고 한다. 우리나라에서도 달빛같이 흰 피부를 원하면 굴을 먹으라는 말이 전해진다.

굴이 동서양을 막론하고 몸에 좋은 정력식품 혹은 피부에 좋은 식품으로 평가받는 이유는 무엇일까? 굴은 다른 조개류에 비해 아연, 철분, 칼슘 등과 같은 무기질이 풍부하고 비타민B$_1$, B$_2$, 나이아신 등 성장에 필요한 비타민까지 영양소가 풍부한 편이다. 특히 칼슘의 함량은 우유와 비슷할 정도로 풍부해 서양에서는 굴을 '바다의 우유'라고 부르며, 어린이 성장 발육에도 좋다.

또한 굴에 함유된 철분과 구리, 칼슘은 빈혈을 예방하고 치료하는 데 효과가 있다. 특히 면역 기능 및 세포 분열에 필수적인 영양소인 아연을 함유하고 있다. 굴이 정력에 좋은 이유가 바로 아연이다. 아연은 남성 호르몬의 분비와 정자 생성을 촉진하는 영양소로 셀레늄과 함께 정력에 좋은 미네랄로 통한다. 남성 호르몬인 테스토스테론testosterone을 만드는 데 필요한 특별한 아미노산도 풍부하다.

굴의 타우린 성분은 간 기능 향상과 알코올 해독 작용이 뛰어나 피로 회복에 좋다. 굴의 타우린 성분은 뇌 기능 활성화에도 도움을 주며 심혈관 질환을 유발하는 콜레스테롤 생성을 억제하고 혈압을 낮추는 효과가 있다. 굴은 비교적 콜레스테롤 함량이 높지만 이를 타우린이 낮추어주는 셈이다. 그러나 콜레스테롤과 함께 나트륨 함량도 높으므로 혈압 조절과 콜레스테롤 조절이 필요한 경우 너무 많이 섭취하는 것은 피해야 한다.

남해안, 서해안에서 다 잘 자라는 굴이지만 지형에 따라 다소 다른 특성을 가진다. 남해안 굴은 크고 맛이 시원한 반면, 서해안 굴은 작지만 맛이 진하고 담백한 특성이 있어 기호대로 골라 먹으면 좋다. 우리나라의 굴 종류는 참굴, 토굴, 강굴, 바윗굴 등으로 많지 않지만, 미국이나 유럽에서는 굴의 종류가 다양해 입맛에 따라 산지별로 굴을 골라서 먹는다. 생굴의 맛을 즐기는 서양인들은 레몬즙을 뿌려 먹는데, 이는 레몬의 비타민C가 철분의 흡수를 돕고 굴에 함유돼 있는 타우린의 손실을 막아주기 때문이다.

이렇게 굴을 주로 생으로 즐기는 서양인들에 비해 우리는 요리 민족답게 다양한 굴 요리를 즐겼다. 생으로 먹는 것 말고도 굴무침, 굴밥, 굴전, 굴국, 굴국밥, 굴찜, 굴깍두기, 굴김치, 굴장아찌, 굴튀김을 해 먹고, 작은 굴로는 어리굴젓을 담가 먹는다.

조선시대 궁중에서도 굴을 즐겨 먹었다. 1795년 〈원행을묘정리의궤〉의 수라상에는 '석화잡저石花雜菹'라는 것이 올랐는데, 이것은 굴을 넣고 담근 섞박지다. 궁중에서도 굴을 넣어 김치를 담근 것이다.

굴은 겨울이 제철인데, 서양 속담처럼 알파벳 R이 들어간 달에 먹는 것이 좋다. 5월에서 8월 사이의 굴은 맛이 없고 독소를 가지므로 먹지 않는 것이 좋다. 그러나 제철 굴이라 해도, 굴은 잘 상하므로 주의해서 보관해야 한다. 굴은 1% 정도의 소금물에 넣어 남은 껍데기를 떼고 여러 번 씻어 냉장 보관한다.

호사가의 입맛을 사로잡은 해삼과 성게

해삼海蔘이라는 이름을 풀면 '바다의 인삼'이다. 예부터 보양에 좋다고 이렇게 불렸는데, 최근에는 해삼에 인삼의 사포닌 saponin과 유사한 성분이 있음이 밝혀졌다고 하니 놀랍다. 또 바다쥐라는 뜻으로 '해서海鼠'라고도 쓴다. 그런데 서양에서는 해삼을 오이와 비슷하게 생겼다고 해서 'sea cucumber'라고 부르니, 해삼 한 가지를 두고 다양한 상상력이 발휘되었다.

이 해삼을 우리 민족은 언제부터 즐겼을까? 일제강점기에 조선총독부 철도국에서 근무한 사토 사카에다가 1933년에 발간한 조선 안내서《조선의 특산》에는 "일본에서 해삼은 상하층 가리지 않고 널리 전용되고, 중국에서는 요리에 꼭 필요한 존재이지만, 조선 사람은 근년까지 먹지 않았다. 일본인이 옮겨 와서 그 맛을 알게 되니 요즘 겨우 시장에 그 모습을 나타내게 되었다."[9]고 쓰여 있다. 이에 대해 이성우는 잘못된 내용이라고 지적했다.[10] 이미 19세기 초의 《자산어보》에 "해삼은 우리나라 동서남쪽 바다에 거의 다 서식한다. 해삼을 잡아 말려 가지고 판다. 전복, 홍합, 해삼을 삼화라고 한다. 그러나 고금의 본초에는 이 삼화가 모두 기재되어 있지 않다. 해삼은 청나라 의학서인 《임증지남약방臨證指南藥方》 속에 많이 나오므로 이는 우리나라에서 비롯되었다고 할 수 있다."라고 나오기 때문이다.

게다가 당시 해삼 채취를 위해 조선의 서해 연안까지 넘어오는 청나라 배들이 끊이지 않았던 모양이다. 1742년 10월 5일 황해수사黃海水使의 보고에 따르면, 해삼을 채취하기 위해 매번 여름과 가을 계절이 바뀔 때 넘어오는 청나라 배와 해안의 백성들이 서로 알게 되고 상거래까지 했다.[11] 중국 음식문화에서 해삼은 중요한 식재료로, 18세기 후반부터 세계 해삼 무역의 중심에는 청나라가 있었고 현재에도 이런 경향은 크게 다르지 않다. 조선과 청나라의 무역에서도 해삼은 중요한 거래품목이었다. 《일성록》 1799년 7월 26일자 기록에 의하면, 화성유수가 연경(북경)에 가져가는 물품 중 인삼 외에도 해삼칭海蔘稱을 보내자고 정조에게 제안했다.

해삼은 조선에서도 고급 식재료로 각광받았다. 함흥을 중심으로 전국의 해안가에서 진상을 받았고 궁중의 진찬·진연에서 쓰였다. 1797년 윤6월 18일 혜경궁홍씨를 위해 연 진찬연회에서도 '해삼초海蔘炒'가 올라갔다. 또한 100여 년 뒤 1882년 1월 18일 순종의 가례를 위한 재간택이 이루어졌을 때 올린 음식을 기록한 〈임오 정월 십팔일 재간택 진어상 빈상 처자상 발기〉에는 해삼적海蔘炙과 해삼증(해삼찜)이 보인다.

조선 중기의 조리서 《음식디미방》에는 해삼 뱃속에 꿩고기, 밀가루, 버섯, 후춧가루 등을 넣고 실로 동여맨 다음 쪄내는 '해삼찜', 삶은 해삼을 썰어서 간장과 기름에 볶은 '해삼초'가 나온다. 또 마른 해삼은 볏짚을 썰어 한데 안쳐서 삶으면 쉽게 무른다는 설명도 했다. 《산림경제》에는 "생해삼의 내장을 제거하고 물에 며칠간 담가 짠맛을 뺀 다음 회로 썰어 식초를 뿌려 먹는다."라는 조리법이 나온다. 해삼회는 해삼의 내장을 빼고 잘게 썬 다음 참기름을 쳐서 그냥 초장에 찍어 먹어도 좋지만, 식초에 씻거나 끓는 물에 살짝 데쳐서 먹으면 더욱 진미를 돋운다. 한편, 해삼의 내장으로 담근 젓갈은 '고노와다'라 하여 일본인이 특히 즐겨 먹는다.

또 다른 귀한 해산물로 성게가 있다. 대표적인 극피동물인 성게는 그 알(정확히는 성게의 생식소)을 주로 먹는다. 은근한 단맛이 도는데다 특유의 바다 향이 일품이다. 제주도에서는 성게로 국을 끓여 먹는다. 5월 말에서 6월 사이의 성게가 가장 살이 오르고 맛이 좋은데, 성게가 나는 시기에는 생미역이 있으므로 생미역을 넣고 끓이면 더 좋다. 담백한 맛을 살리려면 참기름을 사용하지 않는다. 성게 알에 소금을 섞어 숙성시킨 성게젓은 술 안주로도 좋고 식욕을 돋우는 밑반찬으로도 그만이다.

8장

자랑할 만한 식재료, 해조류

한국인이 주로 먹는 독특한 먹거리 중의 하나가 바다에서 나는 풀이다. 우리가 먹는 바다풀을 해초海草 혹은 해조류라 부른다. 지금은 바다에서 생육하는 식물을 통틀어 해조海藻, marine algae라고도 부른다. 해초 먹는 것을 다른 민족들은 이상하게 생각해왔지만 지금은 다르다. 한국인이 많이 먹던 해초가, 이제는 세계인이 인정하는 건강 음식이 되었다. 우리 먹거리 중 나물을 최고 건강식으로 받아들이듯이, 이 해조류 또한 바다 나물이라는 이름으로 불리며 한국을 상징하는 먹거리가 된 것이다.

그런데 비슷비슷해 보이는 이 해조류는 사실 종류가 너무 많다. 우리 민족은 오랜 세월 해초들을 먹어왔고 그 종류도 무궁무진하건만, 이제 그 많던 해조류의 종류나 이름이 잊히거나 사라지고 있다. 많이 아쉽다.

우리 민족은 언제부터 해초를 먹었을까? 해초를 먹은 것은 농경이 시작되기 전인 선사시대부터다. 사냥하는 것보다 바닷가에서 해초를 따서 먹는 것이 더 쉬웠을 것이기 때문이다. 바닷가에서 쉽게 주울 수 있었던 해초로 주린 배를 채웠을 것이다.

한국인의 밥상: 김, 미역, 다시마

김, 블랙페이퍼에서 김 스넥으로

서양인들은 과거 새카만데다 종이처럼 얇은 김을 보고 '블랙페이퍼'라고 불렀다. 우리나 일본인을 종이나 먹는 열등한 민족으로 생각했을 것이다. 그러나 지금은 다르다. 김은 이제 건강식품으로 등극했고, 심지어 김으로 만든 과자는 효자 수출상품이 되었다. 서양인은 섬유소 부족으로 대장암에 시달리는데, 김은 섬유소 덩어리로, 건강에 좋으면서 향긋한 바다 향까지 느낄 수 있기 때문이다.

김은 한자로 바다 옷이라는 의미로 '해의海衣' 혹은 보라색 채소라는 의미로 '자채紫菜'라고 썼다. 바다 이끼라는 의미로 '해태海苔'라고도 썼다. 우리나라에서 김에 관한 최초의 기록은 고려 말 목은 이색의 시에 처음 보인다. 강릉절도사가 보내준 해의를 받고 감사의 시를 썼는데, 여기서 해의가 바로 김이다. 이로 보아 최소한 고려 말 이전부터 김을 먹었다는 것을 알 수 있다. 그렇다면 우리가 많이 먹는 종이 모양의 김은 언제부터 만들었을까? 옛날에는 이끼처럼 가느다란 해초인 김을 종이처럼 만들기가 쉽지 않았을 것이다. 김을 종잇장 형태로 만들었다는 기록은 조선 중기 실학자 이익의 《성호사설》에 나온다. 해의라는 것이 있는데, 바닷가 바위에서 자라는 이끼를 따서 종잇조각처럼 만든다고 쓰여 있다.

《만기요람萬機要覽》(1809)에는 해의전海衣田이라는 표현이 보이는데, '김밭'을 뜻한다. 19세기 초부터 김을 양식한 것일까? 1700년대 경상도 하동 지방에서 한 할머니가 섬진강 어구에서 패류를 채취하고 있던 중에 김이 많이 붙어 있는 나무토막이 떠내려 오는 것을 발견하고 거기에 붙어 있는 김을 뜯어 먹어보았더니 매우 맛이 좋아서 그 후 대나무를 수중에 세워 인공적으로 김을 착생시킨 데서 양식이 시작되었다는 이야기가 전해진다. 한편 수산학자 정문기는 "조선 김 양식의 역사는 약 200년 전 전남 완도에서 방렴防簾이라는 어구에 김이 부착하는 것을 발견하고는 염홍簾篊(편발)을 만들어 양식한 데서 비롯된다."[12]고 했다.

김이라는 이름에 얽힌 이야기도 있다. 조선 인조(1623~49) 때 태인도의 김여익金汝瀷이라는 사람이 해변에 표류해온 참나무 가지에 김이 붙은 것을 보고 김을 양식하기 시작했는데, 이 사람의 이름을 따서 김이라고 부르기 시작했다는 것이다. 그렇다면, 김 양식의 역사는 많이 올라가게 된다.

김에 얽힌 이러한 이야기들로 미루어, 조선 중기에는 김 양식을 시작했음을 추측할 수 있는데, 구한말에는 남해안을 중심으로 여러 곳에서 양식할 정도로 발전했다. 김 양식이 가장 성행했던 곳은 광양만으로, 연안 도처에 섶(지지대로 쓰이는 막대기)이 세워져 있었다고 한다. 김 양식장은 토지처럼 사유화되어 매매되기까지 했다. 일제강점기에는 김 양식이 놀라운 속도로 발전했다. 일본인들이 특히 김을 좋아했기 때문에 이들의 수요를 맞추기 위한 김 양식이 매우 활발했다. 특히 농한기를 맞은 어민들이 부업으로서 하기에 적합한 일이었다.

우리 민족은 김을 나물처럼 무쳐 먹기도 하고, 국을 끓여 먹기도 하고, 전을 부치기도 하는 등 다양하게 조리해 먹었다. 건조 김에 기름과 소금을 뿌린 조미 맛김은 대표적인 가공식품이다. 나는 오래전 김에 바르는 기름의 산패를 막기 위하여 솔잎으로 만드는 솔잎향유를 개발하여 이 솔잎향유를 바른 솔잎 맛김으로 특허*를 받았던 일도 있다. 블랙페이퍼라 폄하되던 김이, 한국을 찾는 외국인들이 가방에 쓸어 담는 관광상품이 되고, 김으로 만든 과자가 최고의 수출상품이 된 것이 개인적으로도 감회가 새롭다.

김 하면 떠오르는 대표 음식으로 김밥이 있다. 이 김밥의 유래를 두고 원조가 일본이냐 한국이냐를 두고 SNS상에서 논쟁이 벌어진 적이 있었다. 음식 유래에 정답은 없겠지만, 우리가 조선 중기부터 건조 김을 만들어왔다는 사실과 오래전부터 김 쌈을 먹어온 것을 고려하면 김밥이 일본 음식이라고만 볼 수는

---

* 정혜경 외, 솔잎향유를 첨가한 조미김제조에 관한 특허, 2001.

없다. 정월 보름에 밥을 김에 싸서 먹으면 눈이 밝아진다는 속설이 있는데, 이를 명쌈, 복쌈이라고 불렀다. 이 음식에 점차 여러 가지 재료를 넣고 싸서 먹게 되면서 만들어진 것이 김밥이라고 본다. 이제 김밥은 김치김밥, 참치김밥, 치즈김밥, 누드김밥 등 다양한 형태로 변주를 거듭하고 있다. 가장 간편한 한국식 패스트푸드다. 더구나 지금은 전 세계인이 즐기는 음식이 되었다.

원나라에 보낸 고려 미역

우리 민족이 특히 즐겨 먹는 해조류는 미역이다. 미역은 해채, 감곽, 자채, 해대 등 다양한 이름으로 불렸다. 문제는, 같은 바다를 공유하는 한국과 중국에서 그 명칭이 달랐던 것이다. 명대 이시진의 《본초강목》에는 해대海帶와 곤포昆布를 혼동하여 설명했다. 곤포는 원래 다시마를 뜻하는데, 이시진은 곤포국에 대하여 "고려의 곤포를 쌀뜨물에 담가서 짠맛을 빼고 국을 끓인다. 이 국은 조밥이나 멥쌀밥과 함께 먹으면 매우 좋다. 기를 매우 잘 내리고 이것에 대한 금기 식품도 없다."고 설명했다. 그러나 이는 우리의 미역국을 말한 것이다. 미역국이 명나라 때 중국에서도 유명했음을 짐작할 수 있다.

고려시대 송나라 사신 서긍은 《고려도경》에서 미역이 "귀천 없이 즐겨 많이 먹고 있다. 그러나 그 맛이 짜고 비린내가 나지만 오랫동안 먹으면 그저 먹을 만하다."고 시큰둥하게 묘사했지만, 《고려사》 충선왕 2년(1310) 조에는 "해채海菜(미역)를 원나라 황태후에 바쳤다."는 기록이 있어 고려 미역을 원나라 황실에서까지 먹었음을 알 수 있다.

　조선시대부터 미역에 대한 기록이 본격적으로 나온다. 이익은 《성호사설》에서 미역이 임산부에게는 신선의 약만큼 좋은 음식이라면서, 동방의 풍속에서는 아주 중요한 식품이라고 했다. 또 중국 의서에는 보이지 않고 우리 의서에만 보인다면서 우리 고유 식품이라고 설명했다. 미역의 효험과 관련해, 이규경은 《오주연문장전산고》에 다음과 같은 기록을 남겼다.

　전해지기를, 옛날 어부가 물가에서 헤엄을 치다 새끼를 갓 낳은 고래가 물을 삼킬 때 함께 빨려 들어갔다. 고래 뱃속으로 들어가보니 배에 미역이 가득 차 있었다. 그런데 갓 출산한 고래의 오장육부에 나쁜 피가 가득 몰려 있었지만 미역 때문에 모두 정화가 되어서 물로 바뀌어 배출이 되는 것이었다. 그래서 미역이 산후의 보약임을 알게 되었고 이후 아이를 낳고 미역을 먹는 것이 우리의 풍속이 되었다고 한다.

　정조 때의 학자 성대중成大中도 《청성잡기靑城雜記》에서 어미 고래가 새끼를 낳을 때가 되면 반드시 미역이 많은 바다를 찾아서 실컷 배를 채운다면서, 산모가 미역의 도움을 받는 것 역시 고래에게서 얻은 교훈이라고 썼다.

　미역은 무침 등 반찬으로도 먹지만, 무엇보다 미역국은 우리 한식 중에서도 최고의 소울푸드다. 특히, 해산한 산모에게 미역국을 꼭 먹인다. 미역에는 칼슘의 함량이 높을 뿐 아니라 흡수

율이 좋아서 칼슘이 많이 요구되는 산모에게 좋고, 갑상샘 호르몬의 주성분인 요오드의 함량도 높다. 최근에는 미국 캘리포니아 지역의 한 산부인과에서 한국 산부들이 미역국을 먹고 수유를 잘하는 것을 보고 자기 병원의 산부에게도 미역국을 제공하게 되었다는 기사도 나온 적이 있다.

미역국 외에도 미역은 다양하게 먹을 수 있다. 생미역에 간장과 참기름을 넣고 주물러 무친 미역무침, 마른 미역을 잘게 썰어 기름을 쳐서 간하여 번철에 볶은 미역볶음, 생미역을 손바닥 크기로 잘라서 고추장을 넣고 밥을 싸서 먹는 미역쌈이 있다. 잘게 뜯은 생미역에다 고추장과 된장을 풀고 고기 등을 넣고 양념하여 물을 약간만 붓고 미역고추장찌개를 끓일 수도 있고, 마른 미역을 잘게 썰어서 끓는 기름에 튀긴 미역자반, 생미역을 찬물에 넣고 초를 쳐서 미역찬국을 해 먹을 수도 있다.

최근에는 미역귀[胞子葉]의 인기가 특히 좋다. 미역귀에는 여러 무기질이 풍부하고 섬유소가 많기 때문이다. 이 영양가 풍부한 미역귀로 김치까지 담그니, 요리 상상력이 얼마나 뛰어난지 감탄스럽다.

다시마, 감칠맛의 원천

다시마는 한국, 중국, 일본에서 두루 먹는다. 다시마는 특히 일본에서 중요한 식재료로서, 육수 맛을 내는 독특한 다시出し 문화의 주역이다. 다시마는 한자로 '곤포昆布'라고 쓴다. 일본어로는 '곤부こんぶ'인데, 세계인들도 이제는 다시마를 일본식으로

kombo라고 부르며 일본 음식의 맛을 결정하는 중요한 식재료로 부각되고 있다. 중국의 《본초강목》에서는 해대, 곤포 등이 다시마와 미역을 부르는 이름으로 혼용되었는데, 우리 고서에서도 이런 현상이 보인다.

1700년대에 서명응은 《고사십이집》에서 "해대海帶는 동해 수중의 석상에서 나고 이것을 국거리로 쓰기도 하고 유전油煎하여 투곽(튀각)을 만든다."고 했다. 이수광의 《지봉유설》에도 "해대채海帶菜를 혹은 '최생催生'이라고도 한다. 상고하건대 본초에 말하기를, 동쪽 바다 물속의 돌 위에 난다고 하였다. 이것은 곧 우리나라에서 말하는 다사마多士麻이다."라고 했다. 해대라고 썼으나 내용은 다시마를 가리키는 것이다. 그런데 최생催生이란 약을 써서 산모의 정기正氣를 도와 빨리 분만시키는 방법이라고 하니, 다시마도 분만에 좋은 식품임을 뜻하는 것인지, 미역을 '다사마'라 표기한 것인지 모호하다.

어쨌든, 우리 조상들은 다시마를 즐겨 먹었다. 예로부터 서울 반가에서는 다시마를 말려서 튀각을 만들었다. 다시마 조각의 앞뒤에 되직하게 쑨 찹쌀 풀을 발라 말렸다가 기름에 튀긴 것이 부각이다. 잘게 썬 다시마에다 북어 토막이나 멸치를 섞어서 간장에 조린 다시마장아찌, 깨끗하게 씻은 생다시마나 살짝 데친 다시마로 쌈을 싸 먹기도 했다. 이외에도 국을 만드는 육수 재료로 표고버섯과 더불어 다시마를 많이 쓴다. 그리고 찜을 할 때 곁들이기도 하고 불려서 전을 지지기도 했으니, 이만하면 일본 못지않게 다양한 다시마 조리법이라 할 만하다.

다시마목 미역과에 속하는 해조류로, 미역과 다시마 말고도 곰피가 있다. 곰피는 장아찌를 담가 먹거나 살짝 데쳐 쌈을 싸 먹는다. 해안가 소도시에 살았던 나는 어릴 적 양념한 멸치젓을 곁들인 곰피쌈을 많이 먹었던 기억이 있다. 지금은 거의 사라졌는데, 최근에 한 횟집에서 생선회를 싸 먹으라며 곰피를 제공해주어 맛있게 먹었다. 다시마류가 현대인에게 건강 해조류로 다시금 각광받는 것 같아서 즐거웠다.

어디에도 없는 매력: 우뭇가사리, 매생이, 톳

우뭇가사리로 만드는 우무묵

어린 시절, 고향 경상도에서 여름이면 맛있게 먹었던 음식이 우무콩국이었다. 사실 그 시절에는 이름도 잘 몰랐고 우무묵이 무엇으로 만들어지는지도 몰랐다. 시장에서 즐겨 사 먹었던 기억이 있는데, 구수한 콩국과 부드러운 우무의 감촉이 지금도 입속에 감돈다. 그러나 서울로 이사한 후 이 음식을 잊어버렸는데, 음식문화를 공부하면서 조선시대 문헌으로 다시 만났다.

이 우무묵은 바다의 홍조식물인 우뭇가사리로 만든다. 생김새가 소의 털과 흡사하다 하여 '우모초牛毛草'라 부르기도 했다. 정약전의 《자산어보》에는 끓인 다음 식히면 얼음처럼 굳는다 하여 '해동초海東草'라고 기록되어 있다. 이처럼, 우뭇가사리를 햇볕에 잘 말려 풀을 쑤듯이 끓여 틀에 담아 식히면 묵이 된다. 경남에서는 '우무', 울릉도나 목포, 강원도에서는 '천초', 울산에서는 '까사리', 제주에서는 '우미'라고 부른다. 이 묵을 동결 탈수하거나 압착 탈수하면 한천이 된다.

《임원경제지》〈정조지〉에는 중국의 《거가필용》을 인용해 우뭇가사리 조리법이 '수정회방水晶膾方'이라는 이름으로 나온다. "우뭇가사리를 깨끗이 씻어 쌀뜨물에 3일간 담갔다가 약간 끓여 대야에 옮겨 담고 짓이겨 다시 솥에 넣어 끓이며 찌꺼기를 제거한다. 응고된 것을 알맞게 썰어 죽순, 버섯, 무, 생강, 상치, 미나리 등을 잘게 썰어 쟁반에 담고 초장을 쳐서 먹는다." 또 같은 책에 일본의 《와카산사이즈에和漢三才圖會》(1713)를 인용한 '경지교방瓊持膠方'도 나오는데, "석화채石花菜(우뭇가사리)를 여름철에 깨끗이 씻어 햇볕에 말리고 또 물에 담갔다 말리곤 하는 일을 10일간 되풀이하여 새하얗게 빛깔이 바래면 이것으로 우무를 만든다."고 했다.

이로 보아, 한중일 삼국에서 모두 일찍부터 우뭇가사리로 우무묵 만드는 법을 알았음을 확인할 수 있다. 그러니 나의 어릴 적 입맛을 유혹했던 고소한 우무묵은 한중일이 함께 만들어 먹은 음식인 셈이다. 단, 우무묵을 고소한 콩국에 말아낸 것은 우리의 창의적인 조리 방법이었다.

우뭇가사리는 남해안에서 주로 나는데, 우무묵 또한 예전부터 남쪽 지방에서 주로 먹었나보다. 1924년에 최영년崔永年(1856~1935)이 펴낸 《해동죽지海東竹枝》에 우무묵을 가리키는 '우모포牛毛泡'가 나오는데, 다음과 같이 설명했다. "남해 연안에 나는 우모로 청포를 만들어 대내大內에 입공入貢하며, 또 이것을 팔고 있는 자가 있다. 잘게 채 썰어 초장을 넣어 냉탕음료로 삼으니 상쾌하고 더위와 목마른 데 좋다. 요즘은 이것은 한천초寒天草라 하는데, 서울에서 그 후 볼 수가 없다."

조선시대에 우무는 미식가가 찾는 귀한 음식이었던 모양이다. 허균은 《도문대작》에서 "세모細毛는 물고사리인데 서해에서 나나 황해도산이 가장 좋다고 하고, 우모牛毛는 우뭇가사리로 끓여서 용해시킨 후 차게 식히면 묵처럼 엉긴다."고 했고, 추사 김정희는 '세모승', 즉 우뭇가사리의 일종인 참가사리를 극히 사랑하여 시까지 남겼다. 그들이 사랑한 것은 우뭇가사리를 끓여 만드는 우무묵의 탄력 있는 부드러운 촉감이었을 것이다.

매생이와 톳, 천대받던 해조류의 귀환

매생이는 원래 전라도 지방에서만 먹던 해조류였다. 그러다 1980년대 이후부터 매생잇국이 서울의 전라도 한정식에 등장한다. 이후부터 매생이에 반한 사람들 덕에 전국구 메뉴가 되었다. 매생이는 파래처럼 생긴 녹조류다. 매생이라는 이름은 '생생한 이끼를 바로 뜯는다.'라는 의미의 순수한 우리말로, 겨울철에 맛볼 수 있는 별미였다. 매생이는 보통 11월에서 이듬해 3월까지 약 5개월 동안 전남 강진, 완도 등 청정 해역에서만 자라는 남도 지방의 특산물이기 때문이다. 운송 수단이 원활하지 않던 시절 주로 생산지에서 소비되던 해초였다.

《자산어보》는 매생이를 "누에가 만든 비단 실보다 가늘고, 쇠털보다 촘촘하며, 검푸른 빛깔을 띠고 있다."라고 묘사하면서

"국을 끓이면 연하고 부드러우면서도, 그 맛은 매우 달고 향기롭다."고 설명했다. 매생이는 《자산어보》에 등장할 만큼 오래전부터 그 존재가 알려져 있었지만, 가치만큼은 인정받지 못했다. 최근까지도 김 양식장의 '잡초'처럼 취급되었는데, 품질 좋은 김을 만들기 위해서는 매생이나 파래 같은 다른 해조류가 섞이면 안 되기 때문이다.

양식장의 천덕꾸러기 취급을 받던 매생이가 인정받기 시작한 것은 영양식으로 알려지면서부터다. 특히 매생이가 여성들의 건강에 좋다는 소문이 돌면서 한때 전국적으로 매생이 열풍이 불기도 했다. 여성의 경우 나이가 들면서 빈혈과 골다공증을 겪는 경우가 많은데, 매생이에는 철분과 칼슘이 다량 함유돼 있기 때문이다. 어느새 김 양식보다 매생이 양식이 더 많은 수익을 올리면서, 대다수의 김 양식장이 매생이 양식에 관심을 기울이고 있다.

매생이를 이용한 인기 있는 메뉴는 '매생이굴국'이다. 생굴을 조금 넣고 끓이다가 펄펄 끓어오를 때 매생이를 넣으면 된다. 거품이 올라오면 국자로 한두 번 저은 다음 불을 끄고 간을 한 후 참기름 몇 방울만 뿌리면 완성이다. 매생이굴국에 들어가는 재료는 많지 않지만 혀를 부드럽게 자극하는 바다의 향기와 고소한 맛, 그리고 뜨겁지만 시원하다는 소리를 연발하게 만드는 풍미가 일품이다. 먹다 남은 매생이굴국에 찬밥을 넣고 '매생이굴죽'을 끓여도 좋다. 떡국에 매생이를 넣으면 '매생이떡국'이 된다. 이외에 '매생이부침개'도 별미다. 밀가루에 매생이를 섞어 반죽하여 부치고 고명으로 청홍고추 정도만 올려주면 초록색의 매생이부침개가 완성된다. 그런데 "미운 사위가 오면 매생잇국을 준다."는 옛말이 있다. 매생잇국은 끓어도, 끓고 있는 것처럼 보이지 않는다. 그러니까, 매생잇국을 뜨겁다 말하지 않고 내놓으면, 이를 후루룩 마시다가 혀를 데이는 경우가 다반사다. 밉상인 사위를 골탕 먹이는 방법이었던 셈이다.

최근에 건강식품으로 인기를 끄는 해초로 톳도 있다. 톳은 《자산어보》에 '토의채土衣菜'로 나온다. 가을이면 뿌리에서 새싹이 돋아나 번식을 매년 거듭하는 다년생 갈조류다. 톳은 곡식이 떨어지는 3~5월에 많이 나서 흉년에는 톳을 많이 넣은 톳밥을 지어 먹으며 목숨줄을 연명하게 해준 구황식품이다. 톳밥을 지어 양념장에 비벼 먹으면 비릿한 바다 냄새를 느낄 수 있다. 섬유소와 여러 무기질이 풍부해 건강에도 좋다.

톳은 주로 제주도와 남해안에서 생산되며, 톳을 쪄서 말리는 가공 공장도 제주도와 전라남도에 많다. 톳은 데쳐서 나물로 먹거나 된장국에 넣어 신선한 바다 풍미를 즐겼다. 특히 일본인이 톳을 좋아해 한때 생산된 톳의 대부분을 일본으로 수출했다. 요즈음은 톳의 영양이 잘 알려져 우리 밥상에도 많이 오른다.

바다를 요리해온 민족

한국인은 바다를 요리해온 민족이다. 예로부터 바다와 강에서 나는 거의 모든 수산물을 먹어왔다고 해도 과언이 아니다. 바다생선뿐 아니라 서양에서는 잘 먹지 않는 해조류와 어패류, 그리고 바다와 연결된 강에서 생산되는 민물생선과 민물패류까지 다 먹었다.

우리 음식의 특징을 살펴볼 때, 한식의 고유성 못지않게 중국 음식의 영향을 많이 받았음을 부정할 수는 없다. 이는 조선의 조리서에 중국 조리서가 많이 인용된 것을 통해서도 알 수 있다. 그러나 어패류의 경우는 민물어류의 효능과 요리 정도가 조선시대 조리서에 인용되고 있을 뿐이다. 특히 원대의 조리서《거가필용》은 우리 음식문화에 미친 영향이 매우 컸음에도, 대부분 육류 요리에 국한될 뿐 수산물 요리에 대한 인용은 거의 없다. 반면 조선시대 고조리서 대부분은 우리나라 고유의 다양한 수산물 조리법을 소개하고 있다. 적어도 수산물 요리는 우리만의 고유한 조리법으로 완성된 것이라 할 만하다.

지금부터 생선, 어패류 그리고 해조류에서 민물생선까지, 우리 민족만의 독특한 조리법들을 찾아 떠나는 항해를 시작하려 한다. 아마 길고 긴 항해가 될 것이다.

9장

매일의 밥상을
책임지다

해산물이 주인공인 한 끼, 밥과 죽

한식은 주식인 밥과 부식인 반찬으로 이루어진다. 그런데 주식이 된 밥이나 만두, 죽, 국밥 등에서 해산물이 주재료로 쓰인 경우가 많고 이를 즐겨 먹는다. 우리가 즐겨 먹는 김밥도, 따지고 보면 해조류인 김이 주재료다. 이외에도 회덮밥, 전복죽, 생선 살로 만드는 어만두도 한 끼로 손색이 없다. 해산물을 주재료로 하는 주식은 계속 만들어졌고 앞으로도 더 많이 창조될 것으로 보인다. 이런 음식들을 살펴보자.

회덮밥은 한식인가, 일식인가

한국과 일본은 비슷한 음식문화를 가지고 있어 음식도 비슷한 것이 많다. 특히 근대 이후의 음식들은 서로 섞임이 크게 일어나, 그 기원을 두고 다툼이 벌어진다. 음식이란 원래 태생 자체가 불분명하고 교류하는 속성이 있어 정확한 유래나 기원을 찾기 어렵다. 그런데 요즘 음식이 마케팅 대상이 되면서 기득권 선점 측면에서 음식의 기원을 내세우는 경우가 많아졌다. 그런 음식 중에 회덮밥이 있다. 회 자체를 일본 음식으로 생각하는 이가 많지만 고대로부터 우리 민족은 회를 즐겼고 지금은 회를 먹지 않는 중국인도 고대 공자의 시대에는 회를 즐겼다는 기록이 있다.

회덮밥은 밥 위에 해산물과 여러 종류의 해초를 올려 먹는 음식이다. 한국과 일본에서 주로 먹는다. 그런데 덮밥이라는 요리는 한국보다는 일본에서 발달한 음식이다. 그런 면에서는 밥 위에 회를 얹어 먹는 회덮밥은 일본 음식이라고 볼 수 있다. 그러나 우리가 지금 즐기는 회덮밥을 일본의 일식집에서 찾기는 어렵다. 그게 일본에 있는 한식당이라면 몰라도 말이다. 일본식 회덮밥과 우리식 회덮밥은 확연히 다르다.

일본의 회덮밥은 이름대로 밥 위에 각종 회를 얹어 젓가락으로 집어먹는 방식이다. 그러나 한국의 회덮밥은 그 결이 다르다. 한국 회덮밥은 비빔밥에 가깝다. 한국의 회덮밥은 밥에다 회와 여러 채소를 얹지만 그것을 숟가락으로 한데 비벼 먹는 비빔밥의 형식을 취한다. 또한 그 소스도 일본과는 달리 순 한식 초고추장이다. 그러니 우리가 즐기는 회덮밥은 우리 한식인 비빔밥의 범주에 넣어야 한다.

실제로 한국에서 회덮밥은 물회와 함께 해안가에서 발달한 해산물 조리 방법이다. 각 지역마다 제철을 맞은 싱싱한 해산물을 사용하는 것이 특징이다. 한 가지 해산물로 그릇을 채우기도 하지만, 여러 종류의 해산물을 함께 담기도 한다. 회덮밥에 올릴 수 있는 재료로는 넙치, 연어, 우럭, 참치 등과 같은 생선회뿐만 아니라 굴, 멍게, 오징어, 전복, 한치, 해삼 등 다양하다. 상추, 양상추, 오이 같은 채소도 가늘게 채 썰어 곁들인다. 마늘은 편으로 썰고, 고추는 어슷하게 썬다. 밥 위에 준비한 채소를 가지런히 올리고, 그 위에 해산물을 얹고, 마늘과 고추를 고명처럼 그 위에 놓는다. 마지막으로 참기름을 뿌린 후 초고추장을 두른다. 싱싱한 해산물과 생채소의 아삭한 식감을 제대로 느낄 수 있는 것은 물론, 밥과 함께 먹기 때문에 든든한 한 끼가 된다.

생선살을 만두피로 만드는, 어만두

만두라고 하면 흔히 밀가루나 메밀가루로 빚은 얇은 피에 다진 고기나 채소를 싸서 모양을 내 쪄낸 것을 떠올린다. 하지만 조선시대에는 좀 더 다양한 만두가 존재했다. 궁중 연회의 찬품 기록에는 어만두魚饅頭, 육만두肉饅頭, 침채만두沈菜饅頭, 생합만두生蛤饅頭, 꿩만두生雉饅頭, 골만두骨饅頭, 병시餠匙 등 다양한 만두가 등장한다. 대체로 만두는 속 재료로 무엇을 썼느냐로 구분한다. 그런데 만두의 피로 밀이나 메밀 같은 곡물가루가 아닌

다른 재료를 사용한 만두도 있다. 예를 들어 채소인 동아를 이용한 동아만두, 소의 내장인 천엽으로 만든 천엽만두, 역시 소의 위장인 양을 이용한 양만두 등이다.

특히 어만두를 많이 만들어 먹었는데, 이는 생선살을 얇게 저미며 이것으로 소를 싼 만든 만두를 말한다. 고종 39년 (1902)에 열린 궁중 연회를 기

그림 4-1 어만두

록한 〈임인년진연의궤〉에 기록된 어만두의 재료를 살펴보니, 숭어, 달걀, 표고, 석이, 목이, 황화黃花(원추리 꽃), 고추, 저육(돼지고기), 녹말, 실백자(잣), 진유(참기름), 업지윤業脂潤(쇠고기 부위), 깨소금, 생총(파), 마늘, 소금 등이 있다. 그러니까 만두피로 숭어살을 이용하고 속 재료로 버섯류, 돼지고기(저육)와 쇠고기(업진), 양념으로 참기름, 깨소금, 파, 마늘, 소금 등을 쓴 것이다. 이 외에도 왕실의 제사나 연회에 사용한 음식 목록을 적은 '음식발기'에는 어만두 외에도 각색어만두, 생합어만두, 어만두탕 등 어만두를 가공 활용한 것으로 추측되는 음식들도 나온다.[1] 생선살을 만두피로 활용한 창의성이 돋보인다.

어만두는 늦봄에서 초여름에 먹는 시절 음식이었다. 어만두에 쓰는 생선은 민어, 숭어, 도미, 넙치 같은 흰 살 생선이다. 이

를 써야 깨끗하고 담백한 맛이 난다. 그런데 어만두의 주재료로 쓰이는 민어, 숭어, 도미 같은 생선은 주로 늦봄에서 여름철이 제철이므로 어만두를 먹기에도 이때가 적합했던 것이다. 그래서 홍석모洪錫謨(1781~1857)는 《동국세시기東國歲時記》에서 어만두를 음력 4월의 시절 음식으로 기록하고 있다.

어만두는 왕실뿐만 아니라 반가에서도 많이 먹었다. 그래서 만드는 법이 《산가요록》, 《산림경제》, 《농정회요農政會要》, 《임원경제지》, 《윤씨음식법》 같은 많은 조리서에 기록되어 전한다. 이 중에서도 1450년경 의관 전순의가 쓴 《산가요록》에 기록된 어만두 만드는 법은 다음과 같다. "싱싱한 생선을 포를 떠서 물기를 제거하고 칼로 다시 얇게 저미서 소를 넣고 녹두 녹말이나 찹쌀가루를 묻힌 다음 물에 삶고 다시 녹두 녹말을 묻혀 깨끗한 물에 삶는다. 여름에는 물을 갈아주어 차게 하고, 겨울에는 그 삶은 물에 그대로 띄워서 내는데 초장을 쓴다."

그리고 1800년대 후기에 나온 《시의전서》에는 어만두 만드는 법을 다음과 같이 설명했다. 만드는 방법이 자세한데, 우리 반가에서 많이 만들어 먹었던 조리법 그대로임을 알 수 있다.

민어나 숭어, 또는 도미의 껍질을 벗기고 얇게 저며 두껍고 넓게 자른다. 만두소로 넣을 쇠고기, 미나리, 숙주 등도 다져서 양념한다. 그런 다음, 저민 생선살에 소를 넣고 만두 모양으로 빚은 뒤 녹말가루를 묻혀 삶는다. 만두가 익으면 건져낸 후, 고춧가루를 탄 초장을 곁들여 먹는다.

어패류의 영양이 가득, 해산물 죽

우리에게 죽은 배고픈 시절 음식으로 기억된다. 쌀이 부족한 지난 세월, 쌀 대신 여러 가지 채소를 넣어서 양을 불린 죽을 끓여서 고픈 배를 채운 슬픈 역사 때문이다. 이렇게 채소를 넣은 구황용 죽이 있는 반면, 잣이나 땅콩 등 견과류를 넣고 끓인 비단죽(무리죽)도 먹었다. 그리고 바다에서 나오는 해산물도 중요한 죽의 재료였다. 도미, 붕어, 옥돔, 청어, 가자미, 대구, 미꾸라지 외에 게, 낙지, 섭조개, 대합, 미꾸라지, 굴, 우렁이, 전복, 홍합 같은 해산물로 만드는 죽이 매우 다양하게 발달했다.

우선, 생선으로 만드는 어죽이 있다. 신선한 생선을 곤 국물에 쌀과 함께 발라낸 생선살을 넣어 끓인 죽이다. 주로 해안 지역의 향토 음식이자 별미 음식이었지만 보양을 위한 음식이기도 했다. 오래전부터 먹어온 어죽으로, 조선시대 《산림경제》에 나오는 '붕어죽鯽魚粥'이 있다.

창자는 제거하고 비늘은 그대로 둔 큰 붕어를 삶아서 건져내어 대나무 체에 걸러 살은 발라내고 껍질과 뼈는 제거한다. 걸러낸 육수에 생선살과 쌀을 넣어 죽을 쑨 후 후추와 생강 등 조미료를 넣어 먹는다. 타락죽과 호박죽 그리고 붕어죽은 노인에게 좋은 죽이다.

그 이후의 조리서에도 다양한 어죽이 보인다. 《임원경제지》〈정조지〉에는 붕어죽, 홍합죽 만드는 법이 나오는데, 홍합죽은 《증보산림경제》를 인용해 "홍합을 짓찧어 가루를 내어 멥쌀과 같이 죽을 끓인다. 소금이나 장을 넣어 간을 알맞게 맞추어 먹는다."고 조리법을 소개했다. 18세기경 《소문사설》에도 붕어즙과 쌀을 넣어 끓이는 붕어죽이 나오는데, 조리법 말미에 "경자년에 궐에서 죽을 쑤어 임금께 올렸더니 맛이 매우 좋다는 하교가 있었다."고 덧붙였다. 조선 왕실의 보양식으로 붕어죽이 진어되었음을 알 수 있다.

최근, 어죽은 각 지역을 대표하는 향토 음식으로 각광받고 있다. 예를 들어, 우리가 어죽 하면 떠올리는 음식은 민물생선으로 끓이고 국수까지 넣어 먹는 것이다. 이 어죽은 금강 유역에서 많이 먹는데, 주재료는 맑은 금강에서 잡은 쏘가리, 메기, 빠가사리(동자개), 꺽지 같은 민물고기다. 내장을 뺀 생선을 4~5시간 푹 삶아 살과 뼈가 흐무러지면 체에 걸러 국물을 내고 불린 쌀을 넣어 죽을 끓이는데, 된장, 고추장을 풀어 맛을 내고 깻잎으로 향을 더한다. 여기에 국수나 수제비를 넣는다. 금강 강변 식당에서 흔히 볼 수 있다. 경상도와 전라도에서는 미꾸라지를 푹 고아서 애호박, 불린 쌀과 함께 끓이는 죽이 유명하다.

어죽은 영양가가 높은데다 반유동식이므로 환자식, 노인식, 아이들의 이유식으로 많이 이용된다. 입맛을 돋우고 단백질과 지방, 무기질 같은 영양을 보충하는 여름철 보양 음식으로도 좋다. 평안도와 충청도에서는 복날 절식으로 먹기도 한다.

어패류 죽 중에서 현대인에게 단연 인기 있는 것이 전복죽이다. 생전복을 곤 뽀얀 국물에 쌀을 넣고 끓인 죽이다. 전복 국물과 재료가 어우러져 고소하고 진한 특유의 향과 감칠맛이 난다.

전복은 조개류 중에서 가장 귀하고 비싼데 여름철에 가장 맛이 좋다. 전복죽은 맛이 좋을 뿐 아니라 영양가가 높고 소화가 잘돼 환자나 노인에게 권하는 음식이다. 전복은 단백질과 비타민 외에도 칼슘, 인 등 미네랄이 풍부하다. 전복은 미역과 다시마 등 해초를 뜯어 먹고 산다. 그러니까, 사람이 먹어도 좋은 '바다의 채소'를 먹고 생명력을 쌓아온 셈이다. '패류의 황제'로 일컬어지는 전복은 불로장생을 꿈꾸던 진시황이 강장제로 애용했다는 얘기가 전해지는데, 예로부터 왕실 진상품이었다. 지금처럼 전복을 양식해 대량 생산하기 이전에는 웬만한 사람들은 쉽게 맛보기 힘들었다.

전복죽 재료는 중간 크기의 전복 5개에 쌀 1컵의 비례로 준비한다. 먼저, 전복을 얇게 저며 물을 붓고 한소끔 끓인 다음, 불을 줄여 국물이 크게 졸지 않으면서 전복의 맛이 충분히 우러나게 곤다. 맛이 우러났을 때 불린 쌀을 넣고 끓인다.

정약전은 《자산어보》에서 전복을 이렇게 소개했다. "살코기는 맛이 달아서 날로 먹어도 좋고 익혀 먹어도 좋지만 가장 좋은 방법은 말려서 포를 만들어 먹는 것이다. 그 장腸은 익혀 먹어도 좋고 젓갈을 담가 먹어도 좋다." 오독오독 씹히는 맛이 제대로인 생전복은 회로 먹는 것도 그만이다. 전복구이도 별미다. 전복을 껍데기째 굽거나 데치면 살은 살짝 오그라들면서 훨씬 보드라워진다. 특히 내장은 전복의 향을 진하게 품고 있는데다 영양도 풍부한, 전복 맛의 하이라이트다. 이 때문에 전복을 먹

그림 4-2 전복죽

을 줄 아는 사람들은 다들 이 내장을 탐한다고 한다. '가웃'이라고도 부르는 내장은 수컷은 초록색, 암컷은 노란색을 띤다. 전복죽을 끓일 때 이 내장이 들어가야 초록빛 '바다 색깔'이 살아난다. 전복 내장으로만 젓갈을 담그기도 하는데 무척 귀하고, 전복 살로 젓갈을 담그기도 한다. 소주를 담은 주전자에 생전복을 통째로 넣어 우려내는 초록빛 전복주도 있다. 하지만 전복 하면 떠오르는 음식은 역시 전복죽이다. 그러나 "워낙 귀하다 보니 잘게 썰어 죽이라도 쑤어야 여럿이 맛볼 수 있어 만들어진 음식"이라고도 한다.

제주도에서는 전복죽이 유명하지만 옥돔죽, 고등어죽, 게죽도 유명한 향토 음식으로 자리 잡았다. 전북 부안에서는 백합조개로 끓인 백합죽이 유명하다. 섭조개로 끓인 강원도의 담치죽,

함경도의 섭죽도 동해안의 향토 음식이고, 여수의 홍합죽도 별미다.

김 없이는 쌀 수 없는, 김밥

밥에 여러 가지 고명을 넣고 김으로 돌돌 말아 싼 음식이 김밥이다. 길게 만 김밥을 썰어 접시에 담으면, 가장자리의 검은 김과 흰 밥 그리고 한가운데 박혀 있는 시금치, 단무지, 당근, 달걀, 쇠고기 등 고명이 가진 갖가지 색이 어울려 단정하고도 아름다운 모습을 볼 수 있다. 밥은 쌀알의 형태가 유지되도록 고슬하게 짓는다. 속 재료는 시금치, 달걀부침, 어묵과 쇠고기 볶은 것, 당근 채 썰어 볶은 것, 오이 채 썰어 볶은 것 등 가정에서 손쉽게 구할 수 있는 것 몇 가지를 색 맞추어 준비하면 된다.

김밥도 일본과 원조 논쟁 중인 음식이다. 우리나라에서는 근대 이후에 김밥을 많이 먹기 시작한 것으로 추측된다. 현재 먹는 김밥과 유사한 음식의 원형에 관한 기록은 일본에 많이 남아 있다. 그런데 일본 김밥의 원형이 되는 음식에는 김이 없는 것이 특징이다. 한편, 한국에서 김발을 이용해 둥글고 길게 싼 형태의 김밥이 유행한 시기는 1960~70년대다. 별도의 반찬 없이 간편하게 먹을 수 있는 장점 때문에 도시락이나 여행용 간이식으로 애용되었다. 특히, 학생들의 소풍 때 빠지지 않는 음식이었다. 김이 필수적인 재료로, 김을 먹기 시작한 유래에서 보면 우리가 일본보다 훨씬 앞선다. 그러니 김이 주인공인 김밥의 원조가 일본이라고 하기는 어렵다.

한편, 분분한 김밥의 원조 논쟁 속에서도 지역 이름을 앞에 붙이고 모양도 맛도 확실하게 원조를 밝힐 수 있는 김밥이 있으니, 바로 충무김밥이다. 기후가 따뜻한 통영에서는 김밥이 쉽게 쉬어 밥과 속 재료를 분리하여 만들기 시작했다고 하는데, 충무항에서 고기잡이 나가는 남편이 바다에서 식사를 거르고 술로 끼니를 대신하는 모습이 안쓰러워 아내가 만든 김밥이라는 것이다. 처음에 아내가 싸준 김밥은 금세 쉬어서 못 먹게 되는 일이 많았다. 그래서 속 재료인 반쯤 삭힌 꼴뚜기무침과 무김치를 밥과 따로 담아주었는데 그 후에 다른 어부들도 밥과 속을 따로 담은 김밥으로 끼니와 간식을 해결하게 되었다는 게 충무김밥의 탄생에 얽힌 이야기다. 충무김밥은 김과 밥 사이에 아무런 재료가 없어도 김밥이라는 요리가 가능함을, 그냥 가능한 것이 아니라 지극히 맛있게 가능함을 보여준 창조의 원형이라 할 만하다.

이제는 문 밖에만 나가도 온갖 종류의 김밥집 간판을 볼 수 있다. 누드김밥, 쇠고기김밥, 채소김밥, 참치김밥, 김치김밥, 치즈김밥, 날치알김밥, 계란말이김밥, 돈가스김밥, 모둠김밥 등 종류도 무궁무진한데다 자고 일어나면 처음 보는 이름의 김밥이 차림표에 적혀 있기도 한다. 이른바 신세대의 이국 취향을 겨냥한 김밥도 출현했는데, 프랑스김밥, 캘리포니아김밥 등이다. 서구인들이 검은색 종이처럼 생긴 김의 모양에 거부감을 느끼고, 김 비린내를 싫어하기 때문에 김밥을 거꾸로 말아 밥이 바깥으로 나오고 김이 안으로 들어가게 만든 것이다. 요즘 유행하는 누드

그림 4-3 충무김밥

김밥의 원조 격이다. 최근에는 저탄고지 다이어트를 위한 밥이 없는 키토김밥까지 등장했으니 김밥의 끝을 알 수 없다.

김밥처럼 변화무쌍한 음식도 드물다. 시각적으로도 아름답게 어우러지는 각종 재료의 선택과 가감이 그렇고, 취향과 필요에 따라 끊임없이 변신을 거듭하는 모습 또한 그렇다. 간단하게 포장할 수 있다는 점에서 최적의 도시락 메뉴이자 대표적인 야외 음식이 될 수 있는 이상적인 조건을 갖춘 음식이다.

해산물로 만드는 순대: 명태순대, 오징어순대, 어교순대

순대 하면 대개 돼지 창자로 만든다고 생각하지만, 해산물로도 순대를 만들었다. 동태순대, 오징어순대 그리고 어교순대 등이 그것이다. 동태순대는 함경도의 명물 음식으로, 주로 겨울

그림 4-4 오징어순대

에 만든다. 명태의 내장을 전부 꺼내 버릴 것은 버리고 알과 이리는 골라놓는다. 명태 속에 손을 넣어 조심스럽게 뼈를 빼내고 주머니 모양을 만든다. 그리고 속을 준비한다. 만두 속과 비슷한 재료에 쌀, 이리와 알을 더 넣고 된장으로 양념을 한다. 명태 주머니에 속을 넣고 아가리는 바늘로 꼭 꿰맨다. 이를 얼려두고 겨우내 먹어서 '동태순대'라 한다. 오징어순대도 마찬가지로 만든다. 배를 가르지 않는 오징어의 내장을 제거해 주머니를 만들고 그 속에 소를 넣어 익히는 것이다.

어교순대는 민어 부레로 만드는 것이다. 조선 후기에 쓰인 《시의전서》에는 민어 부레를 이용한 '魚膠순뒤(어교순대)' 만드는 법이 자세히 나온다. "민어의 부레를 물에 담가 피를 빼고 깨끗이 씻어놓는다. 숙주와 미나리는 삶아 쇠고기와 함께 다진다. 두부

4부 바다를 요리해온 민족

를 섞어 갖은양념을 하여 주물러 소를 만들어 넣고 실로 부리를 동여매어 삶은 뒤에 건져서 썰어낸다."

생선의 부레에는 콜라겐이 많이 함유되어 있는데, 이것을 잘 말려 물과 함께 끓이면 걸쭉한 풀이 된다. 이렇게 만든 풀을 어교魚膠라고 한다. 어교는 접착력이 좋아서 주로 공예품을 만드는 데 사용되었는데 민어 부레로 만든 풀은 어교 중에서도 가장 뛰어났다. 부레를 식재료로 직접 사용하지는 않지만, 어교를 이용해 만드는 중요한 음식이 있다. 조선시대 대표적인 식치 음식이었던 전약煎藥이다. 민어 부레에 함유된 콜라겐 성분을 이용해 계피, 후추, 꿀 등의 여러 약재를 넣어 굳힌 것으로 식감이 매우 쫄깃하다. 전약은 주로 왕실 내의원에서 만들어 진상했다. 하지만 싱싱한 민어 부레는 어교보다는 어교순대나 부레찜 같은 고급 음식을 만드는 데 주로 사용되었다.

국, 탕, 찌개, 조치, 지짐이 그리고 전골

우리는 스스로를 국물 민족이라 부른다. 유난히 국물을 좋아한다는 것이다. 그래서 국물이 있는 음식 종류가 많다. 물론 다른 나라에도 국물 음식이 많고 대개 탕이나 수프 정도로 알려져 있다. 예를 들어 프랑스의 부야베스, 태국의 똠얌꿍, 중국의 상어지느러미로 끓인 위츠탕 등이다.

우리의 국물 음식이라고 하면 머리에 수많은 음식이 떠다닌다. 먼저, 국, 탕湯, 갱羹, 확臛이 있다. 그리고 지짐이, 찌개, 전골이라는 이름의 국물 요리도 있다. 이들 음식은 같기도 하고 다르기도 하다. 또 생선이나 어패류 외에도 고기나 채소 등 여러 가지 재료로 만들 수 있다. 특히, 이 책의 주인공인 어패류나 해조류로 이러한 국물 음식을 얼마든지 만들어낼 수 있다. 명태라는 생선 한 가지로 국을 끓여도 북엇국, 생태국, 생태탕, 생태매운탕, 생태지짐이, 생태찌개, 생태전골까지 확장되는 것이다.

이런 국물 음식들의 차이는 무엇이며, 과연 그 조리법이 다르기는 한지 고민이 생긴다. 일단 국, 탕, 확, 갱 등은 국물이 건더기에 비해 많은 음식의 범주다. 생선을 주재료로 하되, 국물이 주를 이루는 음식이다. 그렇다면 지짐이, 찌개 등은 국과 어떻게 다를까? 특히 지짐이를 대부분 기름에 지진 전으로 아는 사람이 많다. 그러나 일제강점기만 해도 지짐이는 국보다 국물을 적게 잡아 짭짤하게 끓인 음식을 가리켰다. 이용기는 《조선무쌍신식요리제법》에서 된장찌개, 생선찌개, 두부찌개 등을 아울러 '찌개 만드는 법'을 언급해서 흥미롭다. 이용기는 "대체 국보다 지짐이가 맛이 죠코, 지짐이보다 찌개가 맛이 죠흔 것은 적게 만들고 약념을 잘하는 까닭이라."고 했다. 국은 국물이 많은 반면 찌개는 뚝배기에 재료를 듬뿍 넣고 밥할 때 찐 다음에 다시 모닥불에 끓여서 '밧트러지게' 끓인 것이며, 생선의 뼈가 문드러질 때까지 곤 음식은 지짐이라 불렀다는 것으로 요약된다.

그럼, 찌개와 조치, 전골은 어떻게 다른가? 찌개는 국보다 좀 더 건더기가 많으며 바특하게 끓인 음식이라고 볼 수 있고, 조치助治는 반가나 왕실에서 찌개 대신 사용한 한자어라고 하는

데, 문헌 근거는 확인할 수 없다.

조치는 《시의전서》에 처음으로 등장하는 음식명으로, '천엽 좃치, 골좃치, 생선좃치'가 소개되어 있다. 조칫보는 찬을 담는 그릇의 일종으로, 보시기와 달리 뚜껑이 없는 것을 말한다. 조치는 이 조칫보에 담는 찌개류를 의미했다. 이후 조자호의 《조선요리법》에도 '조기조치, 계란조치, 명란조치' 등 조치가 나오는데, 조리법은 지금의 찌개와 동일하다. 그런데 《조선요리법》은 찌개보다 국물이 많은 지짐이를 토장국류에 포함하고 있다. 19세기 말에서 20세기 초반까지 국물 음식인 찌개, 조치, 지짐이, 감정 등이 조리법의 명확한 구분 없이 사용되고 있었던 것으로 보인다.

《시의전서》에서는 생선조치를 "조치 격식은 매우 다양하나 그중에서 간장에 하는 것은 맑은 조치라 하고, 고추장이나 된장에 쌀뜨물로 하는 것은 토장조치라 하여, 젓국조치도 맑은 조치라 한다."고 설명했다. 맑은 장국이나 토장국을 정의한 최초의 구절이다. 이어 "찌개를 하려면 고춧가루에 기름 두어 숟갈을 쳐서 갠 뒤 찌개 위에 얹으면 빛이 아름답고 칼칼하여 좋다."고 설명했다.

민물생선 매운탕은 언제부터?

우리가 즐기는 생선 음식 중에 매운탕이 있다. 매운탕이라는 말 자체는 '매운맛의 탕'이라는 의미로, 이 음식의 주재료가 생선인지 채소인지 구분이 어렵지만 매운탕은 대개 생선찌개 혹은 민물생선을 매운 고추장 양념으로 끓인 찌개로 통용된다. 그런데 매운탕이라는 음식 이름은 1951년이 되어야 신문에 처음으로 등장한다. 1951년 12월 1일, 전쟁 중의 보건당국이 '고급 요정 폐지 및 무허가 음식점 관리'를 공포하면서 관리 대상 요리 중에 신선로와 함께 매운탕을 언급한 것이다. 값도 신선로와 마찬가지로 1만 1,000환이었다. 당시 매운탕의 주재료가 무엇이었는지는 알 수 없지만 상당히 비싼 음식이었다.

요즘 매운탕이라고 하면 바다생선이나 민물생선을 가리지 않고 물고기에 각종 채소를 넣고 끓여 물고기 맛과 국물 맛을 함께 즐기는 음식으로, 생선을 주재료로 고춧가루나 고추장을 넣어 맵게 끓이는 탕을 말한다. 또 민물고기를 주재료로 고추장을 넣고 끓인 찌개를 매운탕이라고 하기도 하고, 매운탕찌개라고도 한다. 이와 같이 한 가지 요리를 두고 탕이라 하거나 찌개라 하거나 또 이 둘을 합하여 탕찌개라 하니 혼란스럽기는 하다.

이처럼, 매운탕에는 어느 생선을 써도 좋지만 그래도 맛으로 따지면 메기나 쏘가리를 제일로 친다. 이런 민물고기 매운탕은 푹 끓일수록 맛이 좋다. 처음 끓일 때는 국물이 담백하지만 끓이면 끓일수록 국물이 진해지면서 걸쭉하게 되어 제맛이 난다. 그런데 고춧가루나 고추장만 가지고는 비린내가 가시지 않는다. 후춧가루와 생강을 다져 넣어야 비린내가 가시는데, 간장 대신 소금으로 간을 맞추기도 한다.

1976년 10월 22일자 《경향신문》에 소개된 쏘가리매운탕 조리법은 다음과 같다. "고추장과 고춧가루를 푼 국물에 쏘가리

그림 4-5 매운탕

를 넣고 뼈가 무를 때까지 끓인다. 거의 익었을 때 준비된 풋고추, 파 등을 넣고 다시 10분쯤 끓인다. 다 되었을 때 갖은양념을 넣고 남비에 담아낸다." 이렇듯 쏘가리매운탕은 1970년대 중반 이후에야 인기를 끌기 시작한 것으로 보인다. 쏘가리의 대량 생산을 가능하게 한 인공 부화가 1995년 무렵에야 비로소 성공했다고 하니, 이후 민물생선 매운탕이 대중화된 것으로 보인다.

　일제강점기의 조선총독부는 촌민들의 불량한 영양을 강화한다는 명목으로, 그리고 수출을 위해 쏘가리를 비롯하여 잉어, 은어, 뱀장어 등의 민물생선을 먹도록 권장했다. 이후 1973년에 소양댐이 완공되면서 춘천의 호반 근처에는 매운탕 전문점이 생겨나고 민물고기의 남획이 이루어졌다. 정부에서는 치어를 전국의 강에 뿌렸다. 민물생선 매운탕의 주재료는 오늘날 치어로 대량 양식되어 다시 강에 뿌려진 것들이 주류이고, 심지어 멀리 중국의 양식장에서 자란 것들이다. 민물생선 매운탕이 강 주변 식당들의 단골 메뉴가 된 데에는 민물고기 양식의 힘이 컸다.

미꾸라지로 탕을 끓이다

설렁탕이 쇠고기로 만드는 가장 대중적인 탕이라면, 생선으로 만드는 가장 대중적인 탕은 추어탕일 것이다. 전라남도와 충청도, 경상도 등의 향토 음식으로도 추어탕은 유명하다. 추어탕은 미꾸라지를 푹 삶아서 된장이나 고추장 푼 국물에 여러 채소를 넣어 끓인다.

그런데 1940년대 조리서들에는 색다른 추탕(추어탕) 조리법이 등장한다. 이 시기에 출판된 《조선요리학》(1940)이나 《조선음식 만드는 법》(1946), 《우리음식》(1948)에 나오는 추탕들은 두부와 미꾸라지를 함께 넣고 끓이는 서울식 추어탕이다. 1940년에 나온 홍선표洪善杓의 《조선요리학朝鮮料理學》에서는 두부 한 모를 네 토막으로 잘라서 살아 있는 미꾸라지와 함께 끓이면 '추어탕두부국'이 된다고 했다. 8년 뒤에 나온 손정규孫貞圭(1896~1950)의 《우리음식》에 나온 추탕 끓이는 법은 이렇다. "미꾸라지 2L, 두부 2모, 간장 3숟가락, 파 1단, 쇠고기 120g, 고춧가루 약간. 고기와 파로 장국을 팔팔 끓여놓고 두부는 반 모씩 크게 썰어 넣는다. 미꾸라지를 3~4번 물을 갈아주어 씻어서

놓았다가 산 채로 국에 넣는다. 이렇게 하면 미꾸라지가 두부 속으로 들어가기도 하는데, 두부는 나중에 적당하게 썰어 넣고 고춧가루도 넣는다." 그런데 1924년에 나온 이용기의《조선무쌍 신식요리제법》에는 서울식 추탕법을 비판하며 추어탕별법, 즉 '별추탕'을 제안한다. 그는 지금으로 치면 음식평론가적 기질로 조리법을 소개한다. 그의 말하는 조리법을 만나보자.

미꾸라지를 위(추어탕)에서와 같이 해감하고 두부를 큰 보자기에 싸되 미꾸라지를 넣고 함께 싸서 누른다. 굵게 썰어 위에서와 같이 만든 국물에 넣고 휘저어가며 끓여 먹는다. 어떤 사람은 두부와 미꾸라지를 찬물에 넣고 불을 때면 미꾸라지가 찬 두부 속으로 뚫고 들어간다 하나 물이 더우면 미꾸라지가 죽게 되니 어느 틈에 들어 갈 새가 있겠는가. 우스운 일이다. 또는 미꾸라지를 삶아 굵은 체에 걸러 그 물에 밀가루를 풀고 갖은 재료를 위에서와 같이 넣고 끓여 먹기도 한다. 맛이 담백하기도 하고 미꾸라지의 눈이 말똥말똥한 것을 먹는 것을 싫어하는 사람들에게 적합하니, 각기 식성대로 만들어 먹으면 된다.

그가 본 어떤 조리법에서 미꾸라지를 산 채로 넣으라고 한 것이, 물이 뜨거워지면 찬 두부 속으로 파고들어가기 때문이라고 설명한 모양이다. 이용기는 이 조리법이 실제 상황에서는 일어날 수 없는, 우스운 일이라고 비판한 것이다. 대신 그는 미리 두부 속에 미꾸라지를 박아 넣은 다음 끓여 먹는 방법을 소개했다.

추어탕은 조선 후기 학자인 이규경이 19세기에 쓴《오주연문장전산고》에 처음 등장한 것으로 알려져 있다. 이 책에서 이용기가 비판한 방법으로 만든 추두부(미꾸라지가 파고들어간 두부)를 참기름에 지져 국을 끓여 먹는다고 설명하며, 이 조리법이 경성의 관노官奴들 사이의 조리법이라고 명시했다. 그런데 이후 일제강점기에는 주로 반가 조리서에 등장한 것이다. 아마도 맛있는 추어탕은 양반과 상민을 가리지 않고 인기 음식이었을 것이다.

탄생의 상징, 미역국

우리 민족만 먹는 독특한 해조류 국이 있으니, 바로 미역국이다. 해조류인 미역을 먹는 나라도 많지 않지만 국을 끓여 먹는 나라는 거의 없다. 그렇다, 우리는 국물 민족답게 서양인들은 먹을 엄두도 내지 않는 미역으로 국을 끓여 생일에도, 그리고 산모의 첫 보양식으로도 반드시 먹는다.

그런데 왜 산모에게 미역국은 먹이는 것일까? 미역에 요오드가 많이 함유되어 있어 모유 분비에 도움이 되기 때문이다. 우리 조상은 바다에서 건져 올린 미역의 가치를 잘 알아보았다. 건조시켜 연중 어느 때나 사용할 수 있었던 미역으로 끓인 국은 우리의 보편적인 국이 될 수 있었다. 이렇게 '탄생'과 관련된 미역국은 생일의 음식이기도 했다.

산모와 미역국 풍습은 오래전부터 전해져 내려온 것임을 고

그림 4-6 미역국

문헌을 통해서도 알 수 있다. 당나라 때의 《초학기初學記》* 에는 "고래가 새끼를 낳고 미역을 뜯어먹은 뒤 산후의 상처를 낫게 하는 것을 보고 고구려 사람들이 산모에게 미역을 먹인다."라고 쓰여 있다. 또 1927년에 출간된 조선시대 여성들의 풍습을 기록 한 《조선여속고朝鮮女俗考》** 에는 "산모가 첫국밥을 먹기 전에 산 모 방의 남서쪽을 깨끗이 치운 뒤 쌀밥과 미역국을 세 그릇씩 장만해 삼신三神상을 차려 바쳤는데 여기에 놓았던 밥과 국을 산모가 모두 먹었다."고 기록돼 있다.

---

* 중국 당나라의 서견徐堅 등이 편찬한 일종의 백과사전으로, 귀족 자제의 시문作詩 작 법 교육을 위한 책이다.
** 이능화李能和가 우리나라 여성 풍속을 다룬 최초의 책으로 동양서원에서 발간했다. 조선시대 이전의 것은 문헌 자료이고, 개화기 이후의 것은 저자의 견문이다.

산모가 먹는 미역은 '해산 미역'이라고 해서 넓고 길게 붙은 것을 고르며 값을 깎지 않고 사는 게 관례다. 산모가 먹을 미역을 싸줄 때는 꺾지 않고 새끼줄로 묶어주는 풍속도 있다. 미역을 꺾어서 주면 그 미역을 먹을 임부가 아이를 낳을 때 난산한다는 속설 때문이라 하니, 미역에 얽힌 우리 민족의 정서를 읽을 수 있다.

그런데 미역국을 끓일 때는 대부분 쇠고기를 넣는다. 불린 미역에 쇠고기와 참기름을 넣어 잠시 볶다가 물을 붓고 끓이면 국물이 뽀얗게 되고, 볶지 않고 그냥 끓이면 국물이 맑게 된다. 쇠고기미역국 외에도 지역마다 다양한 미역국을 끓여 먹는다. 닭을 고아서 그 국물에도 끓이고 마른 홍합을 넣고 끓이기도 한다. 또, 신선한 생선이 항상 있는 바닷가에서는 도미나 넙치, 우럭 같은 흰 살 생선을 넣고 끓일 때도 있다. 미역이 주재료이지만 구할 수 있는 재료를 활용해 각 지역마다 다양한 미역국을 끓여 먹는 것이다.

바다를 한 번에 느끼는 해물탕, 해물전골, 해물찌개

우리 민족은 해산물을 좋아해서인지 해물탕이라는 이름의 음식도 만들어냈다. 해물海物과 탕湯이 합쳐진 이름이다. 해물전골이나 해물찌개라고 불리기도 하지만 각각의 차이는 없다. 바다음식을 떠올릴 때 생각나는 요리 중 하나다. 해물탕은 대개 생선, 꽃게, 낙지, 새우, 모시조개 등의 각종 해산물에 고추장이나 고춧가루 양념을 넣어 칼칼하고 시원한 국물 맛을 낸다.

다양한 해산물의 맛을 골고루 즐길 수 있는 섞음탕 혹은 잡탕이다.

해물탕은 바다에서 나는 온갖 수산물의 집합체로, 열 가지가 넘는 해산물 말고도 각종 채소가 들어간다. 뭐든지 섞기 좋아하는 우리 민족의 특성이 만들어낸 음식이기도 하다. 여기에는 넙치, 도미, 명태, 조기, 우럭 등 물고기류를 제외하고라도 문어, 오징어, 낙지 같은 연체류, 꽃게나 성게, 해삼, 멍게, 미더덕 등 그 종류는 상상을 초월한다. 이외에도 백합조개, 모시조개, 전복, 대합, 홍합, 소라, 굴 등 조개류에 미역 같은 해조류가 들어가며 부추, 미나리, 생강, 겨자, 배추, 콩나물, 파, 참깻잎, 들깻잎, 송이버섯, 석이버섯 등 다양한 채소도 함께 넣어 종합적인 맛을 추구한다.

그럼, 이 해물탕은 무엇에 좋을까? 아무래도 해산물에는 각종 필수 아미노산이 풍부하고 지방이 적게 함유되어 있어 맛도 담백하고 소화도 잘된다. 또 꽃게, 오징어, 낙지에는 타우린이 풍부해 성인병 예방에 효과가 있다. 특히 조개류에는 글리코겐과 글리신이 풍부해 특유의 감칠맛으로 시원한 국물 맛을 내는 데는 타의 추종을 불허한다. 한 번쯤 해물탕을 끓여 바다의 온갖 영양 덩어리를 한꺼번에 즐겨보면 어떨까.

한국인의 해장국, 북엇국

술을 즐기는 한국인인지라 해장국도 발달했다. 해장국이라면 콩나물해장국이나 선지해장국, 우거지해장국 등 그 종류도 다양하다. 그중에서도 북엇국은 북어를 넣고 끓인 맑은 장국이다. 언제부터 먹었는지는 정확하게 알 수 없지만, 현재는 일반 가정에서 많이 먹는 국의 하나다. 이용기의《조선무쌍신식요리제법》에 '삼태탕'이라는 흥미로운 명칭으로 북엇국 조리법이 나온다.

콩나물을 꽁지 따고 깨끗하게 씻는다. 씻은 후에 살코기를 잘게 썰고 파와 후춧가루를 치고 맛있는 집메주장으로 대강 주물러놓는다. 그리고 볶다가 명태나 마른 북어를 토막 쳐 넣고 두부를 반듯하게 썰어 넣는다. 그 후에 간 맞추어 물을 붓고 매우 끓인 후에 퍼내어 고춧가루를 쳐 먹는다. 이것은 술 먹는 사람이 그전 날 취해 자고 일어나서 해장할 때 제일 많이 먹는다. 콩으로 만든 여러 가지가 들어가고, 명태에 '태' 자가 들어가기 때문에 삼태라 한다. 무슨 국이든지 나물 볶는 데는 절메주장은 빛이 검기 때문에 좋지 않고 집메주장이 좋다. 맨 콩나물만 하여도 고기나 넣고 양념하여 끓여 먹어도 좋다. 콩나물이 몸에 유익하다 하여 각종 음식에 넣어 먹는 데가 많다. 만일 상혈이나 하혈하는 데 콩나물을 간 치지 말고 맹물에 끓여 물만 몇 번 먹으면 신기한 효험이 있다. 건더기는 간 쳐서 반찬에 먹어도 무방하다.

이용기는 북엇국 끓이는 법뿐 아니라 그 효능까지 자세하게 설명했는데, 겨울철에 끓여 먹는 국으로 추위를 이기는 데 좋으며 해장 음식으로도 애용되어왔음을 알 수 있다. 방신영의《조선요리제법》에는 북엇국이 아닌 북어찌개가 나오는데 "북어를 불려서 토막을 쳐 뚝배기에 담고 두부와 고기와 파를 썰어 넣은 후에 간장이나 혹은 고추장에 기름 치고 물 붓고 끓인다."고 했다. 이후 손정규의 《우리음식》에는 북어계란무침국이 나오는데, "북어를 잘게 찢어 4~5cm 길이로 썰어놓는다. 고기, 파, 간장으로 국을 끓여 놓고 북어에 달걀을 풀어 묻힌 것을 국에 넣어 끓이고 후춧가루를 나중에 넣는다."고 했다.

북어는 명태를 말린 것이다. 다 큰 명태를 60일 정도 건조한 것을 북어, 어린 명태를 건조한 것을 노가리라 부른다. 명태를 반쯤 말려서 코를 꿰어놓은 것은 코다리다. 이 외 명태는 크기나 잡은 시기, 잡은 도구 등에 따라서도 이름이 바뀐다. 우리나라 사람들은 명태를 좋아하는 만큼 다양한 이름을 붙여주었다. 동태는 주로 탕이나 찌개를 끓일 때 쓰고, 황태는 그 맛을 살려 구이로 조리하며, 작은 노가리는 말린 오징어처럼 잘게 찢어 먹는 포장마차용 안주로 제격이다. 이 중 국을 끓일 때 사용되는 것이 바로 북어로, 조리법에 따라서 같은 명태라도 세세하게 구분하여 사용했다.

북어는 다른 생선에 비해 지방 함량이 낮아 맛이 산뜻하며 간에 좋은 메티오닌과 같은 성분의 아미노산이 많다. 이 메티오닌이 알코올 해독을 도와 간의 피로를 회복시켜준다. 따라서 전날 과음한 사람은 아침에 일어나 북엇국 한 그릇을 먹으면 입맛이 시원해지는 것은 물론 알코올로 혹사당한 간이 회생되어 숙취가 해소되는 것이다. 북어를 잘게 찢어 물에 불려놓은 후 달걀과 파만 넣어도 시원한 해장국을 만들 수 있으니, 한국인이 술을 즐기는 한 북엇국 또한 영원할 듯하다.

구워야 맛있다, 생선구이

식재료의 맛을 가장 잘 살리는 조리법은 무엇일까? 아마 대부분의 요리사가 하는 고민일 것이다. 나는 단연 구이라고 생각한다. 구이 음식을 대표하는 식재료는 고기다. 실제로 고기구이, 즉 바비큐를 가장 맛있다고 꼽는 사람이 많다. 그렇다. 스테이크도, 우리의 불고기도 기본적으로 직접 불에서 굽는 구이 요리다. 인류의 문명은 가장 위대한 발명인 불로 고기나 생선을 구워 먹게 되면서 시작되었다고 말한다. 불에 구워 먹으면 우선 소화가 용이해지고 영양 공급도 수월해진다. 음식 소화를 위한 시간이 절약됨으로써 그 남는 시간을 활용해 인류 문명이 발달했다고 한다.

생선이나 패류도 마찬가지였다. 오히려 사냥이나 수렵보다 쉬웠던 것이 바닷가 사람들의 생선잡이나 조개잡이였을 것이다. 잡은 수산물이 신선한 경우 먼저 이를 생으로 먹었을 것이다. 그러나 이들은 곧 생선을 구워 먹으면 특유의 감칠맛을 도드라지는 것을 알게 된다. 부드러운 질감도 느꼈을 것이다. 석쇠나 팬이 발명되기 전, 인류는 생선을 꼬챙이에 꿰어 불에 구워 빙 둘러앉아 나누어 먹었을 것이다. 이것이 인류 최초의 음식이자 최초의 조리법이었다. 생선 조리법이 엄청나게 다양해진 현재에도 가장 선호하는 생선 요리는 바로 구이다. 아무래도 생선 자체의 맛이 살아 있기 때문이다.

중국 산둥성에서 500~600년대에 저술된 가사협의 《제민요술》에 '구울 적炙'을 쓴 적어炙魚, 즉 생선구이를 뜻하는 조리법이 등장한다.

작은 빈어○魚나 백어白魚가 가장 좋다. 통째로 쓴다. 비늘을 긁어내고 잘게 칼집을 낸다. 작은 생선이 없으면 큰 생선을 쓰는데 1치 정도 기준으로 자르고 칼집을 내지 않는다. 생강, 귤껍질, 산초, 파, 호근胡芹, 마늘, 차조기[蘇], 머귀나무[樧]를 곱게 다진 다음 소금, 두시[豉], 식초와 섞어서 생선을 재워서 하룻밤 둔다. 구울 때는 각종 향채 즙을 붓는다. 마르면 다시 붓는데 다 익으면 멈춘다. 색이 붉어지면 다 된 것이다. 두 토막씩 담아내고 한 토막만 담아내지 않는다.

흰 살 생선에 칼집을 내서 통으로 쓰고, 큰 생선은 칼집을 내지 않고 잘라서 쓴다. 생선의 비린내를 잡기 위해서 생강, 진피, 산초, 파, 호근(셀러리), 마늘, 차조기, 머귀나무(식수유)를 곱게 다지고 소금, 두시(된장즙), 식초를 넣는 등 다양한 향신료와 양념을 동원한다. 이미 1,500년 전의 생선구이 조리법이 이렇게까지 정교했음을 알 수 있다.

우리나라에서는 어땠을까? 1800년대 초의 《규합총서》에 생선 굽는 법이 나온다. 역시 생선 맛있게 굽는 법을 자세하게 설명했다. "긴 적꼬치에 생선 입부터 빗겨 질러 꿰어 화롯가에 멀리 들고 뒤적여 덥게 쬐면 생선 즙이 스스로 입으로 흘러나올

그림 4-7 생선구이

것이다. (즙이 흘러나오는 것이) 그친 뒤에 토막을 지어 구우면 맛이 특별히 좋다." 생선을 뒤집어 구움으로써 비린 생선 즙이 입으로 나오게 한 방법은 《산림경제》나 《임원경제지》, 《농정회요》에도 그대로 나온다. 또 비슷한 시기에 나온 《주찬酒饌》에서는 "생선구이는 모닥불에 굽고, 고기구이는 숯불에 굽는다. 껍질이 있는 것은 먼저 고기 안쪽을 굽고, 다음에 껍질 쪽을 굽는다."라고 하여 구이법을 자세하게 설명했다.

이후에도 생선구이는 여러 조리서에 등장하는데, 흰 살 생선인 민어, 대구, 조기, 도미, 숭어 등을 주로 쓰고, 생강즙으로 비린내를 잡으며, 양념장으로는 간장, 설탕, 참기름, 후춧가루, 깨소금, 파, 마늘 등을 사용하라고 되어 있다. 이용기는 《조선무쌍신식요리제법》에서 '민어구의[民魚炙]'의 조리법을 자세히 설명하면서, 민어 외에도 모든 생선을 다 구워 먹을 수 있다고 했다.

민어의 껍질을 벗기고 뼈를 빼내고 크게 토막을 친 다음 진한 장에 설탕만 조금 치고 구워 먹는다. 고명을 하려면 파를 다지고 기름, 깨소금, 후춧가루를 설탕 친 장에 넣고 개어 묻혀 굽는다. 뒤집어가며 꿩 깃털로 고명한 장을 발라가면서 뭉근히 속이 설지 않게 굽는다. 생선을 구울 때에는 먼저 챗가지(가느다란 나뭇가지)로 입을 꿰고 화로에 멀리 들고 쪼이게 되면 생선의 즙이 모두 입을 통해 나오게 되는데 그 후에 토막을 내거나 통째로 굽는다. 생선 몸에 물기가 없어야 구울 때 석쇠에 들어붙지를 않는다. 생선의 안팎을 말리고 굽는 것이 좋으며 석쇠에 기름을 바르고 굽기도 한다. 생선에 젓국을 바르고 잠깐 재웠다가 구워 먹으면 맛이 아주 좋고 다른 것을 찍어 먹지 않아도 된다. 생선 토막에 일본 된장을 발랐다가 구워 먹어도 맛이 매우 좋다. 무슨 생선이든지 다 구워 먹을 수 있고 잉어와 끄리* 같은 것도 구워 먹으면 좋다.

생선을 불에 굽는 것은 인류 최초의 요리이자 가장 단순한 요리인 듯 보이지만, 가장 정교함을 요하는 요리다.

생선을 구울 때는 우선 센 불에 겉을 익힌 다음, 속을 익혀서 맛있는 것이 흘러내리지 않게 한다. 이때 지나치게 불을 세게 하면 부분적으로 숯이 되어 풍미가 떨어지고 보기에도 흉하므로 화력을 적당하게 조절해야 하는데, 여기에는 경험에 따른 요령이 필요하다. 즉, 재료가 두꺼우면 겉은 타면서도 속이 잘 익지 않으므로 화력을 줄여서 한쪽을 거의 익힌 다음 뒤집어서 다른 한쪽도 속까지 익히도록 한다. 이때 살이 무른 생선을 너무 자주 뒤

---

* [한국민족문화대백과] 잉엇과에 속하는 민물고기. 낙동강 서쪽에서 압록강 사이의 큰 강 및 인근 수역과 중국에도 분포하며 활발히 헤엄쳐 다니는 성질이 난폭한 고기다.

집으면 살이 흐트러지므로 주의한다. 또, 표면에 물기가 많으면 굽기 어려우므로 생선을 미리 꾸덕하게 말려서 구워야 모양이 반듯하다. 연료는 완전히 불이 붙어 연기가 나지 않는 숯불이 가장 좋고, 비교적 센 불에 석쇠를 높이 놓고 굽는 것이 좋다. 석쇠를 미리 달구어서 구우면 달라붙지 않아서 더욱 좋다.

생선구이의 양념 비법

생선구이의 조미 방법은 소금만 발라 굽는 법, 간장을 중심으로 설탕과 후춧가루로 만든 양념장을 발라가며 굽는 방법, 파·마늘·생강·참기름·설탕·후춧가루·간장에 고춧가루(나 고추장)를 넣어 만든 양념장을 발라가며 굽는 방법 등이 있다. 간장 양념의 경우는 진간장을 써서 검고 고운 빛이 나도록 해야 하고, 고추장 양념은 너무 되직하거나 짠 것은 피한다. 도미·방어·가자미·정어리 등은 소금만 발라 구워도 맛있고, 기름기가 많은 방어·삼치 등은 간장·설탕·후춧가루로 만든 양념장을 발라 굽는 것이 좋다. 빛이 희고 담백한 도미·민어·준치·대구·숭어 등은 고추장 양념장을 발라 굽는 것이 좋다. 또한 미리 양념을 생선에 발라두었다가 구울 수도 있고 구우면서 양념을 바를 수도 있는데, 어떤 방법이든 생선이 거의 구워졌을 때 양념을 덧바르면 훨씬 윤이 나고 먹음직스럽다.

소금 양념은 간장 양념이나 고추장 양념과 달리 맛이 깔끔하며 재료 본연의 맛을 살릴 수 있는 장점이 있다. 소금 양념은 소금에 절여놓았다가 굽는 방법과 구운 뒤에 소금을 찍어 먹는 방법, 소금을 뿌리면서 굽는 방법 등이 있다. 생선을 구울 때 기름이 지글지글 끓는 생선 표면에 고운 소금을 뿌리면 소금이 붙어서 마치 서리가 하얗게 내린 듯 곱고 먹음직스럽다.

구이는 열이 생선에 직접 전달되어 겉의 단백질이 먼저 응고되므로 속의 육즙이 흘러내리지 않게 하여 영양분의 손실이 적고, 구워졌을 때의 독특한 향기는 식욕을 자극하며, 양념의 종류에 따라 각각 다른 맛을 즐길 수 있으므로 많은 사람이 좋아하는 조리법이다. 그래서 요리에 자신이 없는 사람도 생선 한 토막만 잘 구우면 식탁을 꾸밀 수 있다. 어느 백반집에 가더라도 생선구이 한 토막만 있으면 소위 '풀밭'을 면한 상을 차릴 수 있다.

생선에도 품격의 수준이 있고 경제적 등급이 있다. 부잣집 반상차림엔 쇠갈비보다 비싼 영광굴비가 온전히 오를 수 있다. 그러나 서민의 초라한 밥상에도 꽁치구이 한 토막 정도는 오를 수 있다. 게다가 계절마다 서로 다른 제철 생선을 구할 수 있으므로 모두가 다양하게 생선구이의 맛을 즐길 수 있다.

발효 장의 맛이 스며든 생선조림

조림은 어패류·육류·채소 등 다양한 재료를 가지고 간이 충분히 스며들도록 약한 불에서 오래 익혀 만든 음식이다. 조림이라고 하면 고기장조림이 떠오르지만 갈치조림, 고등어조림 등 생선조림의 맛도 만만치 않다. 생선은 조림의 좋은 재료였다. 어패류를 조릴 때 간은 주로 간장으로 하지만, 고등어·꽁치·전갱이 같이 살이 붉고 비린내가 강한 생선은 간장에 고추장을 섞기도 한다.

조림은 조선 왕실 메뉴판인 '음식발기'에는 한글로 '조리니'라고 조림을 표기했다.[2] 조림은 한자로는 '오熬'에 가까운 조리법이다. 《훈몽자회》는 '볶을 熬(오)'로 풀이했고, 《명물기략》에는 "熬(오)는 말릴 조燥와 삶을 이腼를 써서 조이, 즉 '졸이다'라는 뜻"이라고 풀이했으니, 조리법 하나를 놓고 벌인 구구한 해석들이 더 흥미롭다.

그런데 조림이라는 한글 용어는 1700년대까지의 조리서에는 나타나지 않는데, 이것은 요리명이 분화되지 않았기 때문으로 보인다. 조림이라는 용어는 1800년대 후반의 《시의전서》에 장조림법이라 하여 비로소 나타난다. 그러나 중국 산둥성의 500년대의 저술인 《제민요술》에 '순증어법純蒸魚法'이 나오는데, 다음과 같은 조리법이다. "일명 부어焦魚라고 한다. 내장을 손질하고 아가미를 제거하고 비늘은 제거하지 않는다. 함시鹹豉, 파, 생강, 귤껍질을 잘게 썰고 식초를 뿌리고 삶는다. 끓으면 생선을 통째로 넣는다. 총백葱白(파 흰 부분)도 통째로 쓴다." 이는 삶기, 찌기, 끓이기를 다 이용하고 있고, 또 함시(메주)와 식초 등을 사용해 우리 조리법과는 다소 다르지만 조림에 가깝다. 산둥성은 우리나라와 가까운 지역이므로, 우리 조상도 유사한 조림 조리법을 사용했을 수 있다.

우리나라의 경우, 문헌상으로 조림 요리는 《증보산림경제》 '홍어 조'에 처음으로 등장하는데, "저며 썰어서 감장에 조려 쓴다."
고 쓰여 있다. 한편 '점어鮎魚(메기) 조'에는 "감장즙에 끓인다."
라고 나온다. 지금에 비하면 즙액이 많으나 현재의 조림 요리와
가장 유사한 것으로 보인다.

반면, 근대 이후 조리서에는 생선조림이 많이 나온다. 방신영
의《조선음식 만드는 법》을 통해 살펴보자. 대개 민어, 조기, 도
미, 숭어, 병어, 준치, 갈치, 청어 같은 생선으로 만드는데, 먼저
비늘을 긁고 내장을 빼고 한 치 길이씩 토막을 쳐서 깨끗하게
씻어 냄비나 뚝배기에 담고, 간장과 물을 적당히 치고 파, 생강,
마늘을 채 쳐서 넣고 고추를 채 치거나 이겨서 넣고 조린다.[3] 방
신영은 조림을 맛있게 하는 요령을 다음과 같이 덧붙였다. 첫
째, 간장은 진하고 짜지 않은 것으로 해야 맛이 있다. 둘째, 단것
을 즐기는 분은 설탕을 치고 조리면 좋다. 셋째, 기름진 생선은
조리는 것이 좋으니 거의 조려질 때에 무즙을 짜서 넣으면 맛이
더 좋게 된다. 넷째, 생강을 얇게 저며서 넣으면 기름기가 적어지
고 산뜻한 맛이 생긴다. 지금도 참고할 만하지 않을까.

몸값 비싸진 갈치조림

갈치조림은 어패류 조림 반찬 중에서 서민의 사랑을 가장 많
이 받던 음식이었다. 그러나 요즘에는 '금갈치'라 불릴 정도로
갈치 가격이 많이 올라서 예전만큼 자주 먹기는 어렵다. 갈치조
림 맛을 제대로 내기 위해서는 무엇보다도 싱싱한 갈치를 사용
해야 하는데, 갈치 조달이 어렵기 때문이다. 신선한 갈치로 한

조림은 비린내가 전혀 나지 않고 그 살이 탱탱하고 담백하다. 또 구수하고 칼칼한 맛의 묵은지와 말캉한 무, 간이 밴 감자는 갈치조림에서 빼놓을 수 없는 부재료다.

최근에는 아무래도 수입 갈치를 많이 먹게 되지만 갈치조림은 제주도 향토 음식으로 인기 있는 생선이다. 제주도식 갈치조림은 이렇게 만든다. 갈치는 내장과 지느러미를 제거하고 적당한 크기로 토막 내 깨끗이 썻어놓는다. 무를 납작하게 썰어 냄비 바닥에 깐 후 그 위에 갈치와 양념장을 올려 자작하게 조리면 된다. 별다른 비법은 없지만 갈치가 신선하니 제주도 갈치조림이 유명해진 것으로 보인다. 제주도 은갈치 못지않게 목포 먹갈치도 유명하다.

생선구이는 세계인들의 보편화된 조리법이다. 생선조림은 구이에서 좀 더 진화된 조리법으로 보인다. 일본은 생선 조리법이 발달한 나라 중 하나로, 그들은 흰 살 생선 도미를 간장을 주양념으로 조린 도미조림이 발달했다. 반면 우리는 갈치를 고유한 발효 장인 고추장, 간장 등으로 양념하여 또 다른 깊은 맛을 만들어냈다. 비장의 양념 혼합 비율은 갈치조림의 맛을 좌우하기도 한다. 현재 남대문시장에는 갈치 골목이 존재할 정도이고, 이 맛에 중독된 사람들이 찾는 맛의 성지가 되었다.

생선조림에서 도리뱅뱅이

제천 의림지와 대청댐 주변의 향토 음식으로 정착한 생선조림 요리가 있다. 바로 '도리뱅뱅이'다. 피라미, 빙어 같은 작은 민물고기를 팬에 동그랗게 돌려 담아 조리한다 하여 붙여진 이름이다. 이 지역 사람들의 말에 따르면, 이북에서 온 할아버지가 음식점을 했는데 처음에는 생선조림이라는 이름으로 이 음식을 만들어 팔았다고 한다. 그 후 생선튀김, 피라미조림 등 여러 이름으로 불리다가 어느 날 찾아온 손님이 "그것 주시오, 팬에 동글동글 돌려놓은 도리뱅뱅이 주시오."라고 말한 이후 도리뱅뱅이로 이름이 굳어졌다는 것이다. 확실한 근거는 없지만 재미있는 이야기다. 도리뱅뱅이는 우리 전통 조림의 재미있는 진화로 보이는데, 지금은 민물고기를 취급하는 데에서 맛볼 수 있는 흥미로운 전국구 조림음식이 되었다.

만드는 법은 이렇다. 작은 민물고기들을 손질한 후 팬에 동그랗게 돌려 담아 식용유를 넣어 노릇노릇하게 튀겨 살짝 익힌 후 식용유를 따라 낸다. 당근과 대파는 채 썰고, 인삼과 고추는 어슷하게 썬다. 적당한 분량의 양념장을 만든다. 생선 위에 양념장을 바른 다음 썰어놓은 채소들을 고명으로 돌려 담고 조리며 마저 익힌다.

고조리서에 나오는 생선 손질법

구이를 비롯해 모든 생선 요리에서 중요한 것은 바로 손질이다. 우리 조상들도 이를 무척 고민했던 듯하다. 고조리서에 나오는 비린내 제거를 비롯한 생선 손질 방법들을 살펴보자.

이에 대해 잘 정리한 내용이 서유구의 《임원경제지》〈정조지〉에 나온다. 그는 동서고금의 책들을 참고한 생선 손질법을 '자어총법煮魚總法'이라는 항목으로 아래와 같이 소개했다.

- 민물고기를 끓일 때 찬물에 생선을 먼저 넣고 끓이면 뼈가 연해지고, 바다생선을 끓일 때 국물을 먼저 끓여 생선을 넣으면 뼈가 단단해진다(《중궤록》).
- 생선을 씻을 때 기름 1~2방울을 떨어뜨리면 점액을 없앨 수 있고, 생선을 익힐 때 미향을 넣으면 비린내가 나지 않는다[《구선신은서》에 의하면 미향을 사용하면 비린내가 나지 않는다](《중궤록》).
- 생선국을 끓이는 도중에 천초를 많이 넣어주면 비린내가 나지 않는다(《물류상감지》).
- 생선을 삶을 때 닥나무 열매나 봉선화 씨를 넣으면 뼈가 연해진다(《물류상감지》).
- 생선을 삶을 때 술을 조금 넣으면 뼈가 물러진다(《산림경제보》).
- 생선을 익힐 때는 먼저 솥에 장 국물을 끓이다가 생선을 넣는다(《증보산림경제》).
- 쌀뜨물에 소금을 타서 생선을 끓이면 맛이 좋다(《증보산림경제》).

생선 요리에서 특히 문제가 되는 것은 비린내다. 이를 없애는 조리법으로《증보산림경제》는 장수를 끓인 다음에 생선을 토막 내 넣으라고 했으며, 또 쌀뜨물에 소금을 넣어서 생선을 삶으면 한결 맛이 좋다고 했다. 이외에 미향(나무를 가루 내 나는 향)을 넣거나, 소동파가 지은 천초를 많이 써서 삶는 방법도 제시되었다.

생선 가시의 제거도 중요했다.《고사신서》에는 "생선을 삶을 때 술을 조금 넣으면 뼈가시가 삭아 가루처럼 된다."고 나온다.《규합총서》에도 "먼저 장국을 끓인 뒤에 생선을 넣고 술을 조금 치면 뼈가 연하기가 가루와 같다. 흰 봉숭아 씨나 탱자를 넣어 함께 끓여도 뼈가 무른다." 고 되어 있다.

1600년대 말엽 하생원이 지었다고 하는 한글 필사본《주방문》에는 콩 삶은 물에 전어를 삶으면 연하다고 했다.《주방문》에는 숭어 토막에 녹두가루를 묻혀서 삶는 방법도 나오는데, 이 방법은 이후 1800년 대 말경의《시의전서》에도 나온다. 생선국에 대해서도 "생선을 토막 내 밀가루 반죽을 씌워 지져서 황육과 파, 미나리를 약간 데쳐 넣고 유장에 간 맞추어 끓여 쓴다."고 설명했다. 또 1800년대 중엽의 작자 미상의《군학회등》에는 박하를 넣으라고 했다. 생선을 맛있게 먹으려는 노력을 많이 하고 있음을 조선시대 고조리서를 통해서도 알 수 있어서, 생선 요리에 참고할 만하다.

10장

특별한 날
상에 오르는

반가 도미찜에서 서민 아귀찜까지

찜은 국이나 탕과 달리 재료의 형태가 유지되면서 맛과 영양분을 그대로 살리는 장점이 있다. 그래서 주로 반가와 왕실의 상에 오르며 발전했고 수라간에는 찜에 필요한 물을 끓이는 '탕수증색'이라는 직책도 있을 정도였다. 보통 수증기를 이용해 익히는 것을 찜이라고 하지만, 우리나라는 예부터 국물을 자작하게 넣고 물 반, 증기 반으로 조리하는 것도 찜이라 했다.《음식디미방》,《규합총서》등 고조리서에서 이와 같은 찜 요리를 찾을 수 있다.

찜 요리가 발달한 우리는 생선도 찜으로 많이 먹었다. 말린 생선을 맛있게 조리하기에 찜만 한 게 없다. 소금 간을 한 생선(도미, 조기, 민어 등)을 꾸덕꾸덕하게 말려 찐 다음 실고추와 통깨를 얹는 것이 가장 일반적인 생선찜 조리법이다. 이 생선찜은 제례의 상차림에도 기본으로 올라간다.

신선한 생선으로도 찜을 하는데, 깨끗이 손질한 생선을 소금과 후춧가루 등으로 밑간 하여 밀가루, 달걀을 씌워 지져내고, 냄비에 쇠고기를 깔고 그 위에 지져놓은 생선과 고명을 얹어 맑은 장국을 붓고 끓인 음식이다. 생선은 주로 도미, 조기, 민어 등을 사용한다. 즉, 흰 살 생선이면 모두 생선찜을 할 수 있으며, 생선 종류에 따라 찜 이름을 붙인다. 민어찜, 우럭찜, 도미찜 등이 대표적이다.

그리고 요즘 인기 있는 '시레기생선(붕어)찜'과 비슷한 찜 요리가 1800년대 초엽의 조리서 《주찬》에 나온다. 즉, 실얼시탕失蘖著湯이다. "무와 배추 어린 것의 뿌리와 잎을 함께 햇볕에 바짝 말렸다가 겨울이 되면 푹 삶아 물에 담가서 잡냄새를 없앤 다음, 어육을 많이 넣고 고명을 섞어서 끓인다. 처음에는 국물이 많아 매우 싱거우나 많이 끓이면 맛이 저절로 짜게 되니, 이때 먹는다. 따뜻할 때 먹으면 좋다."

우리 조상들은 다양한 식재료를 찜으로 해 먹었다. 《음식디미방》에서는 닭찜, 개찜, 붕어찜, 해삼찜, 가지찜, 오이찜, 개장찜 등 다양한 찜 요리를 만날 수 있다. 이 중 붕어찜과 해삼찜이 해산물찜으로, 오래전부터 해 먹은 음식임을 알 수 있다.

고조리서에는 물고기찜, 생선찜, 생선증 같은 이름으로 조리법을 소개하고 있다. 1800년대 후반의 《시의전서》에 '생선찜' 으로 나오는데, 다음과 같이 만드는 법을 설명했다. "생선을 토막 내어 계란을 씌워 지져놓고, 따로 다진 쇠고기와 각종 양념을 섞어 버무려서 이것을 생선 토막 사이사이에 켜켜로 얹고 물을 조금 쳐서 지지면 좋다." 찜을 만드는 과정을 가리켜서 '지진다'고 표현하는 것이 좀 어색하지만, 삶기 찜에 가깝다고 보면된다. 왕실에서도 생선찜은 중요한 음식이었던 듯, 〈진찬의궤〉, 〈진연의궤〉, 〈진작의궤〉에는 생선증生鮮蒸이 자주 등장한다.

고종 말기에 나온 《음식방문》에는 '물고기찜'이 나온다. "크고 작은 숭어와 여러 가지 생선을 깨끗하게 씻고 마른 수건으로 물기를 닦은 다음 녹말을 묻혀놓는다. 솥뚜껑에 기름을 치고 부쳐서 익힌 다음 그릇에 담고 갖은양념을 해놓는다. 솥뚜껑에 간장물을 심심하게 하여 달이고 파 밑동, 후춧가루, 생강을 넣고 약한 불로 끓인다. 아침에 만들어 저녁에 쓴다."

민물생선으로도 찜을 많이 했다. 메기는 강장식품으로 꼽히는데, 메기찜은 여름철 보양 음식의 하나다. 또한 강과 호수에서 지천으로 길어 올린 붕어도 가장 대중적인 찜 재료였다. 특히 오래 익힌 붕어찜은 붕어곰이라고도 불렸는데, 백석白石 (1912~96)의 시 〈주막〉(1935)에 "호박잎에 싸오는 붕어곰은 언제나 맛있었다."는 구절이 있다.[4] 예민한 미식가로 알려진 백석도 붕어찜을 사랑했던 모양이다.

1960년대 이후 등장한 국민 요리, 아귀찜

아귀찜은 아귀라는 바닷물고기로 만드는 마산 지방의 향토 음식이었다. 아귀는 입이 매우 큰데, 뼈는 거의 물렁뼈이며 살은 탄력이 있고 맛이 좋다. 만드는 법은 이렇다. 우선, 마른 아귀를 손가락 반만 한 길이로 토막을 쳐서 물에 약간 불려놓는다. 체나 조리에 물을 조금 부어 거른 된장을 풀고 물을 끓이다가 준비해둔 아귀를 넣고 한소끔 끓여낸다. 여기에 거두절미한 콩나물을 아귀 위에 넣고 김이 한 번 나게 끓인다. 고춧가루, 미나리, 파, 다진 마늘과 물에 개어놓은 녹말을 넣고 한 번 뒤집은 다음 그릇에 담아낸다. 아귀의 맛도 좋지만 매콤한 미나리와 콩나물을 건져 먹는 재미도 쏠쏠하다. 미나리, 콩나물을 듬뿍 넣어 숙취 해소에도 좋은 음식이 아귀찜이다.

아귀는 《자산어보》에 조사어釣絲魚, 속명이 아귀어餓口魚라 소개되어 있다. 따라서 조선시대에도 먹었을 것으로 보이나 어떤 조리 방법을 썼는지는 문헌에 기록된 바가 없다. 아귀 요리가 널리 알려지기 시작한 것은 1960년대의 아귀찜이다. 마산의 한 어부가 그물에 걸린 아귀를 장어국 파는 할머니에게 가져다주며 요리를 부탁했는데, 할머니는 아귀의 흉측한 모양에 놀라 그냥 버렸다. 그런데 버려진 아귀가 얼었다 녹았다 하면서 말라 있는 걸 본 할머니가 북어찜 조리법을 적용해 찜을 한 것이 마산 아귀찜이라고 한다. 마산 아귀찜이 건조된 아귀를 이용하는 데 비해 부산 아귀찜은 신선한 생아귀를 이용하는 차이가 있다.

아귀는 험상궂고 못생겨 붙은 이름이다. 불교에서 아귀도餓鬼

그림 4-8 아귀찜

道, 즉 탐욕스러운 자가 사후에 떨어지는 지옥인데, 목마름과 배고픔 등 고통으로 가득 찬 이 지옥에 사는 중생이 바로 아귀다. 아귀는 인천에서는 물텀벙, 전남에 가면 악귀라고 부른다. 그 외에도 껍정이, 망챙이 등 별명이 많다. 입이 몸의 전부를 차지하는 못생긴 외양 때문에 이런 이름이 붙긴 했으나 아귀는 예로부터 귀하게 여겨지던 물고기였다. 배를 가르면 작은 물고기들이 많이 나오기 때문이라고 한다. 또한 내장, 아가미, 지느러미, 뼈, 껍질 등 버릴 게 없는 생선이다.

서양에서는 보통 생선 머리를 잘라 버리는데, 아귀는 사실상 머리가 전부라 해도 과언이 아니다. 서양에서 아귀는 머리와 껍질을 제거한 후 생아귀, 냉동아귀, 훈제아귀 등으로 유통한다. 먹는 부위는 꼬리 부위의 살인데, 맛이 바닷가재와 비슷해 바닷가재 대용 요리로 이용된다고 한다. 따라서 바닷가재 조리법인 구이나 찜을 하는 경우가 많다.

아귀는 바다의 종합영양제로 불리는데, 특히 콜라겐이 많아 여성들이 많이 찾는다고 한다. 콜라겐이 피부를 탱탱하게 해 준다는 말이 돌면서, 가뜩이나 매콤한 것을 즐기는 여성들에게 아귀찜의 인기가 더욱 높아졌다.

고급 요리, 볶기와 초

왕실에서 먹던 초 요리

고조리서에 등장하는 어패류 요리로 전복초, 홍합초 등이 있다. 좀 생소한 음식명인데, '초炒'는 볶아서 만든 요리를 뜻한다. 한글사전인 《훈몽자회》에는 "炒(볶을 → 초)"라 풀이되어 있다. 그런데 조리법을 보면 볶음과 비슷하면서도 다른, 또 하나의 조리법이다. 초는 마른 콩을 볶는 것과 같은 건열초乾熱炒와는 구분되는, 물기가 있게 볶는 습열초濕熱炒를 말한다.

물기가 있는 상태에서 재료를 볶는 조리법은 조림과 비슷하다. 그러면 습열초와 조림은 어떻게 다를까? 반가 조리서인 《조선요리법》(1939)은 "초炒란 조림과 같은 방법으로 요리하되 조림의 국물에 녹말가루를 풀어 넣어 익혀서 그것이 재료에 엉기도록 한 요리인데, 이것에는 전복초와 홍합초 등이 있다."고 설명했다. 중국 음식에서 초炒는 부재료가 50~60% 익으면 주재료를 넣어 볶는 방식으로, 마무리 단계에서 물에 푼 전분을 넣

그림 4-9 전복초와 홍합초

어 걸쭉하게 하여 만든다.《조선요리법》의 설명과 비슷한 것으로 보아 우리나라의 습열초도 이와 비슷했던 듯하다. 즉, 초는 조림과 달리 싱겁고 달콤하게 졸여 국물이 거의 없어지게 하는 조리법으로 보인다.

조선시대 초 음식은 왕실과 반가에서 먹던 고급 음식이었다. 여러 의궤에는 다음과 같은 어패류 초 요리가 등장한다. 1719년의 〈기해진연의궤〉에는 생전복으로 만드는 생복초生卜炒가 나오고, 1795년의 〈원행을묘정리의궤〉에는 건청어초乾靑魚炒, 생복초, 죽충초竹虫炒(맛조개초), 낙제초絡蹄炒(낙지초), 토화초土花炒(굴초), 전복초全鰒炒가 나온다. 그리고 1827년의 〈자경전진작정례의궤〉에는 전복홍합초全鰒紅蛤炒, 전복저태초全鰒猪胎炒, 생소라초生小螺炒 등이 나온다. 왕실 잔치에서는 반드시 어패류 초 요리를 만들

4부 바다를 요리해온 민족

었음을 알 수 있다.

이용기의 《조선무쌍요리제법》에서는 다른 요리와 비교하며 초의 개념을 설명했다. "국은 국물이 가장 많고, 지짐이는 국물이 바특하고, 초는 국물이 더 바특하여 찜보다 조금 국물이 있는 것이다." 초와 다른 음식의 구분이 당시로서도 관심 대상이었던 모양이다. 이용기는 《조선무쌍신식요리제법》의 부록 편에 세 종류의 초 음식을 실었다.

첫째, 전복초는 마른 전복을 불려 얇게 저며서 진간장과 기름과 꿀을 넣고 아주 약한 불에서 조려 만든다. 전복이 작은 것은 통째로, 굵은 것은 어린아이 손가락만큼씩 썰어서 진간장과 기름과 꿀과 고기를 잘게 다져 넣고, 파 다진 것과 깨소금과 후춧가루, 물을 조금 붓고 눋지 않게 아주 약한 불로 오랫동안 조리고 쓸 때에 잣가루를 뿌린다. 전복을 통째로 진간장에 끓여서 저며 먹어도 맛이 좋다. 작은 전복을 쓰는 것도 무방하다.

둘째, 홍합초를 만들 때 홍합은 잠깐만 불려도 쓸 수 있다. 속에 있는 똥을 빼고 물에 조금 삶아서 물이 졸면 전복초와 같은 방법으로 한다. 홍합초는 몸보신에는 좋으나 국물(탕)로 만든 것보다 맛이 좋지 않고 전복과 해삼만 못하다. 전복초, 해삼초, 홍합초를 함께 담아서 잣가루를 뿌려 쓴다.

셋째, 해삼초는 약 2일 정도 해삼을 불린 후 쪼개서 속에 있는 모래를 다 빼고 좀 더 불려서 전복초와 같은 방법으로 한다. 해삼을 삶으면 오래 불리지 않아도 쓸 수 있다. 날 해삼을 새끼줄로 동여매면 해삼이 다 물러진다.

고급 음식으로 꼽히던 초에 사람들은 매우 큰 관심을 보였던 듯하다.

《주식시의》에 등장하는 낙지볶음

지금 많이 먹는 해산물 볶음으로 오징어볶음이나 낙지볶음이 있다. 19세기 후반의 《주식시의酒食是儀》에는 '낙지복기'라는 이름으로 낙지볶음 조리법이 등장한다. 조리법을 살펴보면, 낙지에 기름과 간장을 혼합한 기름장을 넣고 주물러 양념을 한다. 그러고 나서 이것을 살짝 볶는다. 고기를 많이 볶은 뒤 물을 붓고 장국을 끓여서 볶은 낙지에 붓고 끓인다. 너무 오래 끓이면 낙지가 오그라지기 때문에 살짝만 끓인다. 이렇게 《주식시의》의 낙지볶음은 고춧가루, 마늘 등의 양념과 채소를 넣고 만드는 현대의 낙지볶음과는 다르나, '낙지볶음'과 유사한 용어가 처음 등장했다는 데 의미가 있다.

최근 들어 낙지가 저열량 다이어트에 유용한 음식으로 각광받으며 연포탕, 낙지비빔밥, 낙지콩나물볶음, 낙지전골, 낙지수제비 등 다양한 낙지 요리가 개발됐다. 그러나 낙지볶음처럼 모든 사람에게 널리 사랑받는 요리도 드물다. 낙지볶음은 멸치나 바지락 육수에 주재료인 낙지, 부재료인 대파, 양파, 풋고추, 붉은 고추 등에 고추장, 고춧가루, 다진 마늘, 설탕, 진간장, 참기름 등으로 만든 양념을 넣고 끓이는 요리다. 여기에 기호에 따라 새우나 소 곱창을 넣으면 소위 말하는 낙새, 낙곱, 낙곱새가 된다.

낙지는 산뜻하고 담백한 맛뿐 아니라 낙지 한 마리가 인삼 한 근에 버금간다는 말이 있을 정도로 영양도 풍부하다. 철분이 풍부해 빈혈이 있는 사람에게 좋고 타우린 성분이 많이 함유되어 있어 허약체질 개선 및 피부미용에 효과가 있고 혈중 콜레스테롤을 저하한다고 알려져 있다. 물론 그 쫄깃쫄깃 씹히면서도 부드러운 맛이 일품이라 오랫동안 사랑받고 있다.

낙지볶음의 대중화는 약 40년 전 서울 무교동의 뒷골목에서 시작된 것으로 알려져 있다. 종로통 대로에서 조금만 들어가면 신선한 낙지에 산지에서 직접 가져온 태양초 고춧가루, 그것도 맵디매운 청양고추를 쓰고, 여기에 파, 마늘 등 갖은양념을 한 낙지볶음은 예부터 유명했다. 그러나 유명했던 무교동 낙지골목은 그 이름만 청진동 쪽에 남아 있다. 여름이면 땀을 흘리며, 겨울이면 입에 손부채를 해가며 먹는 낙지볶음과 조개탕이 도시 개발로 사라져가는 것이 아쉽다.

화려한 생선 요리: 승기악탕, 금중탕, 도미국수

한식에는 여러 가지 귀한 재료를 섞어서 만들어내는 음식이 많다. 한 가지 식재료를 돋보이게 조리하는 서양 요리와 차별화되는 점이다. 수산물 요리도 마찬가지다. 물론 생선구이나 생선찜 등 한 가지 주재료를 조리한 요리도 많지만, 어패류가 주재료는 아니더라도 반드시 들어가서 더 귀하고 아름다운 음식을 만들어내는 경우가 많다. 이러한 음식들을 알아보자.

기생과 음악을 능가하는 풍류 음식, 승기악탕

승기악탕勝妓樂湯이라는 음식은 이름 그대로 풀이하면 '기생과 음악을 능가하는 탕'이다. 사실 현재로서는 승기악탕이 어떠한 요리인지 알기가 어렵다. 문헌을 통해서 추측만 할 수 있는데,《규합총서》에는 "살찐 묵은 닭의 두 발을 잘라 버리고 내장을 꺼낸 다음 그 속에 술 한 잔, 기름 한 잔, 좋은 초 한 잔을 쳐서 대꼬챙이에 꿰어 박 오가리, 표고버섯과 파, 돼지 기름기를 썰어 많이 넣고 수란을 까 국을 만든다."라고 나온다. 그런데 1877년의 〈진찬의궤〉에는 이름이 약간 다른 승기아탕勝只雅湯이 나온다. 이 음식의 주재료는《규합총서》의 승기악탕과 달리 숭어다. 그렇지만 숭어 말고도 "물오리, 소안심과 머리뼈, 곤자손이, 전복, 해삼, 소의 양, 목이, 황화채, 녹두기름, 참기름, 표고, 밀가루, 달걀, 생파, 미나리, 무, 잣, 밤, 호도, 은행, 왜倭토장, 생강, 계피가루, 생강가루, 호초가루, 고춧가루 등"이 모두 쓰인다. 생선과 조류, 쇠고기에다 전복과 해삼 같은 귀한 해산물이 들어가 화려한 승기악탕이 만들어짐을 알 수 있다.

20세기 초 최영년이 지은《해동죽지》에는 승가기勝佳妓라는 음식이 나온다. 최영년은 이것이 본디 해주부의 명물로서 마치 서울의 도미국수와 같이 맛이 절묘하기에 승가기라고 한다고 소개했다. 또한 홍선표는《조선요리학》(1940)에서 승기악탕

4부 바다를 요리해온 민족

의 유래를 설명했다. 조선 성종 때 문신 허종許琮이 의주에 가서 오랑캐의 침입을 막으니 그 주민들이 감읍하여 도미에 갖은 고명을 다하여 정성껏 만들어 바쳤는데, 허종이 이 미지의 음식을 승기악탕이라 명명했다는 것이다. 이렇게 정성을 다해 화려하게 만들어 대접하는 음식인 승기악탕은 수산물 없이는 만들기 어렵다. 왕실에서는 숭어를, 다른 곳에서는 도미를 주재료로 삼고 있는데, 숭어나 도미는 모두 귀한 식재료다.

그런데 《규합총서》에서는 이 승기악탕이 왜관, 즉 부산에 있던 일본인 관사의 음식이라고 했다. 이 때문에 승기악탕이 발음이 비슷한 일본음식 '스키야키'에서 유래한 것이라는 의견도 있다. 또, 조선 순조 때 김해 지방의 풍속을 다룬 이학규의 악부시 〈금관죽지사金官竹枝詞〉에는 신선로로 끓여 먹는 '승가기'라는 고깃국이 본디 일본에서 전래된 것이라고 나온다.

이렇게 승기악탕이라는 음식을 두고 수많은 설전이 오가고 있지만, 나는 오히려 조상들이 음식에 기울인 정성에 감동받는다. 지금은 그 조리법을 정확히 알지 못하는 음식이지만, 우리 선조들이 음식의 유래를 찾고 어떤 의미가 있는지를 밝히는 데 얼마나 많은 노력을 기울였는지 알 수 있기 때문이다.

왕실의 대표 탕, 금중탕

금중탕錦中湯은 궁중 음식의 하나인데, 닭고기, 쇠고기, 전복, 해삼 등을 넣어 끓여 진한 국물 맛이 일품이다. 왕실에서 주로 먹었던 탕에는 금중탕 말고도 열구자탕(신선로), 곽탕(미역국),

양탕, 초계탕, 골탕, 잡탕 등 여러 종류가 있다. 1795년의 〈원행을묘정리의궤〉에 금중탕이 나오는데, 정조의 모친 혜경궁홍씨가 아침에 받은 다과상인 '조다소반과夜茶小盤果'에 금중탕이 포함돼 있다.

금중탕 끓이는 순서는 이렇다. 먼저 닭, (소의) 양, 곤자소니, 안심 등의 고기와 대파, 양파, 마늘, 생강 등을 함께 약한 불에서 푹 끓인다. 이때 양념은 청장, 다진 마늘, 참기름 등으로 만든다. 표고버섯도 적당한 크기로 썰어 양념한다. 미나리는 줄기만 다듬어 끓는 물에 살짝 데친 후에 참기름과 소금을 넣어 조물조물 무친다. 끓인 국물은 식혀 기름기를 제거한 후에 다시 한 번 닭, 양, 인삼, 해삼, 전복 등을 넣고 끓인 다음 그릇에 담아 미나리, 표고버섯, 잣 등을 얹는다. 즉 해삼과 전복이 들어가야 그 맛을 제대로 발휘하는 음식이라고 할 수 있다.

조선 왕실의 의궤에 가장 많이 등장하는 음식인 잡탕에도 반드시 해삼과 전복이 들어간다. 1902년의 〈진연의궤〉에 나오는 잡탕 한 그릇에 들어가는 재료는 소안심살 4분의 1부, 곤자손 2부, 양 5냥, 두골 1부, 전복 3개, 해삼 5개, 표고 1홉, 달걀 10개, 무 2단, 미나리 3손, 파 5뿌리, 녹두가루·밀가루·간장 각 3홉, 참기름 5홉, 잣 5샤, 후춧가루 5돈이었다. 해삼과 전복 같은 어패류는 화려한 주인공이 아닐 때에도 감초 같은 조연으로 왕실음식의 중심에 있었던 것이다.

가장 화려한 국수, 도미국수(도미면)

19세기 초에 나온《규합총서》이후의 조리서에서 승기악탕은 '도미면' 혹은 '도미찜'과 같거나 비슷한 의미로 사용되고 있다. 1921년에 출간된 방신영의《조선요리제법》에 '도미국수'가 나온다. 조리법이 많이 복잡하지만 그대로 옮겨본다.

쑥갓을 깨끗하게 씻어 머리를 맞추어 큰 접시에 담되 잎사귀가 접시 가장자리로 나오게 돌려서 담고 가위로 접시 가장자리와 같이 모양이 나게 둥글게 잘라내고 그 위에는 각색의 골, 민어, 양, 천엽, 간, 전유어와 너비아니와 미나리 적炙한 것과 달걀 고명은 흰자위와 노른자위를 각각 부쳐서 이 여러 가지를 다 골패 짝만큼씩 썰고 또 목이버섯과 표고버섯과 석이버섯을 더운물에 불려서 씻은 후 기름에 볶아서 골패 짝만큼씩 썰어서 이 여러 가지를 쑥갓 위에 돌려 담되, 쑥갓 언저리보다 조금 들어가게 시작하여 모양 나게 색 맞추어 각각 둥글게 얹고 그 위에는 삶은 달걀을 둥글고 얇게 썰어서 돌려 얹고 또 완자를 콩알만큼씩 만들어 가장 위에 얹은 후에 상에 올려놓고 도미를 깨끗하게 씻어 비늘을 긁고 내장을 빼낸 후 꼬리만 잘라 버리고 대가리째 칼로 잠깐 잘게 벤다. 간장을 발라 잠깐 구워가지고 냄비에 담아놓았다가 먹을 때에 고기 절여놓은 것을 넣고 물을 부어 끓여서 접시에 담아두었던 것을 넣어 익혀 먹는다. 익은 후 국수를 넣어가며 퍼 먹는다. 끓인 후에 국수 대신 밥을 말아 먹기도 한다.

섞어 만드는 어선과 어채

어패류를 섞어 만드는, 어채

생선살과 각종 채소를 얇게 저며 채 썬 어채魚菜는 4월 봄철부터 여름철까지 즐기는 시절 음식인데, 맛과 색감이 꽃처럼 예쁘다 하여 화채花菜라고도 불렀다. 어채는《규합총서》나《시의전서》,《주식시의》등 조선 후기의 조리서뿐 아니라《조선무쌍신식요리제법》이나《조선요리제법》같은 일제강점기 조리서에도 등장한다. 각색 생선을 회처럼 썰어 녹말을 묻히고, 고기 내장, 대하, 전복 그리고 각종 채소도 따로 삶아 채 쳐서 보기 좋게 담는다. 일종의 잡숙채라고 할 수도 있으나 생선이 주재료이기 때문에 어채라고 하는 것이다.

어채는 숭어, 민어, 도미, 해삼, 가오리, 조개 등 다양한 재료로 만들었다. 1902년의〈진연의궤〉에도 어채가 나오는데, 그 재료는 숭어 10마리, 녹두가루 5되, 해삼 30개, 전복 5개, 석이·표고 각 5홉, 목이·황화 각 1냥, 곤자소니 5부, 부화(허파) 4분의 1부가 들어간다고 나와 전복과 해삼이 들어가는 호화로운 어채임을 알 수 있다.

《규합총서》에는 '화채'라는 이름으로 어채 조리법이 나오는데, 아무래도 물 좋은 숭어가 주인공으로 보인다. 만드는 법은 다음과 같다.

물 좋은 숭어를 얇게 저며 녹말 묻혀 가늘게 회처럼 썰고, 천엽,

양, 곤자소니, 꿩, 왕새우, 전복, 해삼, 삶은 돼지고기를 다 얇게 저미며 가늘게 채처럼 썰고, 빛 좋은 오이를 껍질 벗기고, 미 나리, 표고버섯, 석이버섯, 파, 국화 잎, 생강, 달걀 흰자위 노 른자위 부친 것, 고추를 다 채 친다. 남새와 고기는 생선과 한 가지로 녹말 묻혀 삶되, 솥에 넣어 삶으면 혼잡하니, 한 가지 씩 체에 담아 차례로 삶아 내 라. 무채를 곱게 쳐서 연지물을

그림 4-10 어채

들여 삶아 생선, 고기, 남새 등을 밑에 놓고, 노랗고 흰 달걀, 석이버 섯, 왕새우, 국화 잎 썬 것과 붉은 무채, 생강, 고추 썬 것은, 위에 담 으면 맛이 청량하고 요긴할뿐더러 보기에 오색이 아롱지고 빛나서 눈에 산뜻하다 삼월부터 칠월까지 쓴다. 날이 추우면 너무 싸늘하 여 좋지 못하다.

이덕무는 어채에 관한 시도 지었다. "바닷비 강바람 물결쳐 몰아칠 때 철 바뀌니 봄 따라 어채가 나오네. 갈대 싹트고 죽순 삐져나올 때면 복어가 오르며 연자 꽃 피고 조기도 나오누나. 이상은 늦봄을 읊은 것이다[海雨江風浪作堆 時新魚菜逐春回 荻芽抽筍 河魨上 棟子開花石首來]"《청장관전서》권1). 늦봄에 어채를 즐겼음을

알 수 있다.

홍석모의 《동국세시기》에서는 음력 4월 월내 시식時食으로 어채를 꼽았다. 어채는 날로 먹는 생회와 데쳐서 먹는 숙회 두 가지가 있는데, 홍석모는 생회를 이용해 어채 만드는 법을 자세히 기술했다. 싱싱한 생선을 날것으로 얇게 저며 채 썰고, 여기에 오이, 파, 석이버섯, 익힌 전복, 달걀을 입혀 잘게 썬 국화 잎 등을 넣어 함께 버무린 다음, 기름과 초를 쳐서 먹는다는 것이다. 4월의 봄꽃처럼 알록달록 예쁜 색감과 시원하고 상큼한 맛이 먹는 즐거움을 배가했을 것 같다.

아름다운 생선 요리, 어선

우리 전통 음식 중 특히 아름다운 것으로 '선'이 있다. 보통 오이선, 호박선 등 원통형의 박과 식물로 만드는데, 생선으로 만든 어선도 있다. 오이선이나 호박선은 채소 속에다 소를 넣고 삶기 찜을 한 것인데, 어선은 생선살을 넓게 저며서 김밥 만들듯 소를 감아서 수증기 찜을 한 것이다.

어선은 일반적으로 "민어, 대구, 광어 등의 흰 살 생선을 얇게 포를 떠서 칼등으로 고르게 두들기고 소금과 흰 후춧가루를 뿌리고, 녹말가루를 고루 뿌리고 쇠고기와 버섯, 채소 등 준비된 재료를 생선살 위에 나란히 놓고 돌돌 말아서 끝부분에 녹말을 묻혀서 잘 여민 후, 김이 오른 찜통에 대발째 넣어 푹 쪄서 초간장이나 겨자장에 곁들여 먹는 음식"[5]이다.

조자호의 《조선요리법》(1939)에는 양선, 태극선, 오이선, 호박선과 함께 청어선과 민어선이 나온다. 조자호는 조선 말기 철종에서 고종 초까지 10년간 영의정을 지낸 조두순의 증손녀다. 마지막 왕비 순정효황후 윤씨와 이종사촌 간으로, 어릴 적부터 궁중을 자유로이 드나들며 구한말 양반가 전통 음식과 조선 왕조의 궁중 요리를 익히며 자랐다고 하니, 저자가 구사하는 표현대로 어선이라는 고급 생선 요리를 만나보는 것도 의미가 있을 것이다. 먼저 '어선'으로 표현한 민어선이다.

먼저 신선한 민어를 정하게 다려서 등어리 된 살을 도틈도틈하고 나붓하게 졈여서 소곰과 후추가루를 약간 뿌려노시고 석이는 뒤해 채 치시는데 표고가 두꺼운 것은 졈여서 곱게 채를 치시고 오이는 역시 쇤 것은 껍질을 뱃기고 얇게 졈여 채 쳐서 소곰에 저렷다가 기름에 볶습니다. 석이 표고 등도 기름에 볶아놓읍니다. 홍당무도 껍질을 뱃기고 곱게 채 쳐서 끌는 물에 삶어 기름에 잠간 볶아노시고 계란은 황백을 각각 부처 채 칩니다. 채를 치실 제 그냥 물물 말어 쓸지 마시고 넓이를 다른 것과 같은 치수로 쓰러가지고 채를 치십시요. 이와 같이 준비가 다 되였으면 볶아논 재료를 각각 양념을 해야 됩니다. 만일 오이가 없을 제는 애호박을 쓰셔도 조흡니다. 다음엔 생선 토막을 죽 느러놓고 색을 마추어 색동 모듯키 해서 채반에 다 느러논 후 녹말을 체에 담어 고루 뿌려가지고 솥에다 찝니다.

같은 책에 나오는 청어선 조리법은 다음과 같다.

성하고 좋은 청어를 정히 다루어서 지느러미만 잘르고 통으로 안팎을 잔칼질을 해서 진장을 발러 얼핏 구워집니다. 연한 살코기를 곱게 다져서 갖은양념 해가지고 청어 안팎에 입혀놓고 숙주는 아래위를 따서 데처서 양념해놓고 미나리로 줄거리만 한 치 길이로 잘러 대처서 갖은고명 한 후 홍무도 짜가지고 잘개 채 쳐 양념해서 청어 몸에다 색 맞후어 느러놓고 녹말을 씨워 솥에다 쩌서 놓고 초장을 맛나게 타놓으십시오.

생으로 즐기는 바다, 회

회膾는 사전적 정의대로라면 육고기나 물고기를 날로 잘게 썰어 먹는 것이다. 그러니까 육회와 어회 모두 회에 포함된다. 우리 민족은 예로부터 회를 즐겼다. 그러나 중국은 회를 즐기지 않은 것으로 알려졌다. 조선시대 정치가이자 문인인 유몽인의 《어우야담》에는 중국 사람과 우리나라 사람의 음식 취향이 다르다는 것을 나타내는 우화가 있다. 우리나라 사람들이 날것과 피가 섞인 육류를 먹는 것을 중국인이 비판하자, 그것들은 공자를 비롯해 고인이 즐겨 먹었다는 기록이 고서에 다 나와 있는데 왜 그러냐고 반박한 것이다.[6] 또 이수광의 《지봉유설》에는 "옛날 사람들은 회자膾炙를 아름답게 여겼다. 그런 이유로 《논어》에 말하기를, '회膾는 가느다란 것을 싫어하지 않는다.'라고 했고, 《맹자》는 '아름답다, 회자膾炙여!'라고 했다. 지금 중국 사람들은 회를 먹지 않는다. 비록 마른 고기라 할지라도 반드시 익혀서

4부 바다를 요리해온 민족

먹는다. 그들은 우리나라 사람들이 회를 먹는 것을 보고 괴상히 여겨 웃지 않는 자가 없었다. 이것으로 보면 식성이란 그 때에 따라서 변하는 것이다."고 나온다.

《임원경제지》에서 인용한 《선부경膳夫經》의 붕어회, 《대업습유기大業拾遺記》의 금제옥회방(쏘가리회 만드는 법)이 날것 그대로의 회다. 그런데 이 두 책은 중국 당나라 때의 것이다. 이처럼 중국에서도 당대는 물론 원대 초까지 육회와 더불어 생선 생회를 먹었다. 그러다가 조선시대에 오면 우리나라에서는 회를 먹고 중국에서는 먹지 않게 된 것이다. 또한 일본인은 육류의 날것은 먹지 않으면서 어패류의 날것은 즐겨 먹는다. 이렇게 한중일 삼국에서 다르게 진행된 생선회 문화를 살펴보자.

매력적인 어패류 회

조선시대 고조리서에는 생선을 날로 먹는 어회가 많이 나온다. 《음식디미방》, 《규합총서》, 《증보산림경제》에는 웅어, 민어, 해삼, 조개, 굴 등으로 만드는 생회가 나온다. 1800년대 말에 나온 《시의전서》의 '어회魚膾'는 "민어는 껍질을 벗기고 살을 얇게 저며 가로 결로 가늘게 썰어서 기름을 발라 접시에 담는다. 겨자와 고추장 양념장은 식성대로 곁들여 먹는다. 각종 어회는 모두 이와 같은 방법으로 한다."고 조리법을 설명했다. 또 작은 생선이나 조개, 굴 등도 날것 그대로 회로 만드는 방법을 설명하고 있다. 이는 다 생회에 속한다.

서유구는 《임원경제지》에서 중국 원대의 《거가필용》의 어생회방魚生膾方과《증보산림경제》의 어생회방을 모두 소개했다.

거가필용: 생선의 머리, 꼬리, 내장, 껍질을 제거하고 얇게 썰어 흰 종이 위에 펴서 잠깐 말린 다음 가늘게 채를 썬다. 무를 곱게 채 썰어 면보에 싸서 물기를 짜고 채 썬 생강, 생선회와 함께 버무려 접시에 담는다. 향채원수香菜芫荽(고수풀)를 꽃 모양으로 펴놓고 겨자와 고춧가루, 초를 끼얹는다. 회에 쓰는 초는 잿불에 구운 파 4대, 생강 채 썬 것 2냥, 유인장榆仁醬 반 잔, 후춧가루 2전을 같이 짓이겨 식초에 넣고 소금과 설탕을 첨가하여 함께 버무려 회에 사용한다. 또는 생강 반 냥을 덜 넣고 후추 1전을 더 넣는다.

증보산림경제: 회에 쓰는 생선 재료는 숭어, 준치, 쏘가리, 농어, 눌어, 은어, 밴댕이 모두가 회로 쓰기에 아주 좋다. 껍질과 뼈를 제거하고 흰 생선살만 취해 얇게 저민 후, 흰 종이 위에 펴놓아 잠깐 말렸다가 잘 드는 칼로 곱게 채 썰어 사기 접시에 얇게 펴놓는다. 별도로 파와 생강을 각각 반 촌 크기로 가늘게 채 썰어 회 위에 뿌린다. 젓가락으로 회를 집어 겨자장에 찍어 먹는다. 여름철에 회를 만들면 회 접시를 얼음 쟁반 위에 놓고 먹는다.

이렇게 여름철에 회 접시를 얼음 쟁반 위에 놓고 먹는다고 했으니, 저온에 의한 부패 방지 효과를 의식했음을 알 수 있다. 회를 찍어 먹는 장으로 요즘은 초고추장(윤즙장)을 많이 쓰지만 고추가 보급되기 전에는 겨자장을 많이 썼고, 조선시대에는 된

4부 바다를 요리해온 민족

장에 회를 찍어 먹는 방식이 더 일반적이었다.

조선시대에는 생선회 외에도 낙지나 생문어, 소라, 생전복, 생해삼 등을 살짝 데쳐 먹기도 했다. 1600년대 나온 것으로 추정하는 연대 저자 미상의 조리서인 《주방문》에서는 "굵은 낙지를 데쳐 껍질을 벗긴다. 낙지를 1치 정도씩 잘라 잘게 찢어 매운 양념을 하고 초간장을 한다."면서 이를 '낙지채'라고 했다. 1800년대 말의 조리서인 《시의전서》에는 "낙지, 문어, 소라, 전복, 해삼을 모두 살짝 데쳐서 썰고 초장을 곁들인다."라고 했다. 이렇게 약간 데친 것을 숙회라 한다.

회는 생선을 써는 방법과 모양에 따라서 멋과 맛이 다르다. 고급 횟감은 도미·민어·연어·방어·넙치 등인데, 신선한 생선의 껍질을 벗긴 다음 잘 드는 칼로 알맞게 썰어야 맛이 있다. 너무 투박해서는 좋지 않고 약간 얇아서 입에 집어넣으면 혀에 동그르르 감기면서 씹힐 정도의 두께가 좋다. 너무 잘게 썰어서는 고유의 맛을 볼 새 없이 입안에서 목으로 지나버린다.

그러나 회 맛을 더해주는 것은 장맛이다. 흔히 고추장을 쓰거나 꿀이나 엿, 과일 등을 첨가한 고추장을 쓰지만, 초를 조금 타거나 고추냉이를 섞은 간장에 회를 찍어 먹어야 제맛이 난다. 아무리 꿀까지 섞어 특수하게 만든 초고추장이라고 해도 고추장 맛이 강하면 혀를 감치는 생선회 본래의 맛이 죽는다.

도미나 넙치는 섬세하면서도 입에 감치는 맛이 뛰어나고, 방어는 고소하고도 부드럽게 혀를 자극하며, 갯장어는 좀 질긴 듯하면서도 씹히는 맛이 좋고 산뜻하다. 홍어나 가오리는 초고추장에 파와 마늘, 미나리를 섞은 양념으로 버무리면 별미인데, 물렁뼈가 살과 섞여 쫄깃한 맛이 그만이다. 또 해삼이나 전복은 혀와 이 사이를 휘어 감는 맛이 절미요, 바닷게의 다릿살을 살짝 데쳐서 뺀 것이나 살짝 데친 보리새우, 생낙지의 회도 더할 나위 없는 별미다.

수라상에 오른 웅어, 위어회

조선 왕실에서도 회를 즐겼다. 1795년, 혜경궁홍씨가 화성 행궁 당시 받은 아침 수라상에 위어회葦魚膾가 올랐다. 웅어의 회인데, 웅어는 봄에 강 하류로 올라와 초여름에 산란한다. 갈대 사이에서 잘 자라서 '갈대 위葦' 자를 써 위어라고 부른 것이다. 웅어는 봄철 한강 하류에서 많이 잡혔는데, 궁중에서는 웅어를 관리하기 위해 행주산성 부근에 '위어소葦魚所'를 별도로 두었을 정도였다.

조선 후기 문인 김매순金邁淳(1776~1840)이 쓴 한양의 세시풍속서인《열양세시기洌陽歲時記》에 위어에 관한 이야기가 나온다. "4월에 한양 행주에서 많이 나고 맛이 좋은 물고기로 위어를 꼽았다. 위어는 수라상에 올라가는 것이면서도 수라간에 공급되는 것 외에는 상인들이 가져가 민간에 팔았기 때문에 한양에서 거주하는 사람이라면 이 시기에 손쉽게 구하고 먹을 수 있는 것이었다."

《규합총서》에는 "웅어회는 풀잎같이 저며서 종이 위에 놓는다. 기름과 물기를 따로 희게 뺀 후 회를 쳐야 좋다."고 나온다. 《주식시의》에도 비슷하게 "웅어를 풀잎처럼 저며 종이 위에 놓아 물과 기름을 뺀 후 회를 쳐야 좋다."고 나온다. 이용기는 《조선무쌍신식요리제법》에서 더 자세하게 웅어회 즐기는 법을 소개했다. "큰 웅어는 뼈가 거세어 회로 마땅하지 않고 작은 것이 회로 쓰기에 좋다. 머리를 따고 비늘을 긁어 통으로 어슷하게 썬 다음 막걸리에 빨거나 참기름에 무쳐서 초고추장에 찍어 먹으면 고소한 맛이 일품이다. 씹어 먹을 때 입 안에 찌꺼기가 남는 것이 웅어회의 단점이다."

조선 왕실 이전에 백제에서도 위어회를 즐겼다는 이야기도 전해진다. 웅어를 위어 말고도 '의어'라고도 부르는데, 이 이름과 백제의 역사가 관련이 있다는 것이다. 백제가 망한 후 소정방이 당시 의자왕이 즐겨 먹던 위어회를 찾았다. 그런데 평소 백마강에 많던 위어가 모두 사라져 먹을 수 없었다. 웅어가 의로움을 지켰다고 하여 '의어'라고도 부른다는 것이다.[7]

동치회라 불린 겨울 숭어회

숭어는 빼어날 수 자를 써서 수어秀魚라고 불렸다. 그만큼 가장 맛 좋고 유익하기로 손꼽혔다. 숭어를 얼려 만든 동치회凍鯔膾, 즉 숭어회는 꿩을 얼려 만든 동치회凍雉膾와 이름도 비슷하지만 맛도 비슷하게 좋다고 한다. 우리 속담에 "숭어가 뛰니까 망둥이도 뛴다."고 하는데, 그만큼 숭어가 대접받는 생선이었다고 할 수 있다.

《산림경제》에서는 숭어가 사람에게 유익하고 어떤 음식을 해도 좋다면서, 다만 8월부터 이듬해 2월까지는 맛있지만, 나머지 기간은 맛이 없다고 지적했다. 허균은 《도문대작》에서 숭어는 서해 어디에나 있지만 한강에서 잡히는 게 가장 좋고, 나주에서 잡히는 숭어는 대단히 크며, 평양에서 잡아 얼린 것이 아주 맛있다고 꼽았다. 허균이 말한 "평양에서 잡아 얼린" 숭어로 동치회를 만들었을 것이다.

서유구는 《임원경제지》에서 '숭어회 만드는 법[凍鯔膾方]'을 이렇게 소개했다. "겨울에 숭어를 잡아 눈 위에 하룻밤 두어 충분히 얼게 한 다음 비늘과 껍질을 제거하고 날 선 칼로 나뭇잎처럼 얇게 썰어 겨자장에 찍어 먹으면 아주 상쾌하고 맛이 좋다." 아무래도 겨울이 생선회를 먹기에 안전하며, 얇게 회를 뜨기에는 얼린 생선이 나았던 모양이다.

이 방법으로 숭어회[凍鯔膾] 만드는 법은 《조선무쌍신식요리제법》에도 이어진다. "겨울에 숭어를 얼음이나 눈 위에 놓아 하룻밤 꽁꽁 얼린다. 비늘과 껍질을 벗기고 잘 드는 칼로 풀잎같이 저며 겨자에 먹는다. 맛이 좋고 꿩고기 언 것과 같다. 영광 등의 지역에서는 숭어를 회를 쳐서 아랫목에 놓아두어 누런 기름이 생기게 한 다음 먹는데 그 맛이 아주 좋다고 한다."

숭어는 회 말고도 숭어조림, 숭어찜, 숭어만두, 숭어전유어, 숭어포, 숭어탕 등을 만들어 먹는, 다양한 요리 변신이 가능한 생선 중의 생선이다.

병어는 회가 일품

병어는 지금도 많이 먹는 생선으로, 입이 작고 납작하게 생긴 바닷물고기다. 병어로는 조림, 찌개, 구이 등 다양하게 조리해 먹지만 회가 일품이다. 이용기는 《조선무쌍신식요리제법》에서 병어 중에서도 큰 것을 '덕재'라고 불렀는데 요새는 '덕자'라고 부르기도 한다며, 작은 것보다 덕재의 맛이 훨씬 더 좋다고 했다.

큰 덕재로 만들어야 맛이 더 좋다는 병어회는 일제강점기 신문(《동아일보》 1931년 5월 21일자)에 실리기도 했다. '생선회 만드는 법'이라는 기사에는 작은 병어는 껍질째 회를 쳐야 하기 때문에 빛깔이 푸르고 맛도 조금 떨어지는 데 비해, 덕재는 크기가 커서 껍질을 벗기고 회를 칠 수 있어서 보기에도, 먹기에도 좋다고 나온다. 그러나 병어와 덕자는 다른 생선이라고 한다.

조자호의 《조선요리법》에도 병어회 만드는 법이 나온다. "병어를 정히 다루어서 대가리를 잘르고 반에 쪼개서 칼에다 참기름을 발러 가지고 얇게 저미서 가늘게 채칩니다. 파 잎을 곱게 채치고 실고추를 약간 넣고 소금을 조금 쳐서 간을 맞추어 묻혀 담어놓고 윤집을 타놓으십시오." 여기의 윤집은 초고추장이다. 칼에다 참기름을 바르고 병어 살을 얇게 저미라고 한 이유는 그래야 생선 비린내가 적게 나기 때문이다.

여름철 서울 반가 보양식, 민어회

조선시대에만 해도 민어는 조기, 준치, 낙지, 밴댕이 등과 더불어 흔한 생선이었다. 그래서 백성의 고기라는 의미로 백성 민 자를 써서 민어民魚라고 했으며, 혹은 면어鮸魚라고도 했다. 민어는 담백하고 맛이 좋아서 잔치에 빠지지 않는 생선이었다. 민어는 비린내도 덜하고 쉽게 부패되지 않아 사랑받았다. 그러나 어획량이 줄어서인지 요새는 가장 값비싼 생선의 하나로 등극했다.

민어는 여름철 생선으로 알려져 있다. 여름철이 되면 지방이 가득 오르기 때문이다. 여름철 초복이 지나면서 가장 맛있어지기 때문에 여름철 보양식의 역할을 민어가 했다. 여름철 보양식으로 삼계탕, 개장국 혹은 육개장을 떠올리지만 서울 반가에서는 민어를 최고의 여름철 보양식으로 여겼다. 민어는 국, 구이, 조림, 찜, 어채, 회, 포 등 다양한 방식으로 조리되었는데, 어만두나 어교순대 같은 음식을 만드는 데에도 두루 사용되었다.

여러 조리서에는 다양한 민어 요리 중에서도 초여름에 먹는 민어회가 가장 맛있다고 나온다. 《조선무쌍신식요리제법》은 "6~7월에 기름지고 좋은 민어로 회를 친다. 빛깔이 희고 여러 사람 입맛에도 무난하다. 생선 가운데 흔하기도 하지만 여러 가지 잔치 자리에 널리 쓰이는 소중한 생선이다. 유월 그믐 전에 잡은 것이 맛이 가장 좋다."고 했고, 《조선요리법》은 "성한 민어를 비늘을 긁고 정하게 다려서 대가리를 자르고 팻바닥은 잘라 낸 후 등쪽 살만 반쪽에 쪼개서 가운데 뼈를 때고 칼에다 기름 칠을 해가지고 얇게 저며서 가늘게 썰어놓고 파 잎을 채 쳐 넣고 실고추도 약간 넣은 후 소금을 약간 치고 참기름을 두어 방울 쳐서 고루 묻쳐 담어놓고 윤집을 타놓습니다."라고 민어회 조리법을 설명했다.

회의 변신, 물회

물회는 잘게 썬 해산물과 채소를 양념해 찬물을 부어 먹는 요리인데, 물을 강조해 물회라고 했다. 어느 생선이나 패류로 가능한 열린 이름이기도 하다. 생선회 대신 멍게나 전복 같은 패류를 넣기도 하며 상추, 양파, 고추 등의 각종 채소가 들어가고 배 같은 과일을 넣기도 한다. 양념으로는 된장, 고추장, 식초, 다진 마늘 등이 들어가는데, 쓰이는 재료는 지역마다, 개인 취향마다 조금씩 다르다. 물회와 구별하여 보통의 회는 강회라고 부르기도 한다.

바쁜 어부들이 배 위에서 식사를 간편하게 해결하기 위해 고추장이나 된장에 무친 회에 물을 부어 마시듯이 먹었던 것에서 유래했다고 한다. 1960년대부터 관광객의 입맛에 맞춰 외식 메뉴화하기 시작했는데, 포항시 덕산동의 '영남물회'에서 물회를 낸 것이 최초라고 하지만 확실한 것은 알 수 없다.

물회는 당연히 바다가 인접한 지역에서 발달했으며, 각 지역의 특산물인 해산물을 넣는다. 강원도에서는 주로 오징어를 쓰며 물 대신 육수를 넣는데, 육수가 미리 부어져 나오는 것이 특징이다. 주로 고추장으로 비벼 먹는다. 식초를 넣어 먹기도 한다. 그리고 제주도의 물회에는 자리돔이나 한치가 들어가며, 된장을 비벼 먹는 것이 특징이다. 제주도의 물회는 원래 무더운 여름에 먹을 것이 없을 때 구황식으로 먹었다고 하는데, 지금 기준으로는 고급 구황식이었던 셈이다. 경상도의 물회는 경상남도와 경상북도가 양념을 만드는 데서 서로 다른데, 경상남도는 된장을,

경상북도는 고추장을 주로 쓴다고 하나 최근에는 이런 구분이 거의 사라진 것 같다. 점차 음식의 평준화가 이루어지는 셈이다.

생으로도 먹고 발효시켜서도 먹는 홍어회

홍어는 날로 먹기도 하고, 발효시켜 초고추장이나 양념장을 찍어 먹거나 묵은 김치에 싸서 먹는다. 혹은 홍어를 채 썰어 미나리를 섞어 양념해 무쳐 먹기도 한다. 전라도 향토 음식의 하나다. 홍어는 전라남도 흑산도에서 나는 홍어를 제일로 치며 겨울을 제철로 친다. 흑산도 홍어는 전라남도 신안군 흑산도 근해에서 잡히는 홍어를 말한다. 이 지역에서 잡히는 홍어는 썹으면 입에 착 달라붙을 정도로 차지고 맛이 좋다.

홍어를 먹는 방법은 다양하다. 껍질을 벗겨 날것 그대로를 초고추장이나 겨자를 넣은 간장에 찍어 먹거나 양념을 발라 구워 먹기도 하며, 겨울철에 푸르게 자란 보리 싹과 함께 홍어 내장을 넣어 홍어애탕을 끓여 먹기도 한다. 구워 먹거나 쪄 먹거나 국을 끓이는 등으로 익혀 먹는 방법도 다양하지만, 홍어 맛의 진수는 역시 회다.

홍어회 맛은 어떻게 삭히느냐에 달려 있다. 홍어는 항아리에 넣어 삭히는 게 보통이다. 옛날에는 삼베나 짚으로 싸서 두엄자리에 덮어두기도 했다. 두엄자리가 따뜻해서 쉽게 삭히기 때문이다. 삭힌 홍어의 암모니아 냄새 때문에 처음 먹는 사람들은 홍어 먹기를 어려워한다. 냄새도 냄새지만 톡 쏘는 맛에 적응이 필요하다. 막걸리와 같이 먹는 홍탁, 삶은 돼지고기를 얇게 썰고

그림 4-11 홍어회

배추김치와 함께 먹는 삼합 등이 그 일환이다. 또한 회를 그냥 먹는 것보다 회무침을 하면 보다 쉽게 먹을 수 있다.

목포와 인근 지역에서 홍어무침 만드는 법은 다음과 같다. 싱싱한 홍어를 항아리에 넣어 하룻밤 지나면 톡 쏘는 맛이 생긴다. 이런 홍어의 껍질을 벗기고 토막을 낸 다음 보기 좋게 채 썰어 식초를 넣고 손으로 주물러서 살이 꼬들꼬들해지면 꼭 짜 놓는다. 미나리는 살짝 데쳐 적당한 길이로 썰어놓는다. 다진 파, 다진 마늘, 다진 생강, 설탕, 고춧가루, 참기름, 깨소금을 고추장과 섞어 홍어채, 미나리와 버무려 무친다. 목포 이외 지역에서는 홍어를 하룻밤 재었다가 쓰지 않고 사 온 즉시 만들며, 미나리 이외에 무채를 소금에 절였다가 꼭 짜서 함께 넣기도 하고 배를 굵게 채 쳐서 섞기도 한다.

　미식가들은 홍어회의 맛있는 부위의 순서를 매기기도 하는데, 단연 반질반질 끈적끈적한 코를 으뜸으로 친다. 홍어 코를 먹어보지 못한 사람은 아예 홍어 맛을 논하지 말라고 할 정도다. 홍어 코를 소금장에 찍어 한입에 넣으면 쎄~한 맛이 혓바닥에서 코를 타고 올라가 금세 눈물이 글썽글썽해진다. 정수리가 시큰하고 코끝이 찡하다. 정신이 하나도 없다, 두 번째 맛있는 곳은 날개, 세 번째는 꼬리를 꼽는다. 날개나 꼬리는 오돌오돌 씹히는 맛이 그만이다. 잘 삭을수록 홍어 맛은 황홀하다. 삭을수록 깊은 맛을 내는 홍어회다.

의례음식으로 살아남은 생선전

　잔치를 떠올리면 고소한 기름 냄새가 난다. 바로 전 부치는 냄새다. '전煎'은 지진다는 뜻의 글자다. 조선 왕실에서는 기름에 지진 꽃이라는 뜻의 전유화煎油花, 혹은 기름에 지진 생선이라서 전유어煎油魚라고 했다. 반면 민간에서는 '저냐' 또는 그냥 '전'이라고 불렀고, 지짐개라고도 했다. 전은 고기나 생선, 채소 등의 재료를 다져서 납작하게 빚거나 얇게 저며서 꼬챙이에 꿰지 않고 밀가루와 달걀로 옷을 입혀서 번철에 기름을 두르고 납작하게 양면을 지져내는 것이다.

　이 전 중에서도 가장 많이 먹는 것이 바로 생선전이다. 《규합총서》에는 생선에다 밀가루와 달걀을 입혀서 지지는 전유어

그림 4-12 낙지전과 해삼생선전유어

가 나오고 《증보산림경제》에는 해삼전海蔘煎과 해전蟹煎 등이 나온다. 조선 왕실의 잔치에도 수산물로 만든 전과 전유어가 자주 올랐다. '전煎'으로 기록된 것으로는 1795년 〈원행을묘정리의궤〉에 합전蛤煎과 생선전生鮮煎이, 1827년 〈자경전진작정례의궤〉에 생해전生蟹煎, 어전魚煎, 해삼전海蔘煎이, 1892년 〈신정왕후부묘도감의궤〉에 홍합전紅蛤煎, 생합전生蛤煎이 나온다. 그리고 전유어나 전유화의 기록으로는 1719년 〈기해진연의궤〉에 생선전유어生鮮煎油魚가, 1795년 〈원행을묘정리의궤〉에 전유화煎油花가, 1828년 〈무자진작의궤〉에 양색전유어兩色煎油魚, 삼색전유어三色煎油魚, 어전유화魚煎油花가 나온다. 이 전유어들은 주로 숭어를 재료로 썼다. 〈신정왕후부묘도감의궤〉에는 석화전유어石花煎油魚가 나오고, 1902년 〈임인진연의궤〉에는 도미전유어道味煎油魚가 나온다. 이와 같이 조선 왕실에서도 다양한 수산물로 전을 부쳐 먹었던 것에서 잔치의 핵심이 바로 전이었음을 알 수 있다.

우리의 전은 서양에서 즐기는 튀김fan fry과는 다르다. 기름에 지지는 것은 같으나 전은 튀김에 비해 기름을 덜 쓴다. 과거 기름이 풍족하지는 않았으니 우리는 전의 형태로 만들어 먹었다. 그러나 현대에 와서 보면 튀김은 열량도 높고 같은 기름에 계속 튀겨내면서 기름이 산패해 건강에도 좋지 않다.

《음식디미방》에 '어전법'이라는 이름으로 생선전 부치는 법이 나오는데, "살집 많은 숭어나 아무 고기라도 가시 없게 저미고, (이를) 기름장에 밀가루를 입혀 재어서 기름에 지져서 쓰라."고 했다. 1800년대의 《음식방문》에는 '어전'이 나오는데, "신선한 숭어를 얇게 저며 속은 만두소같이 해서 넣고 녹말을 묻히고 계란에 지져 써라."고 했다. 역시 1800년대의 《주식방문》에는 '붕어전'이 나오는데, "한 치나 두 치 정도 되는 붕어를 깨끗이 씻는다. 간을 되게 쳐서 (맛이) 들면 찹쌀가루나 녹말가루를 묻혀 기름에 지져 마른안주로 먹는다."고 했다.

이용기는 《조선무쌍신식요리제법》에서 혼인, 상사, 제사, 생일 잔치, 연회나 여럿이 술 마시는 자리, 심지어 일상 밥상에까지 전유어 없이는 상을 차릴 수 없다면서 도미전유어, 조개전유어, 대구전유어, 새우전유어, 낙지전유어, 굴전유어, 밴댕이전유어를 소개했다. 지금은 거의 해 먹지 않는 게전유어 만드는 법도 설명했다. "게를 깨끗하게 씻어서 삶고 발의 끝만 자른 다음 채반에 놓아 물을 뺀다. 밀가루를 씌우고 달걀을 입혀 지진 다음 둘로 잘라 먹는다. 맛이 씁쓸하고도 구수하며 특별히 풍미가 있다. 제사에 쓴다. 게는 암수 모두 쓸 수 있다."

전이나 전유어에서 중요한 것은 밀가루 옷이다. 이용기는 무슨 재료를 사용하든지 달걀에 녹말이나 양밀가루를 입혀 지져 쓰는 것이 상등, 즉 가장 좋은 것이라고 했다. 일등 교자상이나 서로 친하지 않은 점잖은 손님들 술상을 차리는 데는 상등으로 지져서 따뜻할 때에 톡톡 찢어 내는데, 무슨 전유어든지 더운 상태로 초장이나 진장을 찍어 먹되 소금을 찍어 먹어도 맛이 고소하고 깔끔하다는 것이다. 큰 잔치처럼 많은 양의 전을 부쳐야 할 때에는 달걀에 물을 타고 치자 물을 쳐서 밀가루를 입혀 지져 쓸 수 있고, 이것이 중등품이라고 했다. 그리고 녹두를 갈고 달걀은 쓰지 않고 들기름이나 돼지 발 기름에 지져 쓰는 것은 가장 하등품으로서, 주로 시골에서나 무당집에서 쓰인다고 했다.

이용기는 전유어 부치는 요령도 자세히 알려준다. 무슨 전유어든지 밀가루를 묻히고 달걀을 씌워 바로 지지면 빛깔이 좋지 못하기 때문에, 먼저 달걀에 소금을 치고 기름을 넣고 소다를 뿌리되 모두 조금씩 넣고 흠뻑 저어준 다음 나무 숟가락으로 전유어의 한쪽 면이 덮일 만큼 떠서 번철에 펴놓고 밑이 완전히 엉겨 익기 전에 전유어 재료에 가루를 약간 묻혀 그 위에 올려놓으라고 했다. 전의 한쪽 면을 부치고 뒤집을 때 밀가루 옷이 떨어져 지저분해지는 것이 예전부터 고민이었나 보다.

일본서 배워 만든 가마보곳과 태극선

우리가 많이 먹는 수산식품 중에 어묵이 있다. 이 어묵을 지금도 나이 많은 사람들은 가마보코라고 부르기도 한다. 가마보코かまぼこ는 일본어로, 일본에서 들어온 음식이기 때문이다. 그 조리법이 우리나라에 들어온 시기는 1700년대로 보인다. 18세기에 의관 이시필이 지은 《소문사설》에 '가마보곳可麻甫串'이 등장하기 때문이다.

숭어나 농어, 도미를 썰어서 얇은 조각으로 만든다. 따로 쇠고기와 돼지고기와 목이버섯, 석이버섯, 표고버섯, 해삼 등 여러 가지 재료와 파, 고추, 미나리 등 여러 가지 양념을 다져 소를 만든다. 생선편육 한 층에 소를 한 층 놓고 또 생선편육을 한 층 놓고 소를 한 층 놓고 이와 같이 서너 층 놓은 후에 두루마리 종이를 말듯이 둥글게 말아서 녹말가루로 옷을 입혀 펄펄 끓는 물에 삶아내어 칼로 썰어 편육을 만든다. 어육편과 소가 서로 말려 돌아간 것이 마치 태극 모양과도 같다. 이것을 고추장에 찍어 먹는다. 소로 넣는 여러 가지 양념을 오색으로 각각 나누어서 넣어 만들면 칼로 자른 후에 문채 나는 조리가 더욱 아름답게 보인다.

일본의 가마보코는 생선육 으깬 것을 그대로 또는 착색하여 쪄낸 것이다. 때로는 다시마 같은 것에 싸서 쪄내기도 한다. 따라서 《소문사설》의 가마보곳 조리법은 일본의 가마보코 만드는 법 그대로는 아니고, 이를 변형하여 우리식으로 만든 것임을 알 수 있다.

이 가마보코는 어떻게 우리나라에 알려진 것일까? 조선시대 통신사가 일본에 가면 일행을 대접하기 위해 접대 음식을 내놓았다. 통신사 3인의 조석 밥상은 대개 본 밥상, 제2의 밥상, 제3의 밥상으로 차려졌다. 그중 본 밥상에 가마보코가 차려져 있었고 이를 먹어본 통신사가 전한 것으로 추측해본다.

18세기 가마보곳 조리법은 이후 1938년 조자호의 《조선요리법》에 나오는 '태극선'이라는 음식의 조리법과 유사하다. 아마도 《소문사설》의 가마보곳이 태극선으로 진화한 것으로 보인다. 다음은 《조선요리법》에 나오는 태극선 조리법이다.

> 고기를 곱게 다져 양념을 볶아놓고. 미나리는 줄거리만 한 치가량으로 썰어 데치고 숙주도 아래 위를 따 버리고 데쳐놓습니다. 표고도 불려서 채 쳐 볶고 석이도 튀해서 채 쳐 볶아서 전부 한데 섞어 양념해놓고 계란은 지단 붙여 채 쳐놓습니다. 그다음 생선을 정히 다져서 내부를 끄내고 대가리를 잘른 후 반에 쪼개서 가운데 뼈를 빼내고 얇게 저며놓고 준비해놓은 고명을 고루 펴놓은 후 돌돌 말어서 녹말을 씌워 쳐서 둥굴게 썰어놓습니다. 초장을 타놓으십시오.

한편 숙종 45년(1719)의 〈진연의궤〉에는 생선숙편이 나오고 1829년의 〈진연의궤〉에는 생선문주가 등장한다. 이는 으깬 어육 반죽을 찌거나 굽거나 튀겨서 묵처럼 굳힌 것이었다. 중국에서는 어환魚丸이라고 한다. 가시가 없도록 진시황에게 올린 생선 요리였다고 전해지며 동그란 경단처럼 생겨 환ball이라고 한다. 그러니 한중일 다 어묵을 즐긴 셈이다. 그러나 현재 우리가 먹는 어묵은 일제강점기에 들어온 것으로 보아야 할 것이다. 부산에서 시작한 동광식품이 최초의 어묵 공장을 세웠다.

11장

바다의 맛을
오래오래

발효의 힘, 식해와 젓갈

　발효는 신의 선물이라고 한다. 발효음식은 인간의 힘이 개입
하기보다는 자연 발생적으로 탄생하는 것이기 때문이다. 발효는
보편적인 자연현상이므로 각 민족 고유의 발효음식들이 존재
한다. 우리 민족 역시 수천 년의 음식 역사 속에서 다양한 발효
음식을 만들어 먹어왔다. 우리에게는 채소를 발효시킨 김치가
있고, 콩을 발효시킨 장류, 곡류나 과일을 발효시킨 술, 그리고
이로부터 만들어지는 식초가 있다. 이에 못지않은 빼어난 발효
음식이 바로 어패류를 발효시킨 식해와 젓갈이다. 생선을 비롯
한 어패류를 발효시킴으로써 나는 그 감칠맛은 다른 발효음식

　　　　　　　　　　　　　　　　　　　　4부 바다를 요리해온 민족

에서는 찾기 어렵다. 우리의 어패류 발효음식인 해와 젓갈의 역사와 문화를 살펴보자.

식해 원조를 찾아, 아시아의 식해문화

식해라고 하면 잘 몰라도 가자미식해 혹은 명태식해는 들어본 사람이 많다. 그러니까 식해食醢는 생선에 밥(쌀, 조, 보리 등)과 소금을 섞어 발효시킨 음식이다. 그럼, 식해는 어디서 시작되었을까? 아무래도 생선을 먹는 동남아 그리고 중국의 남방에서 그 기원을 찾아야 할 것 같다.

식해는 바다에서 먼 산간지대에서 생선을 저장하려는 노력에서 시작된 음식으로 추측된다. 미얀마, 캄보디아, 라오스 등지에서 바다생선은 구하기 어려우나 계절에 따라 민물고기는 구하기 쉬웠다. 그런데 그 계절이 지난 뒤의 저장이 문제였다. 이곳은 소금이 귀해 염장 생선을 많이 만들 수가 없고, 또 열대의 기후 탓에 우기에는 생선을 말리기도 어렵다. 따라서 생선에다 소금을 약간 넣고 쌀밥을 섞어 숙성시키는 식해가 만들어졌으리라 짐작할 수 있다. 최소한의 소금과 쌀밥을 섞어 숙성시키면 쌀의 전분이 분해되어 유기산이 생성된다. 이 유기산이 생선의 부패를 억제하고 독특한 풍미를 생성시킨다. 또 생선의 단백질이 아미노산으로 분해되어 감칠맛이 극대화된다.

식해라는 음식은 2세기 초엽의 중국 문헌《설문해자》에 처음 등장했는데, "지鮨는 생선 젓갈이고, 자鮓는 생선의 또 다른 저장 형태인 식해이다. 이것은 외래어다."라고 설명했다. 500년대의 중국 저술인 《제민요술》에도 잉어를 비롯한 각종 생선 식해와 돼지고기 식해가 나온다.

송대는 중국 식해의 전성시대였다. 주재료는 잉어, 은어, 해파리, 거위, 참새 등이다. 당시 식해는 대체로 생선에다 소금, 생강, 귤피, 시라 등의 향신료와 홍국, 지에밥, 참기름 등을 섞어 만들었다. 북송 수도인 개봉, 남송 수도인 임안에서 음식점은 물론 식료품점이나 거리의 노점에서도 식해가 판매되었다. 그러다가 점차 식해 제조법이 변하여 밥을 적게 쓰고 술을 많이 쓰게 되었는데, 술은 산화해 초산이 된다. 또는 식초를 직접 뿌려준다. 어류에 식초를 뿌려주면 회가 된다. 특히 남송시대에 식해는 회에 흡수된다. 이후 원, 명을 거쳐 청대 초엽인 18세기 초에는 오랜 전통의 식해가 중국에서는 거의 사라지게 되었다. 원산지인 동남아 일대에서는 태고 시절의 원시적인 방법으로 여전히 식해를 담그고 있다. 그러나 중국 문화권에는 한때 식해를 담갔으나 지금은 거의 사라졌다.

한국의 식해는 어떻게 발전했나

조선 초기까지 우리 문헌에는 식해에 관한 내용이 나오지 않는다. 그렇다고 조선 초기까지 식해가 없었다고 생각하기는 어렵다. 후한대에 중국에 들어온 식해가 송대에는 전성시대를 이루었던 것을 고려할 때 우리에게도 식해가 들어왔을 것이다. 단지 문헌으로는 보이지 않았는데, 이후 조선 중기부터 식해가 고조리서에 나타난다.

1600년대 말엽의 《주방문酒方文》과 1680년의 《요록》에 생선과 곡물, 소금을 사용한 전형적인 식해가 나타난다. 그러다가 1700년대에 《역주방문》에서는 생선이 아닌 소의 양이나 멧돼지 껍질을 쓰고 후추를 섞은 것도 역시 식해라 하고 있어, 식해의 종류가 좀 더 다양해진 것을 볼 수 있다. 1700년대의 《음식보》에는 '삼일 식해'가 나온다. 이 식해는 생선, 소금, 곡물에 밀가루를 넣고 다시 누룩을 섞어 숙성을 촉진하는 것이다. 그리고 1766년의 《증보산림경제》에서는 대하, 곡물, 천초, 엿기름으로 만드는 '정안 식해법'이 나온다. 19세기 초의 《임원경제지》〈정조지〉에는 고기, 생선(잉어), 조개, 참새, 거위 등으로 식해 만드는 법을 중국 문헌을 인용해 실었다.

1800년대 초의 《규합총서》에는 황해도 연안 지역의 식해가 나온다. 만드는 방법은 다음과 같다.

대합의 살을 발라내어 속뜨물에 씻어 베수건에 짜서 물기를 없앤 뒤 살짝 말린다. 밥과 엿기름과 조갯살, 대추, 잣을 섞어 항아리에 넣고 3~4일 후 조갯살의 색이 붉게 변하면 먹는다. 기름이나 소금을 약간 넣어도 좋으며 조개를 넣지 않고 담그기도 한다.

이 식해 만드는 법은 1700년대에 나온 《산림경제》의 '작식해법作食醢法'과 유사하다. 대합을 사용하는 것을 비롯해 재료가 유사하며, 조리법도 거의 일치한다. 《규합총서》의 식해 조리법은 1908년에 나온 《부인필지》와 1924년에 나온 《조선요리제법》

의 식해 조리법과 일치한다.

식해와 식혜

식해와 식혜는 지금과 마찬가지로 과거에도 혼용되었다. 식해食醢는 우리나라 특유의 명칭이다. 해醢는 '젓갈 해'로, 생선에 소금을 넣어 만든 것이고, 이 해에다 밥을 뜻하는 '식食'을 결합해 식해라 한 것으로 보인다.

1527년의 한글 자전인 《훈몽자회》에는 "醯: 초 혜, 醢: 젓 해 혹은 육장"이라 풀이하며, "鮓: 젓 자로서 속칭 '어자漁鮓'라고 한다."고 나온다. 그러니까 당시 식해라는 음식은 있었으나 한자로 '자鮓'라 표기했고 식해라고 부르지는 않았다고 추측할 수 있다. 그러다가 1682년에 나온 《역어유해譯語類解》에서는 '醯: 식혜'라고 했다. 이후 1807년의 《재물보》에서는 '자鮓, 식해食醢'라 했으며, 1896년의 《(연세대)규곤요람閨壼要覽》에서는 곡물과 엿기름으로 된 식혜食醯 만들기를 설명했으며, 1800년대 말엽의 《시의전서是議全書》에서는 곡물과 엿기름으로 감주를 만들고 여기에 유자를 섞어 산미를 더한 것을 식혜食醯라 했다.

앞서 살펴본 바와 같이, 우리나라에서 식해는 1600년대부터 문헌에 나타난다. 그런데 《주방문》에서는 식해를 식혜라 쓴 것이고, 오늘날의 식혜와 가장 닮은 것은 1740년경에 편찬된 책으로 알려진 이시필의 《소문사설》에 나오는 '삼일 식혜법'이라는 음식이다. 쌀에 엿기름을 넣어서 3일 동안 발효시킨 음식이다. 이렇게 식해와 식혜는 뜻과 표기에서 혼동되어 사용되었고, 기

4부 바다를 요리해온 민족

록에도 혼동이 있었다.

그러다가 정약용이 1819년에 쓴 어원 연구서《아언각비雅言覺
非》에서 식해와 식혜를 구분한다. "혜醯란 작장酢醬이다. 해醢의
즙이 많은 것을 '혜'라 하는데, 혜란 '즙 심瀋'이다. 즉, 우리나라
방언으로 젓국이다. 어린아이들의 공부에서는 혜와 해를 가리
지 못하였다. 그러므로 포해를 읽기를 포혜라 하는 것 같다."고
한 것이다. 그러니까 '혜醯'는 국물이 있는 형태로, 지금의 식혜
와 비슷하다고 본 것이다. 정약용은 이렇게 음식명이 올바르지
못한 것을 바로잡고자 노력했다.

지금도 식해와 식혜가 혼용되고 있다. 처음 음식문화를 공부
할 때 나 스스로 가장 헷갈린 대목이기도 하다. 한자로도 해와
혜가 혼용되고 있어서 이를 이해하는 데 많은 시간을 소모했던
기억이 난다. 이를 다음과 같이 정리해보려 한다. 해(젓, 醢)에 밥
(食)을 섞었으니 식해라 하는데, 생선에 소금, 곡물, 엿기름을 한
데 섞어 만든 것이 식해다. 이 식해에서 생선과 소금을 빼 버리
고 물을 많이 써서 만든 것은 감주이고, 여기에 흔히 유자나 석
류 열매를 섞으면 산미가 감도는 식혜가 된다. 결론을 내리면,
식해는 육류나 생선에 곡물이나 소금을 넣고 삭힌 음식이며, 식
혜는 감주나 단술과 같은 음료다.

지역별로 다양하게 만드는 식해

한국의 식해는 지역별로 다양하다. 서울에서는 전통적인 식
해가 사라지고, 찹쌀과 엿기름으로 만든 감주에 설탕과 석류를

섞어 산미를 더한 음료를 식혜라 하는 데 비하여, 지방에서는 특색 있는 향토 음식으로서 식해를 만들어 먹고 있다.

경상도에는 '마른 고기 식해'가 있다. 이는 생선과 곡물, 소금, 파, 고추, 마늘 등을 섞은 것으로, 대표적인 지역이 진주다. 황해도 연안 식해는 큰 조개에 곡물, 엿기름, 생강, 대추 등을 섞어 만든다. 또 강원도의 명태식해, 함경도의 가자미식해는 생선에다 곡물, 엿기름, 소금, 각종 향신료에다 무를 섞어서 만들고 있다.

이 중에서 함경도의 식해가 특히 유명한데, 가자미, 무채, 생강, 마늘, 고춧가루, 소금, 조밥 혹은 쌀밥 섞은 조밥을 섞는다. 꼭 가자미만 쓰는 것은 아니고, 도루묵이나 명태로도 식해를 담근다. 가자미 중에서는 참가자미를 쓰는데, 대가리도 자르지 않고 창자만 버리고 씻어 가로 썰어 소금에 절인다. 고기가 꼬들꼬들하게 절여지면 밥과 버무려 단지에 넣어둔다. 며칠이 지나 고기와 밥이 삭을 만하면 다시 꺼내 무채를 섞고 양념한다. 이런 다음에 미지근한 곳에다 항아리째 덮어두었다가 고기와 무가 삭아 맛이 들면 먹는다. 도루묵식해와 명태식해도 비슷한 방식으로 담근다.

일본은 '해醢'에서 스시로

해와 혜는 분명히 다른 음식으로 중국의 고문헌에 나온다. 하지만 오늘날 중국 음식에서 해나 혜와 유사한 음식은 찾기 어렵다. 이에 비해 한국과 일본에서는 해가 다양한 진화를 거치면

4부 바다를 요리해온 민족

서 2,000년 넘게 유지되고 있다. 한국에서는 생선을 발효시킨 가자미식해나 명태식해로 그리고 음료인 식혜나 안동식혜 등으로 명맥을 유지하고 있다.

한편 일본에서도 해가 다양한 모습으로 발전했다. 스시壽司는 일본을 상징하는 대표적인 요리다. 이 스시가 바로 해에서 유래한 것이다. 스시의 전신은 '나레즈시なれずし'로 알려져 있다. 나레즈시는 생선에 소금과 밥을 섞어 발효시킨 음식이다. 8~12세기 일본 간사이 지방에 본거지를 두었던 헤이안시대平安時代의 황실 법도집인 《엔키시키延喜式》에 처음으로 등장하는데, 나레즈시의 조리법은 분명 해와 같다. 아마도 당나라 때까지도 육고기나 생선을 소금과 곡물로 발효시키는 해가 동아시아의 지배층 사이에서 고급 음식으로 유행한 듯하다. 7세기 신라의 신문왕의 혼인 납채에 해가 포함된 것이 그 예다.

한편, 오늘날 우리가 스시라 부르는 것의 원형은 18세기에 등장한다. 18세기에 도쿠가와 막부가 세워진 에도(지금의 도쿄)에서 시작된 것이다. 당시 에도는 인구가 100만 명에 이를 정도의 대도시였다. 즐비하게 자리 잡고 있던 상가에서 스시는 간편한 끼니음식으로 상당한 인기를 끌었는데, 여기서 비롯된 것이 에도마에 스시江戸前ずし다. 하지만 당시의 스시는 소금이나 간장 혹은 식초에 절인 생선 조각을 밥 위에 올려놓은 것이었다. 1910년대 이후 전기냉장고가 에도마에 스시 전문점에 도입되면서 점차 지금의 스시로 모습을 바꾸었고, 1980년대 일본인의 해외 진출과 함께 세계인이 즐기는 대표적인 일본 음식으로 자리를 굳힌 것이다.

발효의 백미, 젓갈

바다음식을 이야기하면서 젓갈을 빼놓을 수 없다. 젓갈은 어패류의 살이나 내장 또는 생식소 등에 소금을 첨가해 숙성시킨 발효식품이다. 젓갈의 숙성은 어패류의 근육, 생식소, 내장에 들어 있는 효소의 작용에 의하여 이루어진다. 특히 근육이나 내장의 주성분인 단백질을 분해하는 효소가 중요하다. 이는 단일 효소가 아니고 여러 종류로서, 각 효소의 특성에 따라 단백질이 아미노산으로 분해되면서 특유의 점조성을 띠고 독특한 풍미인 감칠맛이 나온다.

조선시대는 젓갈이 가장 발달한 시기로, 16세기의 《미암일기》에는 젓갈과 식해가 24종이나 기록되어 있다. 같은 시기에 나온 《고사촬요》와 《쇄미록》, 17~19세기에 편찬된 《음식디미방》, 《산림경제》, 《증보산림경제》 등의 문헌에 소개된 젓갈은 180종 이상으로, 이 시기에는 매우 다양한 종류의 젓갈을 먹었음을 알 수 있다. 또한 조선 중기부터 많이 잡히기 시작한 명태, 조기, 청어, 멸치, 새우 등은 말리거나 젓갈로 만들어져 전국에 널리 유통되었다.

조선시대 농서와 조리서에 나타난 젓갈 담그는 법은 네 가지로, 염해법鹽醢法, 주국어법酒麴魚法, 어육장법魚肉醬法, 식해법食醢法이다. 이 중 어패류를 소금에 절이는 염해법과 내장을 제거한 생선에 밥과 소금, 고춧가루, 엿기름 또는 누룩을 넣고 버무리는

식해법이 우리나라의 젓갈 제
조법이고, 나머지는 중국의 제
조법이 우리나라에 소개된 것
으로 추정된다. 중국의 영향을
받은 어육장해와 주국어법은
조선시대에 들어서면서 점차
사라지고 염해와 식해가 지금
까지 내려오고 있다.

그림 4-13 황석어젓

조선시대 전기까지 젓갈은
주로 밥반찬으로 먹었고, 김치
에는 젓갈을 사용하지 않았다.
그러던 중 임진왜란을 전후하여 고추가 전래되면서 젓갈도 다
양한 용도로 쓰이게 되어 양념용 젓갈과 반찬용 젓갈로 분리되
었다. 특히 김치를 담글 때 고추와 함께 젓갈을 사용하면서, 고
추가 젓갈의 비린내를 감소시키고 젓갈이 김치의 감칠맛과 저장
성을 더욱 향상시켜 소금을 대신해 젓갈의 사용이 늘어나게 되
었다.

찬으로도 양념으로도 중요한 새우젓

새우젓은 특히 김치를 담그거나 여러 음식을 만들 때 중요한
양념으로 사용되는 한국인의 대표 젓갈이다. 새우젓의 중요성
을 방신영은《조선요리제법》(1934)에서 다음과 같이 강조했다.

새우젓은 빛이 희고 꼬리가 붉고 배가 통통한 것이 좋은 것이다. 대개 오월 유월에 담그고 또는 가을에도 담근다. 새우젓에 기름을 치고 붉은 고추나 혹은 풋고추를 이겨서 넣고 초를 치고 반찬으로 먹으면 훌륭하다. 찬으로 먹어도 훌륭하다. 젓국찌개 하는 데 나물 볶는 데 넣는다. 그리고 깍두기 하는 데 넣는다. 여러 가지로 살림에 없어서는 안 될 것이다. 수득수득 말린 무를 이 새우젓 속에 넣었다가 일 년 만에 꺼내어 반찬을 하면 매우 좋다.

《조선요리학》의 저자 홍선표洪善杓도 〈조선 찬에 없어서는 안 되는 새우젓의 호불호〉[8]라는 글을 남겼다. 홍선표는 조선의 가정에서 만드는 여름 반찬 중 새우젓 만들기가 조기젓 만드는 것과 함께 매우 중요한 일이라고 강조하면서, 잡히는 시기에 따라 새우젓을 구분하는 방식에 대해서도 언급했다. 언제 잡힌 새우로 만드는지에 따라 새우젓을 구분하는 방식은 지금도 통용되는 방식과 비슷하다. 오월에 잡힌 새우로 담근 젓갈을 오젓이라고 하고 유월에 잡힌 새우로 담근 젓갈을 육젓, 세 번의 복날이 지난 뒤에 잡은 새우로 담근 젓갈을 추秋젓이라 했다. 이 가운데서도 육젓을 제일로 치고, 특히 초복을 지나 중복이 되기 전에 잡은 새우로 담근 젓갈을 가장 좋은 것으로 친다고 한다. 한식의 기본은 양념인데, 이 양념 중에서도 새우젓은 감칠맛을 주는 중요한 식재료였다.

밥도둑 간장게장

게장은 게에 간장을 달여 붓고 삭힌 저장식품으로, '게젓'이라고도 한다. 게가 많은 강화도에서 어렵게 자랐던 강화도령 철종은 가을 수라에 게장을 올리지 않으면 밥을 먹지 않았다고 한다. 그만큼 게는 가을 시식의 으뜸이었다.

게장은 조선시대 《산림경제》, 《규합총서 》, 《주방문》 및 《시의전서》 등에 기록되어 있다. 《산림경제》에는 조해법糟蟹法이라 하여 게·재강·소금·식초·술을 섞어 담근 기록이 있으며, 게장은 오래 두면 맛이 변하나 조해법으로 담근 게장은 이듬해 봄까지 먹을 수 있다고 되어 있다. 육선치법肉膳治法이라 하여 게를 기르는 법도 기록되어 있다. 그러므로 게장은 이미 1600년대부터 우리 식생활에서 중요했음을 알 수 있다. 한편, 조리법은 전해지지 않지만 고려시대 이규보의 글에서도 게장에 대한 언급을 찾을 수 있으니, 오래된 음식임을 알 수 있다.

게장을 담글 때는 반드시 살아 있는 게를 사용해야 한다. 물에 담가 해감을 한 뒤 항아리에 담고 진장과 조금 짠 청장을 섞어 붓는데, 게 50마리에 10컵 정도가 적당하며, 여기에 마늘·통고추를 섞어 넣도록 한다. 3일이 지난 뒤에 간장만 따라내 따로 끓인 다음 차게 식혀서 다시 항아리에 붓는데, 이를 3, 4회 반복한다. 게장은 각 지방마다 조리법을 달리하여 가정에서 밑반찬으로 많이 이용되고 있는데, 시대나 지방에 따라서 조리법에는 차이가 있다.

1670년경의 《음식디미방》에 '게젓법'이라는 이름으로 게장

만드는 법이 나온다. "게를 잡아 오면 잡은 날마다 게를 각각의 단지에 넣어 이삼 일 모은 다음 여러 마리가 되면 한 단지에 넣는다. 게 열 마리에 대하여 소금이 한 되 분량이 되도록 소금물을 만들어 끓인 후 식힌다. 산 게를 넣어두었던 단지에 물을 부어 세게 흔들어 씻어 버리기를 세 번 하는데, 이때 죽은 게는 가려내 버리고 산 것으로만 단지에 가득 넣는다. 끓여놓은 소금물이 미지근해지면 게가 잠기도록 붓고 그 위에 가랑잎을 덮은 다음 돌로 눌러놓는다. 소금물이 묽으면 열흘 후에 쓸 수 있게 되고 소금물이 진하면 좀 더 빨리 익는다. 소금물을 부을 때 너무 뜨거우면 게가 익어서 좋지 않다." 지금과는 달리 소금물을 끓여서 식혀 붓는 법이다. 그런데 이후 《규합총서》의 게젓 만드는 법에서는 게(참게 암놈은 상강 직전에, 방게는 3~4월 또는 9~10월에)에다 소금물이나 진간장(여러 차례)을 부어 삭힌다고 나온다. 지금의 간장게장과 만드는 법과 비슷하게 변화한 것이다. 이외에도 《주방문》에서는 '약게젓'이라 하여 게를 방구리에 담아 하룻밤을 지낸 뒤, 기름장과 후추·생강·마늘을 잘게 썰어 섞어서 기름장을 달여 따뜻한 김이 있을 때 담갔다가 7일 뒤에 먹는다고 했다. 《시의전서》에는 게를 깨끗이 씻어 항아리에 넣고 간장을 부어두었다가 3일 뒤에 따라내 솥에 달여서 식으면 항아리에 붓고, 3일이 지나면 다시 되풀이하여 익힌다고 나온다.

지역별로는 경상도나 전라도, 제주도의 게장이 유명하다. 경상도의 참게장은 다음 해 여름 반찬으로 가을철에 집집마다 마런해두는 음식인데, 벼를 벨 무렵 논에서 나는 암게가 알과 장이 많아 가장 맛이 좋다고 한다. 전라도의 '벌떡게장'은 바닷게를 큰 것은 토막 쳐서, 작은 것은 통째로 담그는데, 살아서 벌벌 기는 것을 탁탁 끊어서 양념장을 부었다가 하루나 이틀이 지난 뒤에 먹는다. 이 게장은 맛이 달고 신선하나 오래 저장하지 못하기 때문에 벌떡 먹어치워야 해서 벌떡게장이라는 이름이 붙었다 한다. 또 전라도 강진의 '콩게젓'은 콩만큼 작은 게를 맷돌에 갈아 걸쭉하게 만들어 소금과 고춧가루로 버무려 담근 것이다. 제주도에서는 게장을 '깅이젓'이라 하는데, 삼월 보름날 썰물 때 게를 잡아서 담근 장이다.

예로부터 "간장게장은 밥도둑"이라고 했다. 살이 올라 게딱지에 노란 알이 꽉 찬 암게를 간장에 삭혀 김이 나는 고슬고슬한 밥에 비벼 먹으면 짭쪼름한 그 맛에 밥이 푹푹 줄어드니 게 눈 감출 밥의 도둑이 된다는 것은 너무도 적절한 표현인 듯하다. 재미있는 것은 게장 한 마리면 밥 한 공기 뚝딱이 아니라 밥 두세 공기가 거뜬하다는 것이다. 짭짤 달착지근한 게살이 맛있기도 하지만 게살뿐 아니라 게의 맛이 배어든 간장 맛 또한 일품이기 때문이다. 게다가 언뜻 아무 쓸모없이 버리게 될 것 같은 소위 '게딱지'가 게장을 좋아하는 사람들이 맛있어하는 1순위로 꼽힌다. 이것은 한국에서 간장게장을 먹는 '특별한 방법'에 해당하는데, 게딱지를 좋아한다는 것은 게딱지를 먹는다는 것이 아니라 게딱지의 오목한 면에 밥을 넣어 비벼 먹는 것을 의미한다. 게 맛이 잘 밴 간장이 고여 있는 게딱지 오목한 부분에

그림 4-14 간장게장

밥을 넣어 비비면 안쪽에 달라붙어 있는 게의 말랑한 살들과 함께 섞여 말로 형용할 수 없는 풍미를 선사한다.

맛있는 간장게장은 게장의 재료가 되는 꽃게가 물이 오르는 5월에 담근 것이라고 한다. 5월이면 암게에 알이 가득 차며 11월에는 수게의 살이 실하게 오른다. 그래서 5월은 게를 찌기보다는 게장을 담기기에 적당한 계절이다. 수컷은 살이 많아 찜, 암컷은 알이 차 있으므로 게장을 담그는 것이 제격이다. 그래서 살이 통통히 오른 수게를 사용하여 찜을 주로 하는 중국이나 서양과 달리, 게장을 좋아하는 한국에서는 수게보다 암게의 가격이 더 높다. 꽃게의 맛이 가장 좋은 때는 3월에서 5월 중순까지로, 게의 산란기 직전이라 살이 통통하게 오르고 알과 내장도 가득 차 있다.

4부 바다를 요리해온 민족

튀김과 튀각 그리고 부각

해산물 요리 중에 기름을 이용한 음식으로 튀김과 튀각 그리고 부각이 있다. 특히 최근에 우리 해조류가 건강식품으로 외국인들에게 인기가 있고 그중에서도 김 스넥이 서구에서 인기를 끌면서 수출 품목이 되고 있는데 김 스넥은 김부각에서 유래한 것으로 볼 수 있는 과자로, 한국식 기름 요리다. 보통 새우튀김, 김부각, 다시마튀각으로 제각각 불리는데, 각각은 어떻게 다른 걸까?

튀김 대신에 옷을 입히지 않은 튀각이 발달

먼저, 튀김에 대해 과거 문헌을 통해 살펴보자. 중국 음식에서 기원을 찾아보면 튀김을 작炸; jah이라 하며 그중에서도 옷을 입힌 것을 괘호掛糊; guah hwu라 한다. 괘호한 것을 건작乾炸이라 하고 괘호하지 않은 것을 청작淸炸이라 구분한다. 일본에서는 옷 입힌 튀김을 보통 덴푸라天ぷら라고 한다.

중국에서는 당대에 이미 밀가루 반죽을 기름에 튀긴 과자가 있었고, 일본에서는 1600년대 초엽의 《게이초닛키慶長日記》에 도쿠가와 이에야스德川家康가 참기름으로 튀긴 도미를 먹고 죽었다는 이야기가 나온다. 우리 문헌에서는 튀김이 1765년의 《증보산림경제》에 비로소 나타난다. 《증보산림경제》의 '전천초방煎川椒方'이다. "찹쌀가루를 청장에 반죽하여 이것을 시루에 쪄내어 천초가루를 섞어 목판 위에다 잘 이겨 떡가래 모양으로 만든 것을 썰어서 건조시킨다. 이것을 향유 속에 넣어 전煎하면 부풀어 올라 씹으면 아삭아삭하다." 기름에 넣어서 가열하여 부풀어 올랐으니 일종의 튀김으로 볼 수 있으나 전煎한다고 했으니 옷을 입힌 것은 아니다. 당시 기름이 넉넉하지 못하니 아마도 적은 양의 기름에 지진 것으로 보인다.

우리 고조리서에 자주 나오는 조리법은 '튀각'이다. 《증보산림경제》에는 행인(살구)이나 호두 등의 전煎이, 《옹희잡지》에는 다시마를 튀기는 해대전방海帶煎方이, 《규합총서》에는 다시마에 호초胡椒(후추)와 해송자海松子(잣)를 싸서 매듭묶음한 것을 튀기는 '송초전방松椒煎方'과 파래와 김을 전煎하는 것이 각각 나온다. 이와 같이 옷을 입히지 않고 끓는 기름 솥에 튀긴 것을 튀각套角(투각)이라 한다.[9] 《고사십이집》(1787)에는 "해대(다시마)를 유전油煎한 것을 투곽鬪藿이라 하는데, 이것은 소식素食의 찬이 된다."고 설명했다. 이렇게 조선시대 조리서에는 작炸이나 튀김이라는 말은 쓰지 않고 '전煎하다' 또는 '지지다'라고 표현했다. 우리나라에는 작에 해당하는 요리품의 종류가 매우 적었고, 작법은 전에 포함된 상태에 있었다고 보인다. 더욱이 옷을 입혀서 튀기는 요리는 보이지 않는다.

부각은 튀김과 튀각의 중간 형태

우리나라 요리에는 옷을 입혀서 튀기는 튀김과 옷을 입히지 않고 튀기는 튀각의 중간형인 부각이 있다. 그런데 요즘 튀각과 부각의 명칭이 서로 혼용되기도 한다. 부각은 다시마나 김 같은 해초, 당귀 잎과 가죽나무 순 같은 채소에 찹쌀 풀을 발라서 건조시킨 후에 기름에 튀기는 반찬이다. 《오주연문장전산고》에는 '참죽나무 순 부각'이 나온다. 봄에 참죽나무 순을 많이 따서 적당히 쪄서 찹쌀가루 풀에 담근 후 하나하나 바싹 말려 기름에 튀겨서 밥반찬 혹은 술안주로 먹는데, 맛은 매우 부드럽고 바삭바삭하고 또 담백하다고 했다.

김부각은 우리나라 대표 사찰 음식의 하나인데, 부족한 열량이나 지방을 보충한 것이다. 찹쌀가루로 되직하게 풀을 쑤어 설탕, 소금, 후춧가루, 고춧가루로 간을 맞춘다. 김을 접어서 한쪽편에 찹쌀 풀을 발라 붙이고 겉으로 나온 면에도 한쪽에만 풀을 발라 바짝 말려서 보관하면서 그때그때 기름에 튀겨서 먹는다. 다시마로도 부각을 만든다. 다시마를 젖은 면포로 깨끗하게 닦아 3×4cm 크기로 자른다. 찹쌀을 깨끗이 씻어 30분 정도 불린 후 고슬고슬하게 밥을 지어 준비된 다시마에 찹쌀밥을 펴

그림 4-15 다시마튀각과 다시마부각

바른 후 바싹 말려서 밀폐용기에 보관한다. 140~150도의 식용유에서 튀긴다. 경상도의 향토 음식으로 노가리부각도 있다. 노가리를 두드려 편평하게 펴놓고 찹쌀 풀을 쑤어 식힌 후 노가리에 골고루 발라 채반에 펴서 말린다. 바싹 말린 노가리를 밀폐용기에 담아 보관하다가 그때그때 튀겨서 먹는다.

자반은 좌반인가

지금은 많이 쓰지 않는 음식 용어로 '자반'이 있다. 한자로는 '도울 좌佐' 자를 써서 좌반佐盤이라고 하는데, 식사를 도와준다는 의미다. 자반은 역사가 깊은 조리법으로, 채소나 해조류를 기름에 지지거나 볶는 것을 의미했다. 김자반이나 미역자반처럼 기름에 볶아서 소금으로 간을 한 것과 매듭자반처럼 다시마를 기름에 튀겨서 소금으로 간을 한 것이 있는데, 부각도 자반에 속한다. 그런데 자반이 채소나 해초를 기름에 지지거나 볶는 것에 한정된 것은 아니다. 소금절이 생선, 포, 건어물, 다식, 육병 등도 다 자반이라 했는데, 볶이와 장조림은 조치와 자반 양쪽에 포함될 수 있어 사실 정확한 분류가 어렵다.

《명물기략》에는 "좌반佐盤: 전운轉云 자반 염어鹽魚"라고 했다. 즉 좌반을 소금에 절인 생선인 염어로 본 것으로, 염장 생선으로 한 반찬을 자반이라 한 것이다. 《한경식략漢京識略》*에 자반전佐盤廛이 등장할 정도로 중요한 찬이었다.

1800년대 말의 《시의전서》에 '좌반 담는 법'이 나온다.

민어를 광어포 적시듯이 하여 껍질을 벗겨 포같이 잘라 담고, 어란 같은 것은 위에 얹는다. 자반이 없으면 튀각으로 대신한다. 제사와 잔치 때는 전유어·족편·숙육을 모두 옆옆이 곁들여 담는다. 대제사와 큰상에는 해삼을 전유어 위에 얹는다.

이후 일제강점기에 나온 방신영의 《조선요리제법》에는 생선에 소금으로 간을 한 다양한 자반이 나오는데, 자반준치·자반조기·자반비웃·자반고등어·자반갈치·자반뱅어·자반연어·자반밴댕이·자반전어 등이다. 조자호의 《조선요리법》에는 '자반과 포'라는 항목이 나오는데, 자반 항목에는 전복쌈·어란·똑똑자반·철유찬·북어무침·오징어채무침·대하무침·굴비·관목·암치·건대구·고추장볶음 등이 나온다. 이 중 북어무침(보푸라기)은 지금도 종갓집 밑반찬으로 소개되고 있다. 북어(황태)를 수저로 긁거나 강판에 갈아 양념한 것인데, 갈아낸 북어를 3등분하여 간장 양념(간장, 참기름, 설탕, 깨소금), 소금 양념(소금, 참기름, 설탕, 깨소금), 고춧가루 양념(고춧가루, 참기름, 설탕, 깨소금)으로 각각 버무려 삼색 보푸라기로 만들기도 한다.

이러한 기록으로 볼 때, 자반은 넓은 뜻으로는 보존성이 있고 맛이 진한 밑반찬을 통틀어 가리키는 용어였다고 보이며 생선이 그 재료로 많이 쓰인 듯하다. 생선이야말로 건조와 염장으로

---

* 류본례가 순조 30년(1830)에 편찬한 것으로, 한성부의 역할, 시전의 종류와 판매 물품 등을 자세히 기록하는 등 당대의 풍습에 대한 묘사한 책이다.

보존성을 높이지 않으면 오래 보관하여 먹기 어려운 식재료였던 탓이다.

조선 왕실에서도 마른 찬으로 어패류를 많이 활용했다. 어패류는 상하기 쉬워 저장을 위해 건조 상태로 진상되었고, 이 건어패류를 조리거나 지져서, 혹은 포로 만들어 자반으로 많이 이용했다. 1795년의 〈원행을묘정리의궤〉를 통해 궁중의 반찬, 자반을 짐작해볼 수 있다. 여기에 나오는 생선자반류는 염민어鹽民魚, 염송어鹽松魚, 담염민어淡鹽民魚, 염포鹽脯, 민어포民魚脯, 약포藥脯, 약건치藥乾雉, 광어포廣魚脯, 전복포全鰒浦가 있는데, 생선을 말려 만든 포의 형태다. 통째로 말린 어패류로는 건석어乾石魚, 건청어乾靑魚, 반건대구半乾大口, 반건전복半乾全鰒이 나온다. 어패류로는 다식도 많이 만들어 먹었던 듯하다. 대구다식大口茶食, 전복다식全鰒茶食, 광어다식廣魚茶食, 은구어銀口魚, 석어石魚, 대하大蝦, 감장초甘醬炒, 장복지醬卜只, 감복甘鰒, 불염민어不鹽民魚가 나온다. 어란 계통으로는 숭어란秀魚卵, 하란鰕卵, 어란魚卵이 나오고, 해조류로는 감태甘苔와 김[海衣]이 나온다.

최고의 자반에서 술안주로, 어란

'어자魚子'라고도 하는 어란魚卵은 저장음식이다. 간장이나 소금에 절인 생선의 알을 말려두었다가 그때그때 썰어서 먹는다. 너무 마른 경우에는 깨끗한 행주에 물을 적셔서 어란을 꼭 싸놓았다가 얄팍하게 썬다. 귀한 재료를 쓰는 만큼 최고급 음식으로 인정받아왔다. 민어어란과 숭어어란을 최상품으로 치는데,

숭어어란을 민어어란보다 귀하게 보았다. 숭어 알의 크기가 더 작고 구할 수 있는 양도 적었기 때문이라 한다. 일제강점기의 어류학자 정문기가 쓴 글[10]에 의하면, 전국에서 잡히는 숭어 중 가장 진미로 꼽히는 것이 전라남도 영산강 부근에서 잡힌 것이며 그곳에서 제조한 숭어 어란은 진상품으로 유명했다. 반면 민어 알은 암치라고도 부르는데, 민어 알이 터지지 않도록 꺼내 씻어서 소금을 쳐서 살살 눌러서 말려 쓴다고 했다. 당시 서해에서 많이 잡히는 민어 알로 만든 어란을 영산강 부근으로 가져다가 숭어 알과 섞어서 숭어어란이라고 속여 파는 악덕 상인까지 등장했다고 한다. 정문기는 숭어어란과 민어어란을 구별하는 방법은 의외로 쉽다고 했는데, 숭어어란은 지방이 풍부해 먹을 때 이 사이에 쉽게 달라붙는다는 것이다.

홍선표는 《조선요리학》(1940)에 어란 제조법을 실었다. 그는 어란 만드는 법이 매우 어렵기 때문에 실패해서 알을 모두 버릴 수도 있다고 주의를 주었다. 그 조리법이 자세하고 길지만 여기에 일부를 옮겨본다.

알을 민어에서 꺼내는 대로 즉시 소금에 절이되 보이지 않을 만큼 소금에 파묻어 소금을 알의 양보다 더 많이 해서 절여둔다. 3~4개월 후에 알 전신이 빳빳하고도 단단하게 되면, 이것을 새벽 일찍이 물에 담그되 만약 날씨가 흐리든지 하여 담근 후에 태양을 보지 못하게 되는 때에는 전부 썩어버릴 지경이 되므로 날씨를 잘 보아야 하겠다. 알을 물에 담아서 손으로 깨끗하게 씻은 후에 물속에 4시간가량 담가두었다가 다시 건진 다음 다시 손바닥으로 위에서부터 아래로 쓸어가며 깨끗하게 씻어서 채반에 말린다. 어란의 상하를 보아 위쪽을 아래로 향하게 해서 말려야 한다. 이것은 어란 위쪽으로 밖으로 통하는 구멍이 있기 때문에 구멍을 기울여 아래쪽으로 두어 말리는 것이다. 이렇게 해야 어란 막에 들어 있는 수분이 흘러내려 빠진다. 햇빛에 이틀 동안 말렸다가 다시 깨끗한 물에 1시간가량 담가두었다가 또다시 손바닥으로 문질러 씻어 이틀 정도 말렸다가 세 번째 물에 또다시 담갔다가 말리면 어란으로 먹을 수 있다.

최근에는 일본이 어란으로 유명하다. 우리나라에서도 어란을 제조하는 장인들이 많이 생겨나고 우리의 어란 전통이 살아나기를 바라는 마음이다.

귀한 전복으로 만드는 전복쌈, 전복다식, 전복김치

전복은 바닷속 깊은 곳에 서식하기 때문에 과거에는 이를 채취하기가 쉽지 않았다. 조선시대는 물론이고 가두리 전복 양식에 성공한 1990년대 이전까지도 전복은 매우 귀한 식재료였다. 그래서 일반 가정에서 어쩌다 전복을 구하면 집안 어른인 노인의 차지가 되었다. 하지만 전복은 살이 질겨서 이가 좋지 않은 노인이 먹기에 부적합했다. 그래서 집안의 부녀자들은 전복을 부드럽게 조리할 수 있는 방법을 강구했다.

홍만선의 《산림경제》에, 어떤 효부가 연로한 시아버지가 이가 없어 전복을 먹을 수 없자 전복다식을 만들어 봉양했다는 이야기가 나온다. 다식은 차와 함께 먹는 차과자의 일종으로, 송화다식·흑임자다식·오미자다식 등 천연의 식물 재료를 이용해 다양한 다식을 만들어왔다. 그런데 다식이라는 이름을 가진 음식 중에 육포다식과 전복다식이 있다. 육포다식은 육포를 가루 내 다식판에 찍어내는 일종의 밑반찬이다. 전복다식도 비슷하게 만드는데, 자세한 방법은 다음과 같다. 전복을 햇볕에 바싹 말려 가루 내고, 이를 물에 개어서 전복 모양으로 만든 다식판에 찍어낸 것이다. 이렇게 하면 두부처럼 부드러운 식감으로 전복 맛을 즐길 수 있다. 이처럼 전복을 이용해 노인들의 보양식을 만드는 이야기와 그 조리법은 《산림경제》 외에도 빙허각이씨의 《규합총서》에도 나오는데, 전복김치와 전복다식법이 함께 나온다.

전복을 얇게 저며 주머니처럼 만들고 유자 껍질과 배를 가늘게 썰어 그 속에 넣는다. 소금물을 싱겁게 하여 파와 생강 등을 넣고 김치를 담그면 좋다. 본 방법은 이러하나 내 소견에는 맨 전복만은 좋지 않으니 무를 나박김치처럼 썰어 약간 넣으면 좋을 듯하다. 전복은 흠씬 축여 속까지 무르게 축여 얇게 깎아 말린다. (이것을) 갈아서 수건에 싸 다시 축여 다식판을 전복 모양같이 만들어 박아 노인의 반찬에 쓴다.

전복쌈 또한 귀한 음식이었다. 《시의전서》에는 좋은 전복을 충분히 불렸다가 건져서 베보자기에 싸서 물기를 없앤 후 얇게 저민 후 잣을 싸서 작은 송편만 하게 가장자리를 가지런히 모양을 만들라고 했다. 전복이 클 경우 불려서 한쪽 끝은 붙어 있도록 하여 서너 번 칼집을 내고, 작은 전복은 그냥 불려놓기만 하여 잣을 곁들여 먹기도 했다. 전복쌈은 마른안주의 한 종류로 먹었다.

도미어장은 도미로 만든 자반

1800년대에 안동 지역에서 나온 《주찬》이라는 조리서에는 도미어장道尾魚醬이라는 음식이 나온다. 만드는 방법은 이렇다. "도미를 통째 비늘을 긁어내고 깨끗이 씻어서 물을 많이 붓고 흠씬 끓인다. 뼈와 고기가 걸쭉하게 풀어지면 젓가락으로 휘저어 고기 뼈를 추려낸다. 여기에 좋은 장국을 많이 붓고 한동안 푹 끓인 다음, 참기름을 많이 넣고 통 파도 적당히 넣어 많은 장국이 거의 없어질 때까지 졸여서 익힌 후에 쓴다. 이렇게 하면 나머지 뼈도 모두 연해지고 맛도 짭짤해서 좋다. 붕어도 이런 방법으로 만들며, 돔으로 만든 것보다 맛이 좋다. 이것은 자반의 한 종류이며 매우 좋은 음식이다."

이를 어장이라고 부르는 것이 이색적이다. 어장은 생선을 발효시킨 장의 일종인데, 도미어장은 장으로 조려서 만드는 조림이다. 《시의전서》에도 민물고기나 잔 생선의 조리법이 나오는데, 도미어장 만드는 법과 비슷하다. 《임원경제지》에는 생선장조림을 '동국어장법'이라고 소개했는데, 그 만드는 법이 독특하다.

4부 바다를 요리해온 민족

먼저 청장을 육류 재료에 넣고 약한 불로 삶아 장이 반으로 줄어들면 자기 항아리에 부어 넣는다. 그리고 붕어의 비늘과 지느러미를 제거하는데, 큰 것은 토막으로 자르고 작은 것은 통째로 쓴다. 여기에 유장을 발라 숯불 위에서 구워 익힌다. 아주 부드럽게 되면 장항아리에 넣고 단단히 밀봉한다. 5~6일이면 먹을 수 있다. 먹

그림 4-16 전복찜, 광어포, 황태포로 구성한 마른 해물 찬

을 때 만초가루를 뿌린다. 모든 민물고기는 다 이 방법을 따라 만들 수 있다.

어장도 조림으로 만드는 좌반의 형태를 보이니, 생선좌반의 한 종류라고 하고 있다. 즉 생선 반찬인 셈인데, 참 다양하게 생선을 조리하여 반찬으로 먹었던 것을 알 수 있다.

바다음식의 과학, 맛과 건강

바다음식을 이해하는 방식에는 여러 가지가 있다. 지금까지 바다음식의 역사와 문화, 우리 민족이 먹어온 해산물과 그 조리법까지 다루었다. 그럼에도 부족한 무엇이 있다.

생선은 왜 맛있으며, 우리가 생선을 먹을 때 나는 독특한 비린내 그리고 감칠맛은 무엇 때문일까? 생선이나 해조류는 어떤 물질로 이루어져 있으며, 비린내를 없애고 생선을 맛있게 먹기 위해서는 어떻게 해야 할까? 바로 바다음식의 과학이다. 또한 어떻게 조리해야 맛있는지에 대한 해답도 과학이 줄 수 있다. 그뿐만이 아니다. 물고기나 해조류를 먹는 것이 왜 건강에 좋다고 할까? 같은 동물성 식품인 고기보다 생선이 상대적으로 건강하다고 보는 이유는 무엇일까? 그리고 최근 세계적으로 우리 해조류가 주목받는 이유는 무엇일까? 이와 같은 궁금증에 대한 대답도 결국 과학이 할 것이다.

여기에서는 우리 삶과 관련된 바다음식의 비밀을 과학으로 풀어보려고 한다.

12장

생선을 맛있게
먹는 법

물고기는 왜 맛있을까

물고기는 왜 맛있을까를 알기 위해서는 먼저 물고기가 어떤 성분으로 이루어져 있는지 알아야 한다. 생선은 종류에 따라 붉은 살 생선과 흰 살 생선으로 나눈다. 보통 활동량이 많은 표층 물고기에는 붉은 살 생선이 많고, 운동량이 적은 심층 물고기에 흰 살 생선이 많다. 그리고 민물고기는 거의 흰 살 생선이다.

물고기의 일반 성분은 단백질, 지방질, 탄수화물, 무기질, 수분, 비타민, 기타 성분 등이고, 그 함량은 계절이나 성별, 크기, 부위에 따라 달라진다. 보통 수분은 70~80%로 육류의 살보다 많고, 단백질은 20~25%다. 단백질을 구성하는 아미노산 조성은 필수 아미노산을 충분히 함유하며 소화도 잘되고 맛도 좋은 편이다.

생선 내 탄수화물은 주로 글리코겐의 형태로 0.1~1.0% 들어 있는데, 그 함량은 생선의 종류나 영양 상태에 따라 뚜렷한 차이를 보인다. 지방 함량도 생선 종류에 따라 매우 달라 2%에서 20%까지이며, 수분이 적은 생선일수록 지방이 많고, 흰 살 생선보다 붉은 살 생선에 지방이 많다. 또 산란 전의 생선에는 특히 지방이 많아진다. 무기질은 주로 칼슘·나트륨·마그네슘·인·황·철·요오드이며, 특히 요오드 함량은 육류의 수십 배에 달한다.

비타민은 B₁, B₂, 니코틴산(비타민B 복합체의 하나)이 많고 A, C, B₁₂도 들어 있다. 생선 추출 성분은 1~5%인데, 크레아틴·크레아티닌·카르노신·타우린·히스티딘·이노신산 등이며, 이 성분은 일반적으로 표층에 사는 물고기에 많고 심층에 사는 물고기에는 적다. 비타민과 기타 성분이 적은 생선일수록 맛이 담백하다. 생선살에는 혈합육血合肉, dark meat이라고 암적색을 띠는 부분이 있어 보통 살과 구별하는데, 성분도 약간 달라 비타민A와 비타민 B₁ 등이 많이 들어 있다. 그 부위에 혈액이 많기 때문에 짙은 색을 띠며 약간의 피비린내가 난다. 혈합육은 다랑어, 방어, 고등어 및 꽁치처럼 표층에 사는 고기에 잘 발달되어 있다.

붉은 살 물고기에는 육지동물처럼 살에 미오글로빈이나 혈색소가 있어 부패되면 변색되는 다랑어류, 새우를 먹이로 하면 생기는 아스타크산틴이라는 물질을 가져 부패되어도 변색되지 않는 연어류, 두 종류가 있다. 상어나 가오리와 같은 연골어류의 살에는 1~2%의 요소尿素가 함유되어 있어 조금 오래되면 요소가 분해되어 암모니아 냄새가 나게 된다. 정어리나 꽁치, 청어와 같이 기름기가 많은 생선은 다가불포화지방산을 많이 함유하고 있어 쉽게 산패한다.

생선의 맛 성분

생선살의 구수한 맛은 함유되어 있는 질소 화합물에서 나온다. 특히, 글루탐산이나 베타인 같은 각종 아미노산, 뉴클레오타이드, 유기산은 맛 성분으로 매우 중요하다. 주요 질소 함유 화합물은 유리아미노산과 저분자 펩티드다. 낙지, 오징어 같은 연체동물과 새우나 게 등의 갑각류는 유리아미노산의 함량이 높은데, 특히 글리신, 알라닌, 프롤린, 아르기닌, 글루탐산, 히스티딘 등을 많이 함유하며 타우린도 들어 있다. 연체동물과 갑각류의 조직에 특히 많이 함유된 베타인은 아미노산의 일종으로, 단맛과 감칠맛을 낸다. 특히 새우류의 베타인 함량이 높아 글리신과 함께 새우의 단맛에 기여한다.

흰 살 생선에 비해 붉은 살 생선의 히스티딘 함량은 100g당 750~1,200mg으로 높아 알레르기 반응의 원인이 되기도 한다. 탄력성이나 견고성처럼 씹히는 식감도 맛을 크게 좌우한다. 사후경직을 일으킨 신선한 생선살은 탄력이 있고 쫄깃쫄깃하며 젖산도 많이 생성되어 맛이 좋으므로 회 등으로 생식하기에 적합하다.

한편, 어육에 들어 있는 뉴클레오타이드의 90% 이상이 아데닌뉴클레오타이드다. ATP(아데노신 3인산)가 아데닌뉴클레오타이드의 주 형태이고 그 양은 g당 5~8μmol(마이크로몰)이다. 어류가 죽으면 시간이 지남에 따라 근육 내 ATP가 ADP(아데노신 2인산), AMP(아데노신 1인산), IMP(이노신 1인산), 이노신, 하이포잔틴의 순서로 분해된다. IMP는 감칠맛을, 하이포잔틴은 쓴맛을 낸다. 유리아미노산인 글루탐산과 함께 IMP가 존재하면 감칠맛이 상승한다. 어육의 맛에 관여하는 유기산으로는 숙신산(호박산)과 젖산 등이 있다. 숙신산은 특히 조개류의 감칠맛 성분으로서 계절에 따라 함량이 달라진다.

활어보다 선어(숙성회)가 맛있는 이유

한국인은 회를 먹을 때 일반적으로 쫄깃하고 탱탱하게 씹히는 육질의 탄력을 즐긴다. 그래서 펄떡펄떡 뛰는 생선을 바로 뜬 회가 맛있다고 생각하지만 꼭 그렇지는 않다. 생선회의 탄력은 생선 육질 고유의 단단함과 사후경직에 의한 단단함 두 가지에 의해 결정된다. 생선을 잡으면 세포와 세포를 연결하는 콜라겐이 약해지면서 고유의 단단함이 떨어지지만 근육의 수축으로 인해 전체적인 단단함은 증가한다.

일반적으로 생선은 잡고 나서 5시간 전후에 단단함이 최대치가 된다. 따라서 갓 잡은 활어회보다는 몇 시간 숙성시킨 것이 더 쫄깃하다. 더구나 이노신산, 글루탐산 등 맛을 좌우하는 아미노산은 생선이 죽은 다음 점차 증가하므로 숙성시켜 먹는 회가 더 감칠맛이 날 수밖에 없다.

물고기의 색소 성분

참치를 비롯한 다랑어의 살은 미오글로빈과 헤모글로빈으로 인해 붉은색을 띤다. 선도가 떨어지면 미오글로빈이 산화되어 메트미오글로빈이 되므로 생선살의 색이 변한다. 멜라닌은 어류의 표피나 오징어의 먹물주머니에 존재하는 색소로, 타이로신으로부터 합성된다. 오징어와 낙지의 표피색소의 주성분은 트립토판으로부터 합성되는 오모크롬인데, 살아 있는 오징어의 표피에는 갈색의 색소포가 존재하나 죽으면 색소포가 수축되어 흰색이 된다. 죽은 다음 선도가 떨어지면 체액이 약알카리성으로 변하기 때문에 오모크롬이 붉게 변한다. 갈치는 구아닌과 요산이 섞인 침전물이 빛을 반사하여 은색으로 빛난다. 카로티노이드의 일종인 아스타잔틴과 아스타신은 가재, 게, 새우의 껍데기에 존재하는 색소다. 전복이나 조개류의 혈액에 존재하는 헤모시아닌은 구리를 함유하고 있어서 청색을 띠게 한다.

생리활성 성분

대부분의 생선은 육류에 비해서 저열량 식품이며, 여러 가지 생리활성 성분을 포함하고 있다. 잘 알려진 EPAEicosapentaenoic acid는 등 푸른 생선에 다량 함유되어 있으며 장어, 가자미, 넙치 같은 흰 살 생선이나 잉어, 은어 등 담수 어류에도 소량 함유되어 있다. 고지혈증이나 심혈관계 개선, 혈중 콜레스테롤 저하,

암(유방암, 대장암, 전립선암) 억제, 혈소판 응집 억제, 혈압 저하 억제, 면역 증강 작용을 한다. DHA는 EPA와 마찬가지로 등 푸른 생선에 다량 함유되어 있다. 고지혈증이나 중추신경계 개선, 세포막 유동성 개선, 혈소판 응집 억제, 항암, 노인성 치매증 개선 작용을 한다고 알려져 있다.

타우린은 연체류(문어, 오징어), 어류(참치, 고등어, 도미), 갑각류(새우, 게), 패류(소라, 바지락, 굴) 등의 수산물에 함유되어 있다. 혈중 콜레스테롤 저하, 혈압 강하, 항경련, 항동맥경화, 항균, 종양 억제, 감염 방어 작용을 한다.

어패류를 먹고 탈이 나는 경우는 독성물질 때문이다. 일부 조개류, 특히 이매패(껍데기가 두 개인 조개류)는 유독 플랑크톤을 섭취하고 축적하므로 독을 함유한다. 조개류의 독성화는 계절의 영향을 받으며 특정 지역에서 발생한다. 우리나라에서는 남해안뿐 아니라 동해안에서도 조개 독이 문제되고 있다. 따라서 조개 독 발생 예보가 발표되면 조개류는 섭취하지 말아야 한다. 한편 어류는 근육, 간, 내장, 생식기관과 같은 특정 기관에 독성분이 농축되어 있다. 수산물의 독으로는 복어의 테트로도톡신, 조개류의 삭시톡신이 잘 알려져 있다.

생선 비린내의 정체와 제거

해산물에서 나는 냄새를 '비린내'라 한다. 비린내의 원인은 바로 트리메틸아민Trimethylamine, TMA이다. 이 물질은 생선 몸속에서 삼투압을 조절하는 트리메틸아민옥사이드Trimethylamine oxide, TMAO가 미생물이나 효소에 의해 분해되어 생성된다. 따라서 삼투압 관리가 중요한 바다생선에서 비린내가 유독 심하게 나며, 싱싱한 생선이 아니라 죽은 지 오래된 생선이기 때문에 냄새가 발생한다고 볼 수 있다. 맛보다는 냄새로 감지되는 이유는 트리메틸아민이 휘발성 물질이기 때문이다. 또 트리메틸아민은 효소와 반응해 디메틸아민Dimethylamine, DMA으로 바뀌는데, 이는 암모니아 냄새의 원인이 된다. 레몬즙이나 식초, 토마토 등의 산 성분이 트리메틸아민, 디메틸아민과 만나면 물과의 결합을 용이하게 해 휘발성이 현저하게 줄어든다. 쉽게 말해서 비린내가 약해지는 것이다. 또 트리메틸아민, 디메틸아민이 양전하를 띠게 돼 물이나 다른 분자와 결합해 생선 바깥으로 빠져나오지 않도록 한다.

비린내가 유독 심한 생선은 고등어, 꽁치, 갈치 등이며, 비린내가 거의 없는 생선은 명태, 가자미, 참치 등이다. 전부 그런 것은 아니지만 지방이 많은 생선일수록 비린내가 많이 난다. 전통적인 방법으로 생선을 보존한 식품도 비린내가 나는 편이다. 최대한 비린내를 제거하는 조리법이 필요하다.

잘 씻기

바다생선은 소금물에 씻는다. 트리메틸아민 성분과 결합하는 식재료를 활용하면 효과가 더 좋은데, 예를 들어 인단백질의 일종인 카제인이 포함되어 있는 우유 등을 사용해 세척하면 트리메틸아민이 이와 결합하여 우러난다. 비린내가 우러난 물을 아깝다고 버리지 않거나 꽁치 통조림 국물을 요리에 부으면 비린내가 더 심해진다.

산

트리메틸아민은 염기 성분이므로 산으로 중화시킬 수 있다. 레몬이나 라임 같은 산도 있는 과일즙으로 트리메틸아민을 분해할 수 있다. 물에 희석한 식초나 유자청을 소량 써도 나쁘지 않다. 하지만 오렌지같이 당도가 높은 과일을 쓰면 오히려 비린내가 증폭된다. 고춧가루, 마늘, 후추 등 자극적인 향신료를 넣으면 비린내가 줄어든다.

타닌과 생선

타닌은 지방, 소금 그리고 스파이시한 풍미와 함께 작용한다. 아주 짠 음식은 타닌을 더 잘 느끼게 하는데, 보통 생선 요리에는 레드와인 대신에 화이트와인을 곁들일 것을 권하는 이유가 이 때문이다. 레드와인과 소금이 만나면 레드와인에 많은 타닌의 쓴맛이 더 강해지기 때문이다. 소금에 절인 굴비, 간고등어, 간장게장, 젓갈류의 수산물은 타닌이 적은 화이트와인이 적당하다.

타닌뿐 아니라 와인의 철 성분도 생선의 비린 맛을 강하게 만드는 데 일조한다. 와인에는 리터당 2mg 이상의 철 이온이 포함돼 있는데, 생선을 먹었을 때 와인을 마시면 생선의 맛을 죽이고 비린 맛을 낸다. 와인의 종류별로 철분의 양이 다르지만 일반적으로 화이트와인보다 레드와인에 철분이 많기에 생선과 레드와인이 만났을 때 비린 맛이 강해질 가능성이 높다.

생선을 익힐 때는 첨가하면 좋을 것들

무, 파, 양파 등에 함유된 황 성분과 쑥갓, 미나리, 고수 등의 향미 성분은 비린내를 감소시켜준다. 생선을 익힐 때 무를 크게 잘라 넣거나 향미 채소를 넣으면 비린내가 훨씬 덜한 것은 이 때문이다. 또한 된장, 고추장을 사용하는 국이나 찌개에서도 단백질 입자가 생선의 비린내를 흡착하여 제거해준다. 된장, 고추장은 콜로이드상이므로 흡착성이 강하다. 된장은 독특한 향미를 가지고 있기 때문에 다른 조미료와 동시에 넣고 끓일 때 다른 조미료가 생선으로 침투되는 것을 방해하므로 따로 첨가하는 것이 좋다. 간장은 생선의 맛에 풍미를 주고 생선에 침투하여 단백질의 응고를 촉진시켜 살을 단단하게 한다.

알코올이 조리 과정에서 휘발될 때 비린내 성분도 함께 휘발하므로 비린내 제거가 가능하며, 그 예가 생선 요리에 청주나 맛술을 넣는 것이다.

생선회를 맛있게 하려면

생선회는 생회와 숙회가 있다. 생회는 익히지 않고 먹는 음식이므로 특별히 신선하고 위생적인 상태의 민어, 넙치, 도미 등의 생선과 굴, 해삼, 조개 등의 패류가 주로 이용된다. 생으로 먹는 어패류의 조건은 신선도, 맛, 식감, 기생충이 없어야 한다는 것이다. 생선은 육류와 달리 사후 근육경직 상태일 때 식감이 좋다. 반면 방어와 참치와 같은 대형 생선은 사후경직이 풀린 후에 먹는다.

회로 뜬 생선을 찬물에 세척하는 이유는 급속하게 근 수축을 일으켜 살이 단단해지도록 하기 위한 것이다. 사후경직이 풀린 후의 근육은 냉수 세척을 해도 근 수축이 일어나지 않는다. 냉수 세척에 의해 ATP 양은 감소하고, 액토미오신actomyosin은 증가한다. Ca++을 함유하는 우물물, pH 6.0, 온도 0~20도 등의 조건은 미오신 ATP 가수분해 효소myosin-ATPase의 활성을 억제해서 근 수축을 강하게 한다. 또 즉시 얼음물에 담그면 경직 시간이 유지되기도 한다.

근육이 치밀한 어종은 복어와 도미같이 얇게 썰거나 오징어처럼 가늘게 썬다. 참치와 방어처럼 사후경직이 풀린 후 회를 뜨는 어종과 다랑어 등 육질이 연한 어종은 두껍게 썬다.

한편, 숙회는 뜨거운 물에 살짝 데치는 등의 방법으로 어패류를 익혀서 먹는 것이다. 숙회 재료로는 오징어, 낙지, 문어, 새우 등과 조개류 등이 있다. 민어, 넙치, 도미 같은 생선을 끓는 물에 살짝 익힌 것은 어채라 한다. 어패류를 숙회로 이용할 때는 가열할 때 일어나는 껍질의 수축과 색 변화를 고려해야 한다.

어떻게 조리해야 맛있을까

어패류의 손질

생선을 손질하는 순서는 다음과 같다. 먼저, 한 번 물로 씻어 불순물과 비린내 성분을 없애고 나서 비늘을 긁어낸다. 그러고 나서 아가미, 내장 순으로 제거한 후 소금물로 깨끗이 씻는다. 소금물로 씻는 이유는 단백질의 일부를 응고시켜 수용성인 맛 성분의 용출을 방지하는 것이므로 씻은 후 물에 오래 담가놓지 않는다.

생선은 우리나라, 일본, 서양 등 문화권에 따라, 또 조리법에 따라 손질하는 방법이 다르다. 우리나라와 일본에서는 조림용의 통썰기나 지지기용의 포 뜨기를 많이 하는 반면, 서양에서는 굽거나 튀기는 조리를 많이 하므로 얇게 저미거나 막대 모양 썰기를 주로 한다.

조개류는 그대로 조리하면 입 안에서 모래가 씹히므로 반드시 해감을 한다. 즉 조개류를 2% 농도의 소금물에 담가 어두운 곳에 3~4시간 두면 입을 벌리고 모래를 토해낸다. 바닷물이 3% 염도이므로 바닷물보다 짜면 삼투압에 의하여 조갯살이 탈수되어 질겨진다. 껍데기를 제거한 조개나 굴은 소쿠리에 담아 소금물에서 흔들어 씻는다. 또는 갈아놓은 무에 굴을 넣고 가볍게 섞어놓았다가 씻으면 점액과 껍데기 부스러기가 깨끗하게 제거된다.

가열에 의한 변화

생선살은 가열하면 응고되어 보수력과 탄력성을 잃는다. 가열에 의해 감소하는 중량은 20~30%, 오징어와 패류에서는 30~40%다. 고기를 응고점 이상 가열하면 육질은 일단 질겨지지만 근섬유가 끊기거나 결합조직이 가용화되어 풀리기 쉽게 된다. 조리할 때 어패류의 내부 온도가 70도 이상이 되면 육질의 식감이 변하지만, 조리에 의해 새롭게 생긴 성분에 의해 맛이 좋아진다.

어육에 2% 식염을 섞어 갈아서 으깨면 근원섬유 단백질이 풀어져 졸sol 상태가 된다. 이를 방치하거나 가열하면 젤gel 상태가 되는데 이 원리를 이용해 만든 것이 어묵이다. 고기완자와 일본 가마보코도 이렇게 만든다. 어육의 선도가 중요하며 어종은 흰 살 생선이 좋다. 냉동 생선으로는 단백질의 변성이 진행되어 좋은 어묵이 만들어지지 않는다.

조리 시 식염에 의한 변화(소금절이)

이론적으로는 물고기에 소금 1~2%(중량 대비)를 뿌려두면 처음에는 수분이 침출하고 뒤에는 생선살 표면의 투명감이 증가해 탄력을 띠며 살이 단단해진다. 실제로는 물고기의 종류, 신선도, 어육의 산도(pH), 절단의 정도, 바닷물 농도의 소금물을 만들어 담그는지 아니면 소금을 직접 뿌리는지 등의 조건에 의해 침출되는 수분의 양과 생선살의 단단함이 다르다.

소금 사용량이 많으면 절이는 시간이 짧아도 된다. 육질이 연한 어종(옥돔, 참치)에는 되도록 빨리 소금을 쳐서 살이 단단하게 한다. 선도가 떨어진 생선은 어육이 알칼리성이 되어 단백질 팽윤성이 높아지므로 소금 농도를 높여야 살이 단단해진다. 고기의 표면적당 소금 양이 많은 것이 침출 수분량도 크고 수분 침출과 함께 비린내 성분도 제거된다.

식초에 의한 변화

생선살에 직접 식초를 넣으면 탈수되어 살색이 바래지만 미리 소금절이한 것을 식초에 절이면 탄력이 생겨 식감이 좋아진다. 또 아민류와 산이 결합하여 비린내도 제거되므로 생선 요리에 식초나 감귤류 즙이 흔히 사용된다. 소금절이 후 식초절이하는 동안에 표면의 소금 농도가 낮아져서 어육 내부의 소금의 농도 차도 적어져 맛이 좋아진다.

어패류의 저장 및 이용

어패류는 잘 상하기 때문에 보관 저장이 무엇보다 중요하다. 생선은 신선한 것을 구입하는 것이 중요하며 하루나 이틀 내에 먹는 것이 좋다. 구매 시 포장된 상태로 먹을 때까지 보관하지 말고, 가정에서 다시 랩에 싸서 냉장 혹은 냉동 보관한다. 필요에 따라 생선 내장을 제거한 후 소금물로 전체를 깨끗이 씻어 물기를 없애 보관한다. 그러나 가공식품의 형태로 위생 포장된 경우는 그대로 보관해도 좋다. 생선을 얼려서 보관할 때는 영하 18도 이하에서 보관해야 하며, 한 번 해동한 후 다시 얼리지 않도록 한다. 신선한 조개류는 조리할 때까지 살아 있는 것이 좋다. 생선 통조림은 12개월까지 상온에서 보관이 가능하다. 그러나 먹고 남은 통조림은 반드시 유리 용기나 플라스틱 용기에 옮겨 담아 냉장 보관하며 사흘 내에 먹도록 한다.

어패류를 건조시켜 이용하는 건어물에는 굴비, 북어, 건오징어, 쥐치포, 멸치, 뱅어포, 홍합, 조개, 문어 등 많은 종류가 있다. 뜨거운 소금물에 살짝 데치거나 그대로 일광 건조한다. 건어물은 조리하기 전에 불려야 하는데, 이때 쌀뜨물에 담가놓았다가 조리하면 쌀뜨물 속에 남아 있던 무기질이나 기타 영양성분 등이 건어물과의 삼투압 차이를 줄여줌으로써 맛 성분의 유출을 감소시키는 효과가 있다.

어패류와 갑각류가 냉장 보관을 할 때 쉽게 상하는 이유는 낮은 온도에서 액상을 유지하는 고도 불포화지방산이 쉽게 산화하여 퀴퀴한 냄새가 나는 저분자 물질로 분해되기 때문이다. 또 저온에서도 활성을 갖는 부패세균의 효소가 작용했을 수도 있다.

생선이 건강에 좋은 이유

생선이 건강에 좋은 이유는, 특히 연어와 고등어, 청어 같은 기름진 생선들에 오메가3 지방산 같은 심혈관계에 좋은 성분들이 풍부하게 함유되어 있기 때문이다. 하지만 물고기를 먹는 이유는 그것만이 아니다. 물고기에는 단백질뿐 아니라 비타민B군을 비롯해 비타민A와 D, 그리고 철분, 요오드, 셀렌과 아연 등의 영양소들이 들어 있다.

미국에서는 성인 기준 일주일에 8온스(1온스는 약 28.45g, 8온스는 대략 두 끼의 식사 분량이다)의 다양한 물고기와 해산물을 먹으라고 장려하고 있다. 그리고 해산물을 포함하는 지중해식 식단을 따르는 사람들은 혈관이 건강하고 비만 위험이 낮은 것으로 나타나, 미국영양사협회에서는 많이 먹기를 권장한다. 생선은 포화지방이 적고, 콜레스테롤 함양이 낮으며, 고기보다 훨씬 적은 양의 지방과 저칼로리의 단백질 공급원이기 때문이다.

영양소 함량은 물고기의 종류에 따라 다양하다. 조개류는 특히 셀레늄 함양이 높으며, 바다생선은 요오드 성분이 많다. 햄철Heme iron로 알려진 해산물 속의 철분은 식물에 함유된 철분보다 훨씬 더 쉽게 인체에 흡수된다. 그리고 멸치나 정어리 같은 생선의 작은 뼈는 훌륭한 칼슘 급원이다.

많은 연구에서, 생선을 먹지 않거나 한 달에 1온스 이하로 생선을 먹는 사람들보다 규칙적으로 생선을 먹는 사람들은 심장마비로 사망할 확률이 낮다고 한다. 오메가3 지방산이 풍부한 생선을 일주일에 한 번이나 두 번 먹으면 심장마비로 사망할 확률이 3분의 1로 낮아진다[1]는 것이다.

오메가3 지방산의 효과

생선의 오메가3 지방산이 왜 중요할까? 오메가3 지방산은 불포화지방산의 한 종류인데, 우리 몸에 꼭 필요하지만 자체적으로 생산되지 않는 지방산이다. 세포막을 구성하는 주요 성분이며, 염증을 억제하는 기능과 세포에 산소를 원활하게 해주는 역할도 한다. 또한 혈전을 예방하는 효과가 커서 주목받고 있다.

오메가3 지방산의 효능이 부각된 것은 1970년대 북극에 사는 이누이트Innuit(에스키모)의 식단을 연구하면서부터다. 에스키모들은 동물성 식품인 생선을 주로 먹고 채소를 거의 먹지 않는데도 심장 질환이 없었다. 이로부터 생선 기름의 오메가3 지방산이 혈액의 중성지방을 낮추고 혈액 순환을 개선하는 효능이 있음을 알아낸 것이다.

이누이트에게서 확인됐듯, 오메가3 지방산은 주로 고등어·참치·연어 같은 생선과 해조류에 많다. 또한 호두, 들기름, 아마씨유 같은 식품성 식품에도 풍부하다. 생선, 즉 동물성 식품의 오메가3 지방산에는 DHA, EPA가 많이 함유되어 있다. 들기름, 호두, 아마씨유 같은 식물성 기름에는 알파리놀렌산이 많이 들어 있다. DHA와 EPA는 두뇌 기능을 발달시키고 혈중 콜레스테롤을 낮추며, 알파리놀렌산은 우리 몸의 세포막을 이루는 필수 지방산의 대부분을 차지해 세포 건강에 중요한 역할을 한다.

오메가3 지방산의 효능은 각종 연구 결과[2]로 발표됐다. 심혈관계 질환을 예방할 뿐만 아니라 염증 감소에 효과적이라 천식이나 만성염증 완화에 좋다. 또한 우울증이나 치매 예방에 도움이 된다는 연구 결과도 있다. 최근에는 사망률을 낮춘다는 연구 결과가 발표됐다.

또 생선 기름은 혈전 생성을 막고 항염 효과가 커 대장암 환자의 사망률도 낮춘다는 연구 결과가 나왔다. 미국인 17만 명중 대장암이 발병한 1,659명을 상대로 역학 조사를 실시한 결과, 오메가3 지방산 섭취와 낮은 사망률 사이에 높은 상관관계가 있음이 밝혀진 것이다. 매일 0.1g에 못 미치는 오메가3 지방산을 먹던 사람에 비교해 매일 최소 0.3g의 오메가3 지방산을 섭취한 사람의 사망률이 41% 낮은 것으로 드러났다.[3]

심혈관계 질환뿐 아니라 다른 질환에도 오메가3 지방산의 효능이 입증되고 있다. 2009년에서 2010년까지 양평 지역에서 수행된 양평코호트 자료를 활용해 생선 섭취량과 한국 노인의 인지능력 간의 상관관계를 확인하는 연구가 이루어졌다. 그 결과, 여성 노인을 생선 섭취량에 따라 4그룹으로 분류한 뒤 그룹별 인지기능 저하 비율을 조사한 결과, 생선을 가장 많이 섭취하는 그룹의 인지능력 저하가 생선을 가장 적게 섭취하는 그룹의 인지능력 저하의 절반 수준으로 밝혀졌다. 이 연구에서는 생선을 자주 먹는 여성 노인이 항산화 비타민(베타카로틴, 비타민A, 비타민C, 비타민E), 비타민B군(엽산, 비타민B$_{12}$), 오메가3 지방산(EPA, DHA 등)의 섭취량도 많은 것으로 조사됐다.[4]

최근에는 생선을 꾸준히 먹는 것이 관절염 증상 완화에 도움이 된다는 연구 결과[5]도 발표됐다. 오메가3 지방산이 풍부한 생선 기름으로 만든 보충제를 복용하면 관절염과 관련된 통증이 완화된다는 것이다.

오메가3 지방산보다 생선 자체를 먹어야

그럼, 이렇게 효과가 좋은 오메가3 지방산은 어떻게 섭취하는 게 효과적일까? 오메가3 지방산이 심혈관 질환에 효과가 있다는 연구 결과가 쏟아져 나오면서 알약으로도 개발됐다. 물고기에서 추출한 간유구, 스쿠알렌 등의 건강기능식품들이 한때 선풍적인 인기를 끈 것이다. 그런데 이 알약을 먹어도 기대만큼의 효과가 없다는 게 현재까지의 연구 결과다.

국제암대학원대학교 명승권 교수는 2012년 국제 학술지에 실린 관련 논문 14편을 분석하여 오메가3 지방산이 심혈관 질환 환자의 재발 방지에 효과가 없는 것으로 나타났다고 보고했다.[6] 이누이트는 생선을 먹은 것이지 오메가3 지방산만 먹은 게 아니다. 알약보다 일주일에 2~3회 생선을 먹는 게 건강에 훨씬 이로운 것이다.

요즘 오메가3 지방산이 마치 '만병통치약'이라도 된 듯 사람들 사이에 인기이지만, 오메가3 지방산의 효능에 의문을 제기하는 연구 결과가 잇따라 나오기 시작했다. 인종에 따라 오메가3 지방산을 흡수하지 못하는 경우도 많다는 것이다. 캘리포니아 대학 버클리 캠퍼스 연구팀이 그린란드 이누이트의 심장질환 발병 위험이 낮은 이유를 유전학적 측면에서 조사하기 위해 이누이트 191명, 유럽인 60명, 중국인 44명의 DNA를 비교했다. 그 결과 11번 염색체 가운데 식이성 지방산을 인체의 구성 물질로 전환시키는 데 관여하는 유전자가 집단마다 차이가 있는 것을 밝혀냈다. 그린란드 이누이트는 그 유전자를 모두 일정하게 보유하고 있는 반면, 유럽인 대부분은 유전자를 보유하고 있지 않은 것으로 나타났다. 또한 우리와 비슷한 중국인들은 약 15%만

이 그 유전자를 가지고 있었다.[7]

사실 불포화지방산은 어디에도 많다. 그러니까 고등어와 같은 어류를 자주 먹는 것이 가장 바람직하다.

오메가 3 지방산, 이것을 주의하라

다른 많은 식품과 마찬가지로, 오메가3 지방산도 과도하게 먹으면 부작용이 생긴다. 그중 하나가 뇌졸중 위험의 증가다. 오메가3 지방산이 혈전을 녹여 혈액 순환을 원활하게 하는 효과가 있는데, 혈압 약을 복용할 때 오메가3 지방산을 과다 섭취하면 혈압 저하가 심하게 일어날 수 있으므로 주의한다.

또한 오메가3 지방산의 과다한 섭취는 다른 불포화지방산인 오메가6의 대사를 방해할 수 있으므로 적정량을 지켜야 한다. 오메가3 지방산을 과다하게 섭취할 경우 세포막의 지질이 산화 스트레스에 취약해질 수 있어, 항산화 비타민인 비타민E를 함께 먹는 것이 좋다. 현재 오메가3 지방산의 일일 권장량은 500~2,000mg이다. 이는 생선을 일주일에 두 번 이상 먹으면 충족되는 수치다.

무엇보다 산패한 오메가3 지방산은 독이니 주의해야 한다. 산패한 오메가3 지방산은 유효 성분이 줄어드는 게 아니라 아예 다른 성분이 된다. 이는 인체 내에서 활성산소를 증가시켜 DNA와 세포 변형을 일으키는 발암물질로 작용한다. 산패는 기름이 공기나 물 같은 외부 물질과 접촉하면서 맛과 성분이 변하는 것인데, 건강기능식품 속의 오메가3 지방산은 기름이기 때문에 쉽게 산패한다.

산패된 기름이 생체기관의 손상, 염증, 발암성, 동맥경화증의 악화를 유발한다는 사실도 동물 실험을 통해 입증됐다. 쥐에게 산화된 오메가3 지방산을 지속적으로 투여했더니 성장 지연과 장 과민 증상, 간 비대, 신장 비대, 용혈성 빈혈, 체내 비타민E 감소, 간 내 지방 산화 및 염증 증가, 심근증, 대장 악성종양세포 증식 등이 관찰됐다. 산패한 오메가3 지방산 건강기능식품은 역한 비린내가 나고 캡슐이 말랑거리면서 캡슐끼리 붙어 있는 특징을 보이니 잘 살피자.

오메가3 지방산의 재료가 되는 생선 중에는 중금속 오염의 위험이 있는 것들이 많다. 특히 큰 생선으로 오메가3 지방산 건강기능식품을 만들 경우 중금속 위험이 높아 가능하면 작은 생선으로 만든 제품을 선택하는 게 좋다. 연어나 하프물범 등 큰 어종은 먹이사슬의 위 단계에 있기 때문에 중금속 위험이 높은 반면, 멸치·정어리 등 작은 어종은 중금속 오염이 덜하기 때문에 좀 더 안전하다.

생선을 얼마나, 어떻게 먹어야 할까

한국인은 수산물을 어느 정도 먹고 있을까? 통계마다 차이를 보이지만, 한국은 세계에서 수산물을 가장 많이 먹는 나라다. 2018년 유럽위원회 공동연구센터JRC 발표에 따르면, 우리는 세계에서 해산물을 가장 많이 먹고 있다. 1인당 연간 해산물 소비량이 78.5kg으로 1위다. 이어 노르웨이(66.6kg), 포르투갈(61.5kg), 미얀마(59.5kg), 말레이시아(58kg) 순이다. 노르웨이수산물위원회NSC가 발표한 《수산물 소비연구 2017 보고서》에서도 한국이 1인당 연간 58.4kg으로 1위를 차지했으며, 노르웨이가 53.3kg로 2위, 일본 50.2kg로 3위를 각각 차지했다.

농촌경제연구원[8]에 따르면, 2017년도 국민 1인당 연간 어패류 공급량은 45.0kg(1인 1일당 123.3g)으로 2016년의 36.3kg보다 증가했다. 그러나 2018년에는 41.5kg(잠정치)로 줄어들었다. 이 중 어류의 공급량은 2017년 국민 1인당 연간 29.9kg(1인 1일당 81.9g), 패류의 공급량은 국민 1인당 연간 15.1kg(1인 1일당 41.4g)이었다. 해조류는 2017년도 국민 1인당 연간 해조류 공급량이 27.7kg(1인 1일당 76.0g)으로 전년보다 6.7kg 증가했다. 한편, 어패류 자급률은 53.7%, 해조류 자급률은 118.1%였다. 그러니까 한국은 수산물을 많이 먹지만 어패류는 수입해서, 해조류는 자급해서 먹는다고 볼 수 있다.

한국인 1인이 1년에 먹는 쌀 섭취량이 대략 60kg, 그리고 육류 섭취량도 대략 50~60kg라는 것과 비교하면, 한국인의 수산물 섭취량은 많은 편이다. 수산물을 거의 먹지 않는 나라도 지구상에는 존재한다.

같은 동물성 식품인 육류에 비해서 어류나 패류를 섭취하는 것이 건강에 유익하다고 하지만, 지금 수산물은 해양환경 오염이라는 문제에 직면해 있어서 상황이 위태롭다. 특히 바다 오염으로 인해 수산물 섭취에 유의해야 할 점도 있다. 이런 점들을

5부 바다음식의 과학, 맛과 건강

감안해 수산물 섭취기준을 살펴보려고 한다.

해산물과 수은 중독

1956년, 일본 구마모토현 미나마타시에서 한 화학공장이 방류한 폐수로 인해 오염된 바다에서 잡은 생선과 조개 등을 먹은 주민들이 수은에 중독돼 314명이 사망하고 2,000명이 넘는 환자가 발생했는데, 이 때문에 수은에 의한 공해병을 미나마타병이라 부르게 되었다. 수은에 노출되면 영구적으로 뇌와 신장의 기능이 저하되고, 신경계에도 영향을 미쳐 운동 장애, 언어 장애, 난청, 사지 마비가 나타나며 심하면 죽음에 이르게 된다. 임신부나 수유부가 수은을 섭취하면 수은이 모체에서 태아(와 영아)로 전달되어 발달 장애나 뇌신경 장애를 일으키는 등 심각한 손상을 줄 수 있다.

이후 환경 관리를 하게 되어 과량의 수은 노출로 인한 중독은 줄어들게 되었다. 그러나 낮은 농도라 하더라도 수은에 지속적으로 노출되는 경우가 생긴다. 특히 각종 오폐수가 흘러들어가는 바다에 수은도 함께 흘러들어감으로써 해양 생태계에 수은이 미치는 영향이 심각하다. 특히 먹이사슬 상위에 있는 대형 어종—참치, 연어 등—일수록 체내에 축적된 수은량도 많기 때문에 그런 생선을 섭취하는 인간에까지 영향을 준다.

수은 오염이 사회적 문제로 대두되면서 우리나라도 이에 관한 연구가 이루어지고 있다. 현재 FAO/WHO 식품첨가물전문가회의JECFA에서 60kg 체중의 성인이 하루 동안 섭취해도 된다고 허용한 수은의 양은 하루 약 42.8㎍, 메틸수은은 13.7㎍이다.[9] 우리나라 사람이 식품을 통해 섭취하는 수은은 하루 평균 2.4㎍인데, 그중 76%인 1.826㎍이 어패류를 통해 섭취된다고 한다. 실제 하루 수은 섭취량 2.4㎍은 섭취 허용량과 비교하면 5.6%로 안전한 수준이라고 할 수 있다. 그러나 생선의 수은 함량은 바다환경에 영향을 받으므로 생선마다 수은 함유량이 달라질 수 있다. 다랑어류 중 특히 새치류는 메틸수은 양이 최대 1100㎍/kg으로, 허용 기준을 넘는 것도 있다. 생선을 한 번에 많이 섭취하는 경우에는 생선의 어종 및 섭취량에 주의를 기울일 필요가 있다.

생선 섭취 가이드

수은을 비롯한 중금속은 생선에 축적되기 때문에 먹이사슬을 따라 올라갈수록(수명이 길고 육식성 어류일수록) 수은 축적은 더 심해진다. 예를 들면, 참치 같은 생선은 수은이 더 많이 농축되어 있어 피하는 것이 좋다. 따라서 생선을 섭취할 때에는 큰 생선보다는 먹이사슬의 아래에 있는 작은 생선을 선택하는 것이 안전하다. 또한 수은 및 각종 오염물질은 지방이 많은 부위나 내장기관에 축적되므로, 껍질, 기름, 내장과 간을 깨끗이 제거하고 조리하면 중금속의 위험에서 조금은 안전하게 섭취할 수 있다.

체내 수은이 쌓이는 것을 막기 위해서는 셀레늄이 많은 식품을 섭취하는 것도 한 방법이다. 셀레늄은 수은과 결합해 수은을 비활성화시켜 위험을 감소시키기 때문이다. 셀레늄이 풍부한

5부 바다음식의 과학, 맛과 건강

식품은 살코기류, 곡류, 견과류, 우유 및 유제품이다. 또한 비타민E와 같이 섭취하면 그 효과가 더 좋아진다. 체내 수은을 배출시키는 효과가 있는 섬유소나 비타민C가 풍부한 채소나 과일을 먹는 것도 좋다.

임신 또는 수유 기간 중에는 특히 생선 섭취에 주의해야 한다. 태아는 태반을 통해 메틸수은을 흡수하는데, 메틸수은 함량이 높은 생선을 너무 많이 섭취하면 태아나 영아의 신경계 발달에 영향을 미칠 수 있기 때문이다. 식품의약품안전처에서는 임신부, 가임여성, 수유모는 상어, 황새치, 참치 등의 큰 생선은 주 1회 100g 이하로 섭취하는 것이 좋다고 밝혔다.

생선 섭취 권장량은 연령에 따라 다르다. 섭취한 메틸수은의 양이 동일하다 해도 체중에 따라 몸에 미치는 영향이 다르기 때문이다. 따라서 유아·어린이의 생선 섭취량은 세심하게 고려해야 한다. 1~2세는 뇌신경 발달 등이 활발하게 이뤄지는 시기로, 이유식에 사용하는 어류 선택에 특히 주의를 기울여야 한다. 어린이에 대해서는 일반적인 기준이 적용될 수 없지만 섭취량과 섭취 빈도를 주의해야 한다. 이미 미국에서는 임신부나 어린이에 대해 상어, 참치류, 북대서양고등어, 옥돔에는 수은이 다량 함유되어 있으므로 섭취를 피하고, 수은 함량이 낮은 어패류 중심으로 주당 170g(생선 작은 토막 50g 기준, 3.5회 기준)을 넘지 않게 섭취하도록 환경보호청EPA과 식약청FDA에서 권고하고 있다.[10]

13장

전 세계가 주목하는 해조류

건강과 환경에 이로운 먹거리로 최근 전 세계가 주목하는 것이 바로 해조류다. 해조류는 '바다의 채소' 혹은 '미래 먹거리'로 떠오르고 있다. 프랑스 일간지 《르몽드Le Monde》는 2019년 9월 6일자 기사에 "한국이 지구를 해조류를 먹는 곳으로 변화시키고 있다."고 보도했다. 즉, 다시마나 미역 같은 해조류를 건강과 지구환경 보호를 위해 필요한 미래 먹거리로 소개하며, 한국 해조류의 효능에 주목한 것이다. 아마존이 인수한 유기농 식품체인 홀푸드마켓 역시 2018년과 2019년의 식품 트렌드로 해조류를 연속 선정했다"고 하니, 이제는 세계인이 해조류에 주목하는 시대가 되었다.

해조류와 건강

해조류와 대장암 예방 효과

평소 미역과 다시마 등 해조류를 많이 먹는 게 대장암 예방에 도움이 된다는 연구 결과[12]가 있다. 국립암센터 김정선 박사팀은 국내 대장암 환자 923명과 건강한 대조군 1,846명을 대상으로 해조류 섭취가 대장암 발병에 미치는 영향을 분석했는데, 해조류 중에서도 다시마를 많이 먹을 경우 대장암 발생 위험이 42%까지 떨어졌다고 밝혔다. 김과는 별다른 연관성이 나오지 않았고, 미역은 대장암 발생 위험을 18% 낮추는 것으로 조사됐다. 해조류 속에는 체내 항산화 기능을 높이는 생리활성물질이 많은데 홍조류(김)보다 갈조류(다시마, 미역)에 훨씬 많이 들어 있기 때문으로 보았다. 하루 또는 일주일 단위로 정확한 권장 섭취량을 말하기는 어렵지만 다시마와 미역 같은 해조류를 적당량 꾸준하게 먹으면 대장암 예방에 도움이 된다고 본다.

최근 미세먼지가 극성을 부리면서 해조류의 이물질 배출 효과에 대한 관심도 커지고 있다. 미세먼지가 코로 흡입되면 일주일 이상, 입으로 흡입되면 48시간이 지나야 체외로 배출된다. 그러나 김, 미역, 다시마, 매생이 등 해조류를 섭취하면 끈적끈적한 알긴산 성분이 미세먼지와 중금속을 흡착해 배출하고 기관지의 섬모운동을 촉진하는 데 도움을 주는 것으로 알려졌다.

해조류의 당뇨 예방 효과

질병관리본부 국립보건연구원 유전체역학과에서 40~69세 성인 남녀 7,470명을 대상으로 김과 미역, 다시마 그리고 이를 합한 총 해조류 섭취와 당뇨병 발생의 연관성을 규명하는 연구를 수행했다.[13] 그 결과 총 해조류의 1일 평균 섭취량이 가장 낮은 집단과 비교하여 가장 높은 집단의 당뇨병 발생 위험이 20% 낮았으며, 총 해조류 섭취 수준과 당뇨병 발생 사이에서 음(-)의 경향성이 관찰되었다. 국민건강영양조사 자료를 이용한 단면 연구에서도 김과 미역의 섭취 수준이 높은 경우 당 대사 이상(당뇨 전 단계 및 당뇨병 유병)의 위험이 낮은 경향성이 관찰되고 또 갈조류 추출물을 이용한 중재 연구에서 갈조류 추출물이 체내 인슐린 수준을 유지하고, 인슐린 저항성을 낮추는 데 효과적인 것으로 나타났다.[14] 해조류 섭취와 당뇨병 발생의 음(-)의 관련성은 해조류에 포함된 풍부한 식이섬유와 관련지어 설명할 수 있다.

해조류는 에너지 밀도 및 혈당지수가 낮아 혈당 반응이 느리게 나타난다고 알려져 있으며, 해조류에 함유된 폴리페놀과 같은 항산화 물질은 활성산소로 인한 세포 손상을 보호하여 당뇨병을 예방하고 관리하는 데 도움이 되는 것으로 보고되었다.[15] 결과적으로, 해조류는 대사증후군 발생률을 낮추는 데에도 효과적[16]이라고 볼 수 있다.

그러나 과량의 해조류 섭취는 지나친 요오드 섭취로 이어져 갑상선 질환의 위험을 높이는 등 오히려 건강에 부정적인 영향을 미칠 수 있으므로 적정 수준의 섭취가 권장된다.

해조류로 지구의 건강까지

해조류, 서양에서도 인기 상승 중

해조류를 바라보던 서양인의 인상은 식욕이 당기지 않은 색과 이상한 모양, 미끈거리는 식감 등이다. 우리나라와 일본 같은 동아시아에서 해조류는 중요한 식량 자원인 동시에 최고의 웰빙식품이지만, 서양에서는 가축의 사료나 잡초 수준으로 인식돼왔다. 이런 인식은 명칭에서도 드러난다. 해조류는 영어로 seaweed, 즉 '바다의 잡초'다. 그만큼 푸대접받은 역사가 길었던 식재료이지만, 최근에는 슈퍼푸드로 대접받게 되었다. 각종 효능에 대한 연구 결과가 과학적으로 뒷받침되고, 먹거리의 지속가능성 문제에서도 '미래 식품'으로 불리고 있다.

시장조사기관인 그랜드 뷰 리서치Grand View Research는 전 세계 해조류 시장이 지난 2018년에서 2024년까지 8.9% 증가할 것으로 전망하며, 이와 같은 해조류 시장의 성장은 식물성 기반 식품의 인기에 편승한 결과라고 분석했다. 이런 현상은 해조류의 영양학적 가치가 과학적으로 검증되면서부터 두드러졌다. 최근까지 식품 연구를 통해 보고된 해조류의 영양 효능은 신진대사와 뇌 건강을 돕고, 혈당·혈압·콜레스테롤을 조절하는 기능이 뛰어나다는 점이다.

해조류는 인지건강, 신경체계, 건강한 피부 형성, 에너지 대사

그림 5-1 건조 작업 중인 김

와 신진대사를 돕고, 어린이의 성장을 돕는 것으로 알려졌다. 소비자들이 해조류의 효능에 관심을 기울이면서, 해조류에 함유된 영양소를 가진 건강기능 제품이 건강에 이롭다고 인식하기 시작했다. 그동안 해조류의 요오드 성분이 주목받았으나 해조류는 요오드 외에도 아미노산이나 타이로신을 함유하여 갑상선 분비 기능도 돕는다. 해조류 중 다시마는 감칠맛을 준다.

모던 한식의 중심에 선 해조류 조리법

한국의 해조류는 종류도 다양하고 생산 시기와 생산 지역, 품종과 가공법에 따라 맛과 향, 식감이 다 다르다.

식품 가공·보존 기술이 날로 발달하고 있지만, 그럼에도 해조

5부 바다음식의 과학, 맛과 건강

류는 제철이 중요하다. 김은 3월, 미역은 4월, 다시마는 6~7월, 파래는 11월, 톳은 12월이 제철이다. 다만, 해조류를 먹는 방법은 매우 한정적이었기 때문에 제철 해조류를 풍부하게 즐기기 어려웠다. 국을 끓이거나, 밥을 싸 먹거나, 육수 재료로 이용하고, 살짝 데쳐 초고추장에 찍어 먹거나 무쳐 먹는 것이 고작이었다. 그러나 조상들이 해조류를 먹었던 지혜를 살리고, 채소에 적용된 조리법을 응용하는 등 다양한 조리법으로 해조류를 즐길 수 있다.

먼저, 밥과 죽을 살펴보자. 다양한 채소밥을 지어 먹었듯이 해조류 밥을 지어 먹을 수 있는데, 대표적인 것이 톳솥밥이다. 쌀을 깨끗이 씻어 물기를 빼고, 톳은 깨끗이 씻어 3~4cm 길이로 썰고, 양파도 채 썰어놓는다. 예열된 팬에 식용유를 두르고 톳과 양파를 볶다가 간을 하고 다시 볶는다. 밥솥에 쌀을 안치고 미리 볶아둔 톳과 양파와 함께 익히면 된다. 채소죽에 김을 넣으면 김채소죽이 된다. 채소를 골고루 넣어 영양을 가득 담고 김을 넣어 고소하게 만든 것이 특징으로 아이들이 좋아할 만하다. 표고버섯·애호박·양파·당근을 곱게 다진 후 밥과 잘 섞는다. 여기에 김을 부수어 넣고 물을 부어 잘 끓여 죽이 되면 불을 끄고 참기름을 살짝 뿌린다.

해조류로 색다른 반찬을 만들 수도 있다. 새우살을 다져 새우전을 부치곤 하는데, 여기에 미역이나 김 같은 해조류를 넣어 포인트를 줄 수 있다. 미역을 물에 불려 잘게 썰고, 내장을 뗀 새우살과 두부를 칼로 저며 곱게 다진 뒤 미역과 잘 섞어 기름 두른 팬에 한 스푼씩 떼어 노릇하게 구워내면 미역새우전이 된다. 겨울 바다의 향기와 운치를 가득 담고 있는 생김은 겨울 중에도 아주 잠깐 맛볼 수 있는 귀한 재료인데, 생김으로 김새우전을 부칠 수 있다. 깨끗이 헹군 생김의 물기를 뺀 후 숭덩숭덩 썰고, 단새우의 살도 굵게 다진다. 밀가루와 멸치다시마국물 반죽에 생김과 단새우를 넣고 고루 섞어 한 숟가락씩 기름 두른 팬에 올려 부쳐내면 된다.

달걀찜을 할 때 파래를 깨끗이 씻어 잘게 다져 넣으면 맛도 향긋하고 영양도 좋아진다. 가시리는 갯가 바위에 붙어 자라는 해조류인데, 이 가시리를 소금기 없이 깨끗이 씻어 손질해 말린 것을 기름에 살짝 볶거나 튀겨 먹으면 고소한 맛과 찌르는 듯 바삭한 식감이 매력적이다.

매생이전복탕은 굴을 넣어 끓이는 매생이굴국을 응용한 것이다. 매생이에 부드럽게 찐 전복을 곁들여 진한 육수를 부어 만든다. 다시마튀각은 밥반찬이나 술안주로 모두 적당한데, 다시마 겉에 묻은 하얀 염분을 닦아내고 3×3cm 크기로 썰어놓고, 식용유 온도가 190도까지 올랐을 때 다시마를 담가 빠르게 튀겨낸다. 튀긴 다시마에 설탕을 살짝 뿌려두었다가 그릇에 낼 때 곱게 다진 잣가루를 뿌려주면 더 고소하다.

해조류는 지구 미래 식품이다

최근 해조류는 미래 식품의 가능성으로 더욱 주목받고 있다. 해조류는 지속가능한 방식으로 생산되기 때문이다. 해조류는 축산과 같이 인간이 먹을 음식을 사료로 사용하지도 않고, 채소와 같이 가온 온실 재배를 하면서 화석연료를 사용하지도 않는다. 미국 부스베이와 버몬트대학의 해양과학연구소에서는 해조류를 동물 사료에 첨가함으로써 소의 메탄가스 생산량을 60%까지 줄일 수 있다[17]고 밝히기도 했다.

해조류가 '미래 식품'으로 언급되자 푸드테크Food-Tech산업에서도 관심을 보이고 있다. 육류 대체 식품 개발에 관심을 보였던 실리콘밸리의 투자자들이 이제는 해조류 상품의 개발에 큰 관심을 보이고 있다는 보도들이 나오고 있다. 해조류를 바라보는 서양인들의 낯섦과 육류 중심의 음식문화로 인해 그동안은 소비가 적었지만 최근 들어 김, 다시마 등 해조류의 영양에 대한 인식이 확산되어 현재는 다양한 맛을 가진 김 스낵이나 해조류 샐러드 등 해조류 가공품의 인기가 높아지고 있다. 개인적으로는 2015년 이탈리아 밀라노 푸드 엑스포에 참석했을 때 한국산 김 스낵의 인기를 실감한 적이 있다.

해조류는 지금 건강식으로, 환경 보호 음식으로 큰 주목을 받고 있다. 현재 해조류 식품 분야도 놀랍게 성장하고 있다. 배고픔을 채워주던 한국인의 먹거리가 이제 세계 미래 식품으로 비상하고 있다.

6부

바다음식의
미래

한국은 해산물을 가장 많이 먹는 나라다. 음식 소비는 사회적 관계와 연결된 문화 현상이다. 아직 우리 사회에서는 해산물이 없는 잔치를 생각하기 어렵다. 일상의 반찬으로, 그리고 관혼상제의 의례에서 해산물은 꼭 필요한 먹거리였다. 그래서 아주 오랜 옛날부터 아버지들이 거친 바다로 나가 물고기를 잡았고, 어머니들이 틈만 나면 갯벌로 나가 조개를 캐고 해초를 땄다. 그렇게 잡은 해산물들이 우리 굶주림을 해결해주고 또 우리 건강을 책임져주었다.

이렇게 소중한 삶의 터전이었던 우리 바다가 아프다. 아니 전 지구의 바다가 아프다. 바다는 심각한 환경 오염의 희생양이 되어, 우리가 언제까지 바다로부터 소중한 먹거리를 구할 수 있을지도 의문이다. 그래서 이 책의 마지막에서는 우리 바다의 미래를 생각해보기로 했다.

최근 세계적으로 이루어지고 있는 관리 차원의 운동인 해양관리협의회 인증과 지구촌 바다음식을 걱정하는 슬로피시 운동을 소개한다. 바다가 건강해야 우리가 건강하다. 바다의 지속가능한 미래에 대해 이야기해보자.

14장

바다는
아프다

인류가 산업화시대를 살아가고 있는 지금, 지구 곳곳에서 다양한 이름의 오염 현상을 볼 수 있다. 지구온난화, 오존층 감소, 미세먼지 등에 의한 대기 오염, 제초제와 살충제, 화학비료 등에 따른 토양 오염, 환경 방사능과 핵분열 생성물, 플루토늄과 우라늄 등에 따른 방사능 오염 등 헤아릴 수 없이 많다.

이 중 해양 오염은 해양에 화학물질 또는 작은 조각(먼지)들이 들어가 일으키는 해로운 효과를 뜻한다. 지구 표면의 약 70%를 차지하는 바다가 병들고 있다. 해양 오염이 문제가 되는 것은, 잠재적인 독성 화학물질이 작은 입자들에 들러붙어 플랑크톤 및 바다 밑의 생물들에 흡수된다는 것이다. 이들 중 대부분은 먹이사슬의 위쪽으로 집중된다. 또한, 많은 동물 사료에는 생선과 생선 기름이 포함되므로 일정 시간 후에는 가축으로부터 얻어지는 가공식품이나 고기, 달걀, 우유, 버터, 마가린 등 낙농 제품에서도 독성은 나타날 수 있다.

바다에 버려지는 쓰레기들

바다를 온갖 질병에 시달리게 하는 것은 인간의 삶에서 밀려난 찌꺼기들이다. 오폐수를 통해 쓸려 간 온갖 화학물질에, 동물의 분뇨와 인간의 생활용품까지 밀려들면서 바다는 몸살을 앓고 있다. 바다를 오염시키고 있는 것은 무엇보다 인간이다. 그러니까 인간 스스로가 인간이 속한 생태계를 파괴하고 있다.

최근 무엇보다 바다 생태계를 크게 위협하는 것은 인간이 사용하다 버린 플라스틱이다. 매년 800만 톤 이상의 플라스틱 쓰레기가 바다로 흘러 들어간다고 한다. 이 다량의 플라스틱 쓰레기는 인간의 편의를 위해 사용되고 버려지는 것이다. 스페인, 미국, 호주 등 각국 학자들로 구성된 국제 공동 연구팀이 3cm 이상 되는 해양 쓰레기를 분석한 결과, 음식 포장·배달용 1회용 비닐봉지(14%), 플라스틱으로 된 물병(11.9%)과 그릇(9.4%), 식품 비닐 포장지(9%)의 비중이 절반에 육박(44.3%)했다. 아울러 플라스틱 뚜껑 등 다른 플라스틱 제품을 포함했을 때 플라스틱 제품 10가지가 해양 쓰레기의 4분의 3에 달하는 것으로 나타났다.[1]

이뿐 아니다. 세안제나 치약, 공업용 연마제 등에 포함된 미세 플라스틱도 큰 문제다. 크기가 5mm 이하인 플라스틱 조각을 미세 플라스틱이라고 하는데, 이것이 바닷물에 섞여 바다동물이 섭취하게 되고 먹이사슬에 따라 결국 인간의 식탁 위에 오르게 되어 있다.[2]

양식 생선의 비밀

한때 서민들의 밥상을 풍성하게 해주었던 생선이 고등어지만, 이미 노르웨이 등에서 수입된 고등어가 우리 밥상을 지배하고 있다. 조기는 고등어보다 사정이 낫지만 역시 우리 바다에서 잡아서 밥상에 올릴 형편이 아니다. 크기도 옛날 같지 않고 중국에서 수입되는 조기가 대부분을 차지하면서 안전성에 의혹을 제기하는 시선도 많다. 동해 바다에서 명태가 사라진 지도 오래되었다. 해양환경 변화에서 비롯된 것도 있지만, 무엇보다 남획 때문이다.

일각에서는 남획으로 인한 어류 자원 고갈을 방지하는 수단이 양식이라고 말한다. 과연 양식은 수산업의 대안일까?

최근 우리나라에서 많이 먹게 된 연어가 대표적인 양식 생선이다. 국내에 유통되는 연어의 99%가 수입산 양식 연어다. 2018년 기준으로 연어는 오징어, 명태, 새우에 이어 수입량 4위 어종이다. 양식을 하면 남획 문제에서는 자유로울 수 있겠지만 다른 문제에 직면하게 된다. 양식에 사용하는 항생제나 살충제다.

연어의 경우, 돼지고기와 가금류 같은 동물성 사료를 먹이는 데다 먹여서는 안 되는 부산물도 사료로 이용하고 있어 문제가

6부 바다음식의 미래

심각하다. 소비자가 좋아하는 살색을 내기 위해 착색제도 사용한다. 바닷물고기의 체색은 먹이에 의해 결정된다. 자연산 연어가 핑크색을 띠는 것은 새우 등 갑각류를 섭취하기 때문이다. 소비자가 좋아하는 색이다. 인위적으로 만든 사료를 먹여서는 연어가 핑크색을 띨 수 없다. 그래서 사료에 염료를 넣어 인위적으로 색을 내는 것이다. 최근 문제가 되는 것은 연어에 붙어 있는 바다 이sea lice다. 지구 온난화의 영향으로 바다 이가 급증했는데, 양식업자들은 바다 이를 제거하기 위해 하는 수 없이 살충제를 사용한다.

최근 우리가 먹는 생선의 상당수가 낚시 등으로 잡은 자연산이 아니라 양식으로 기른 것이다. 횟감으로 소비되는 넙치와 우럭도 대부분 양식장에서 나온 것이다. 양식장은 일정 공간에 물고기들을 가두어 기른다. 그러다 보니 모여 있는 물고기 중 하나라도 질병에 걸리면 순식간에 질병이 퍼지게 된다. 따라서 질병 예방을 위해 최근에는 항생제를 많이 사용한다. 결국 물고기가 먹은 항생제는 사람이 물고기를 섭취하면서 다시 우리 몸속으로 들어오게 된다. 자연스레 우리 몸도 항생제에 노출되는 문제가 생기는 악순환이 발생하는 것이다.

기후변화와 사라지는 물고기들

무한정 우리 식탁에 오를 것 같았던 바닷물고기가 사라지고 있다. 1960년대부터 1970년대까지 우리가 먹었던 물고기와 지금 주로 잡히는 물고기를 비교해보면 큰 차이가 있다.

1960~70년대에 동해안에서 많이 잡혔던 생선은 명태, 대구, 청어, 꽁치, 고래 등이었으나 지금은 찾아보기가 어렵다. 현재 주로 잡히는 오징어, 멸치, 문어도 어획량이 크게 줄어들었고, 미역의 채취량도 감소했다. 주체할 수 없이 잡히던 명태가 동해에서 사라지자 오징어가 주 어종 자리를 차지했지만, 오징어도 이제 많이 잡히지 않는다. 오징어는 해방 전후부터 1980년대까지 동해안 어민들 생계를 책임졌다. 동해에서 잡히던 오징어를 이제 서해나 서남해에서 잡는다. 동해안의 명태를 복원하기 위해서 많은 노력을 기울이고 있지만 쉽지는 않다.

남해는 어떤가. 이전에는 삼치, 고등어, 도미, 굴, 문어, 갈치 등이 많이 잡혔다. 그러나 최근에는 갈치와 고등어가 크게 줄어 대부분 수입에 의존하고 있다. 서해의 사정은 더욱 심각하다. 조기, 민어, 넙치, 새우가 대부분 사라졌거나 어획량이 크게 줄어 수입에 의존하고 있다. 넙치와 새우는 양식으로 대체되었다.

국내 소비의 절반 이상을 수입하는 수산물에 명태, 새우, 낙지, 바지락, 주꾸미, 꽁치, 홍어, 해파리 등이 있다. 이 중에는 심지어 전량을 수입하는 것도 있다. 고등어, 아귀, 게, 가자미, 참조기도 절반까지는 아니지만 상당한 양을 수입에 의존하고 있다. 일상의 밥상만이 아니라 제사상에 오르는 생선도 사정은 다르지 않다. 이런 추세라면 우리 밥상에서 우리 물고기가 사라지고 식문화까지 바뀌는 날이 멀지 않다.

이러한 어획량 감소의 이면에는 기후변화의 영향이 있다. 한반도 주변 해역 표층 수온은 최근 50년간 세계 평균인 섭씨

0.48도보다 약 3배 높은 섭씨 1.23도 상승해 가파른 수온 상승률을 보였다. 이런 기후변화로 인해 태풍의 강도가 점점 강해지고, 빈번해진 악천후로 조업 일수가 줄면서 전체 어획량이 감소하는 등의 피해가 이미 발생하고 있다. 2019년의 경우, 7월에서 10월까지 7개에 달하는 태풍이 불어닥치면서 연근해 어획량이 2018년보다 10% 가까이 줄어든 91만 4,000톤을 기록했다. 그중에서도 고등어의 경우 어획량이 전년 대비 28% 급감했다.[3] 바다에서 잡히는 물고기의 양뿐 아니라 크기도 줄어들고 있다. 평균 수온이 상승하면 크기가 큰 플랑크톤보다 작은 플랑크톤이 더 많이 번식하게 되는데, 이들을 먹이로 삼는 물고기도 크기가 작아지기 때문이다.

기후변화의 영향은 이뿐만이 아니다. 여름철에는 강해진 집중호우로 인해 연안에 대량의 민물이 유입돼 염도가 낮아지는 저염화 현상, 바다에 녹는 이산화탄소의 농도가 짙어지면서 해양 산성도가 높아지고 바닷물 속 산소가 줄어드는 저산소화 현상도 나타나고 있다. 이로 인해 수온이 올라갈 때 나타나는 독성 플랑크톤과 맹독성 해파리 등의 유해 생물이 출현하고, 연안 양식장에서 키우는 어패류가 떼죽음하는 일도 일어난다. 전통 어업뿐 아니라 양식업 또한 위기에 직면한 것이다.

15장

지속가능한 어업과
바다음식을 위해

세계인의 식단에서 필수적인 단백질 공급원인 생선은 수십억 명이 정기적으로 소비하고 있다. 수산물은 세계 39개 국, 12억 5,000만 명의 사람들에게 공급되는 동물성 단백질의 35% 이상을 책임지고 있다.[4] 세계의 생선 소비량은 계속 증가하고 있지만 어업 생산량은 그것을 따라갈 수가 없다. 남획으로 인해 어족자원이 축소되었기 때문이다. OECD 발표[5]에 따르면, 1950년대 이후 선상 냉동 설비와 합성섬유 어망의 도입 등 기술혁신이 이뤄지면서 해양의 어획량은 급격하게 증가해왔으나 1980년대에 스칸디나비아의 청어나 뉴펀들랜드의 대구 등 몇몇 어군의 소멸을 보면서 세계는 이 같은 지속적인 어획 증산 노력이 부정적 결과를 낳았다는 것을 알게 되었다. 1970년대와 1980년대에 과

잉 이용, 고갈, 복구 어군의 비중이 사실상 모두 증가했지만, 그 래도 지난 15년간은 비교적 안정된 상태가 지속되었다. 그러나 2007년에는 어족 자원의 약 28%가 과잉 이용(19%), 고갈(8%), 복구(1%) 상태이고, 52% 정도가 완전 이용 상태가 되었다[6]고 한다.

세계 양식업의 현황

최근에는 어획으로 얻는 생선 공급량이 줄어드는 반면 증가 하는 생선 수요를 충족하기 위한 방안으로 양식업이 증가하고 있다. 못pond이나 가두리cage에서 수생 동물과 식물을 기르는 양식업은 세계 동물성 식품 생산 중 가장 빠르게 성장하는 부 문이다. 1961년 이래 연평균 성장률이 8.1%에 이른다. 양식업이 공급하는 식용 생선은 1995년부터 2007년 사이에 1인당 4.3kg 에서 7.5kg로 증가했다.[7] 2007년에는 금액으로 945억 달러에 이르는 6,520만 톤이 생산되었는데, 그 산지는 대부분 아시아 지역이다.

방글라데시, 태국 등 동남아시아의 대표적인 새우 양식장이 환경에 미치는 영향이 크다는 사실은 잘 알려져 있다. 이 새우 양식을 위해 지난 50년 동안 맹그로브 숲의 3분의 2가 소멸 했다. 새우 양식장은 물과 토양을 심각하게 오염시킨다. 또 그 곳에서 일하는 사람들은 거의 노예노동 수준의 열악한 노동환 경에 시달린다. 게다가 어린이들까지 노동에 동원되고 있다고 한다. 우리가 마트에서 사 먹는 맛있는 타이거새우의 이면에는 이런 문제가 도사리고 있다.

그러나 양식으로 생산되는 어종의 대부분은 메기, 민어, 잉어 등의 민물고기로, 환경에 미치는 영향이 상대적으로 약한 편이다. 그런데 연어 같은 일부 육식성 어종은 환경에 끼치는 영향이 훨씬 크다. 이런 생선 양식은 사료나 종묘 투입재를 어업 외부에서 조달하기 때문이다. 양식이 끼치는 부정적인 환경영향은 어종과 양식 방법 그리고 국가 제도에 좌우된다.

해양관리협의회(MSC) 인증

우리에게는 비록 익숙하지 않지만, 해양관리협의회Marine Stewardship Council(이하 MSC) 인증은 세계적으로 가장 잘 알려지고 널리 정착된 지속가능 수산물 라벨이다. MSC는 1997년 다국적 식품기업 유니레버와 세계자연보호기금WWF이 설립한 국제적 비영리단체로, 초기 설립자들이 철수한 1999년에 독립적인 민간단체로 발전했다. 무분별한 수산물 남획에 대처하고 전 세계 수산물의 지속가능성 증진을 목표로, 자원 보호 규정 준수, 환경영향 최소화, 남획 금지 등의 기준을 준수한 수산업체의 제품에 MSC 인증마크를 부여하고 있다.

이 단체와 인증의 배경은 이렇다. 1990년 초반, 유럽과 북미 지역의 '국민 생선'인 대구의 어획량이 급감하기 시작했다. 캐나다 뉴펀들랜드주의 그랜드뱅크스는 세계 최대 규모의 대구 어장 중 하나였다. 그러나 남획으로 인해 대구 자원량이 급감했고, 이에 1992년 캐나다 정부는 대구 조업에 제동을 걸었다. 미국 뉴잉글랜드[*]에서도 대구는 상징적인 어류였다. 항구가 발달한 뉴잉글랜드는 과거 1,000톤 이상의 해산물이 집적되는 지역이었지만 1990년대를 지나며 수산업이 무너졌다. 그랜드뱅크스 어장의 황폐화로 수산물 공급이 차질을 빚자, 대구 가격은 급등했다. 1992년 1톤당 84달러였던 영국의 대구 가격은 1993년 1,083달러, 1994년 3,045달러, 1995년 3,790달러까지 치솟았다. 즉 MSC의 출범 배경은 남획과 불법 어업으로 빚어진 수산 자원의 고갈 위기였다.

MSC는 어업의 지속가능성을 평가하여 인증 라벨을 부여하는데, 평가 기준은 어업 규모, 위치(지역), 어법에는 관계없으며, 다음과 같은 3개 원칙에 따른다. 첫째, 지속가능한 자원량 유지로, 어업 활동은 바다에 자원량이 풍부하고 건강하게 유지될 수 있는 수준에서 이루어져야 한다. 둘째, 환경에 미치는 영향 최소화로, 면밀하게 관리되어 다양한 어종들과 그 서식지가 생태계에 건강하게 보전될 수 있도록 어업 활동을 해야 한다. 셋째, 효율적인 어업 관리로, MSC 인증을 받은 어업은 관련 법규와 규정을 철저히 준수해야 하며 변화하는 환경에 적응할 수 있는 능력을 배양해야 한다.[8]

세계 수산업의 키워드는 지속가능한 어업과 생태계 기반 어업

이와 같은 인증의 효과는 무엇일까? 무엇보다 중요한 것은 소

---

[*] 미국 북동부 대서양 연안 6개 주로 이루어진 지역.

비자의 인식 및 참여 의지라고 할 수 있다. 소비자의 역할이 과거에는 생산된 제품을 소비하는 것에만 머물러 있었지만, 점차 소비자들의 인식이 건강에 유익한 제품, 나아가 환경과 자원을 생각하는 수준까지 바뀌고 있다.

이 같은 인식의 변화는 지속가능 수산 자원 관리 인증의 확대로 나타나고 있다. MSC 인증을 부착한 제품의 수는 2008년에는 불과 1,000여 개에 불과했지만 2015년 7월에는 약 2만 개에 육박할 만큼 빠른 속도로 증가했다. 미국 시장에서는 시장 조사기관 닐슨에 따르면, 2019년에 MSC 인증마크가 부착된 수산물의 판매가 27%가량 늘었다고 한다. 한 끼 식사를 하더라도 지속가능한 방식으로 소비하려는 소비자가 많아지자 대형 유통업체들이 수산 자원 보호와 관리에 응답했다. 월마트, 세인스버리, 까르푸, 이케아, 코스트코 등 유통업체는 물론 하얏트, 힐턴, 샹그릴라 등 글로벌 호텔체인, 맥도날드와 서브웨이 샌드위치 등 외식업체가 MSC의 확산에 동참하고 있다. 유통업체인 세인스버리는 2020년까지 매장에서 판매하는 모든 수산물을 MSC 인증 제품으로 대체하겠다고 밝혔으며, 일본 이온그룹은 2020년까지 판매 수산물의 20%를 인증 수산물로 대체하겠다고 했다.

우리나라에서도 지속가능 수산물 인증을 획득하기 위해 여러 수산 기업들이 노력하고 있으며, 일부 인증 획득 제품이 판매되고 있다. 또한 대형 유통업체를 중심으로 친환경 제품을 그린카드로 결제하는 에코머니 포인트 제도도 시행 중에 있다. 따라서 이러한 변화가 우리나라에 확산을 넘어 정착되는 것도 머지않았다고 할 수 있다. 해외에 비하면 저조한 편이지만 국내 수산업계에도 MSC 인증이나 ASC 인증*의 인지도가 올라가는 추세다. 국내 식품업계 또한 수산물 인증 획득에 적극적인 움직임을 보이고 있으며 인증을 받는 곳도 늘어나고 있다.

한국 바다음식의 지속가능성, 슬로피시에서 희망을 보다

곡물과 채소를 기를 때, 계절에 순응하며 전통적인 농법으로 길러내느냐 아니면 농약과 비료를 다량 사용하며 재배하느냐가 다르듯이, 같은 어업이라 해도 전통적으로 우리 어민들이 고기를 잡았던 방식과 대형 어선 몇 척이 바다 바닥까지 그물을 드려 물고기를 샅샅이 훑어 잡는 방식은 바다 생태계에 끼치는 영향이 다를 수밖에 없다.

이탈리아에서 탄생한 슬로푸드 운동은 "전통적이며 지속가능한 음식과 식재료를 지키며, 경작법과 가공법을 보전하고 가축과 야생 동물의 생물 종 다양성을 보호"[9]하는 것을 목표로 한다. 이 슬로푸드 운동에서 지속가능한 바다 먹거리와 어업을 위해 '슬로피시Slow Fish'를 제안했다. 즉, 전통적인 어업에 의해 잡힌 물고기는 슬로피시에 해당한다. 지속가능성의 위기가 봉착한 시대에, 슬로피시는 미래의 어업이고 미래의 식량 자원이다.

---

* ASC(Aquaculture Stewardship Council)는 2010년 세계자연보호기금과 네덜란드 지속가능한무역(IDH)에서 함께 설립한 국제협의회로, ASC 인증은 지속가능한 양식업에 부여하는 인증이다.

다음은 슬로피시 선언문이다.

어업의 방식은 건강하고 즐거운 식문화와 이웃 공동체의 삶을 지켜갈 수 있어야 합니다. 어업이 지속가능하려면 바다환경과 생물종다양성도 당연히 지켜져야 합니다. 그래서 슬로푸드는 산업화된 폭력적인 어업 방식이 아닌 전통 어업 방식과 소규모 어업 생산자들을 소중하게 생각합니다. 그리고 그들을 위한 프로젝트가 슬로피시입니다. 슬로피시는 대규모 어업이나 남획보다는 지속가능한 소규모 어업을 육성해서 어족 자원과 어촌공동체를 보전하고, 궁극적으로 몸에 좋으며Good, 친환경과 생태에 이롭고Clean, 어부의 노고에 합당한 제값을 보장하는 공정한Fair 수산물의 공급과 소비를 지향하고 있습니다.

한국 전통 어업을 기억하고 건강한 바다음식을 먹자

2001년 포르투갈 포르투에서 열린 슬로푸드 대회에서 경남 남해 창선에서 죽방멸치를 생산하는 전통 어업인 죽방렴과 그 어업으로 생산된 품질 좋은 멸치가 주목을 받았다. 전통적인 어획 방법을 지키면서 품질 좋은 멸치를 생산하고 있는 공적이 인정되었다. 당시 슬로푸드 리더들에게 죽방멸치 그리고 그 멸치로 만든 멸치젓을 소개했는데, 이를 맛본 사람들 모두 고품질의 멸치와 그 맛에 감탄했다고 한다. 죽방렴과 죽방멸치가 보여주듯이, 우리 조상들이 행한 어업은 전통적으로 슬로피시였다.

남해의 죽방렴은 대나무로 발을 쳐놓고 조석의 밀물과 썰물에 따라 헤엄치다가 걸린 물고기를 잡는 어법으로, 이와 같은 원리의 어법이 서해에도 있다. 서해 갯벌에 있는 '독살'이 그것이다. 돌로 부챗살처럼 어살을 만들었다는 의미다. 한편 제주에는 들과 산에 돌담이 있는데, 바다에도 돌담이 있다. 바로 '원담'이다. 원담이란 돌을 둑처럼 야트막하게 쌓아놓고 밀물 때 바닷물에 휩쓸려 들어온 물고기가 썰물 때 엉기성기 쌓인 돌담 사이로 물은 빠져나가고 고기만 걸리게 한 돌그물이다. 원담을 처음 만들 때에는 어촌계 사람들 모두가 함께 무거운 돌을 하나하나 맞잡아 옮기고 쌓았다. 이것이 바로 전통 어업 그리고 생태 어업이다. 오래전부터 자연 발생한 고기잡이로, 자연에 순응하는 어업이었다. 이러한 한국 전통 어업을 되살리고 보전하려는 노력이 이어지고 있다.

이런 노력들에 힘입어, 우리 전통 어업유산을 확인하고 이를 보호하는 제도가 공식적으로 생겼다. 국가중요어업유산이라는 제도다. 오랜 시간에 걸쳐 형성된 고유의 유·무형 어업자산을 보전하기 위해 해양수산부가 2015년부터 지정·관리하고 있는 것으로, 2020년 현재까지 제주 해녀 어업, 보성 뻘배 어업 등 총 8개가 국가중요어업유산으로 지정돼 있다.[10]

제1호: 제주 해녀 어업(2015. 12)

제2호: 보성 뻘배 어업(2015. 12)

제3호: 남해 죽방렴 어업(2015. 12)

제4호: 신안 천일염업(2016. 10)

제5호: 완도 지주식 김 양식 어업(2017. 12)

제6호: 무안-신안 갯벌낙지 맨손 어업(2018. 11)

제7호: 하동-광양 섬진강 재첩잡이 손틀 어업(2018. 11)

제8호 : 통영·거제 견내량 돌미역 채취 어업(2020. 6)

전통 수산물 조리법은 문화유산이다

앞의 4부에서 다양한 전통 수산물 조리법들을 살펴보았다. 물론 다른 나라에도 각자의 전통 수산물 조리법이 있지만, 우리는 세계 최고 수산물 소비국답게 그 조리법도 다양하고 창의적이었다. 목축업이 발달한 서구의 수산물 조리법과는 비교 불가다. 그러나 이러한 우리의 전통 수산물 조리법들이 사라지고 있다. 아마 여기서 소개한 수산물 조리법 중 처음 보는 것이 다수인 독자들도 계시리라 생각한다. 이름은 알더라도 조리법은 자세히 알지 못하는 요리도 있을 것이다.

이제 전통의 수산물 조리법들이 우리 무형의 문화유산이라는 인식이 확산되었으면 한다. 손이 많이 가고 현대사회에서 살아남기 어려운 수산물 조리법들이지만 반드시 남겨져야 한다. 우리 후손들을 위해서는 우리 수산물 종류의 다양성과 우리 바다의 지속가능성이 지켜져야 하기 때문이다. 여기에 우리 바다, 그리고 우리 바다음식의 미래가 있다.

나가며

오랫동안 붙잡고 씨름했던 이 책을 내 손에서 떠나보내려니, 문득 이야기 하나가 생각한다. 행복한 삶이 무엇인가를 한 번쯤 뒤돌아보게 해주는 유명한 이야기일 텐데, 옮겨 적어보면 다음과 같다.

한 사업가가 바닷가로 휴가 가서 그곳 어부에게 더 열심히 일해 부자가 되라고 설교했다. 아침에 일찍 일어나고 낮잠도 자지 말고 열심히 물고기를 잡으라고 했다. 그러면 큰 배를 살 수 있고 생선 공장을 차리고 나중엔 자기 브랜드로 도회지에서 큰 사업을 할 수 있다는 것이다. 설교를 듣고 난 어부가 물었다. "그다음엔 뭘 하죠?" 사업가가 말했다. "한적한 바닷가에 살며 늦잠 실컷 자고 매일 싱싱한 바다음식 먹으며 친구들과 놀면 되지." 어부가 말했다. "지금 내가 그걸 하고 있는데."

내가 은퇴 후 하고 싶은 일 중의 하나는 섬에 가서 한 달씩 살아보는 것이다. 푸른 바다에서 갓 잡아 올린 싱싱한 생선을 날로도 먹고, 구워도 먹고, 지져도 먹고, 맑게 혹은 맵게 탕을 끓여 먹으며 좋아하는 사람들과 술 한잔 나누고 싶기 때문이다. 아마 많은 사람들이 가지고 있을 평범한 로망일 것이다. 그동안 밥, 채소, 고기의 인문학을 차례로 말했지만, 사실 내가 가장 좋아하는 음식을 들라면 바로 생선이다. 어린 시절 바닷가 소도시에서 싱싱한 생선들을 먹고 자란 영향도 크리라.

이 책을 끝내면서 고백하건대, 사실 나는 생선 이름에는 무지하고 지금도 비슷비슷한 생선들은 잘 구분하지 못한다. 그런데도 이 책을 쓴 이유는 우리 민족의 중요한 먹거리였던 바다음식의 전통 조리법들이 사라지고 있다는 절박한 마음 때문이었다. 예로부터 바다가 주요한 삶의 터전이었으므로, 우리는 지금도 세계에서 가장 많은 수산물을 먹고 있는 나라다. 게다가 바다음식에는 우리 민족의 소중한 역사와 문화 그리고 정서가 담겨 있다. 민족의 정체성이 우리 소중한 바다음식에 담겨 있기 때문에, 민족 정체성을 잃지 않기 위해서라도 바다음식의 조리법은 보전되어야 한다. 이 책은 무엇보다 현재 사라져가는 우리 바다음식에 대한 깊은 애정으로 쓴 것이다. 그러니 부족하더라도 부디 이해해주시기 바란다.

이제 홀가분한 마음으로 이 책을 세상에 내보낸다. 개인적으로는 내년에는 정년퇴임을 맞이하게 된다. 35년이라는 긴 교직 세월이었다. 그러니 이제는 슬로피시를 지향하는 정말로 느리고 느린 섬 여행을 시작하여 내가 그토록 좋아하는 바다음식을 실컷 먹어볼 생각이다. 독자 여러분들도 내게 지지를 보내주셨으면 한다.

고맙습니다.

미주

들어가며

1 [네이버 지식백과] 물고기(한국민족문화대백과, 한국학중앙연구원).

2 [네이버 지식백과] 민물고기 [freshwater fish] (두산백과).

3 [식품과학기술대사전] 수산물 [fishery products] (한국식품과학회).

1부

1 손보기, 1973, 〈구석기문화〉,《한국사1》, 국사편찬위원회.

2 오세연·안덕임·金子浩昌, 2002,《동삼동패총IV-동물유체》, 국립
  중앙박물관 발굴 보고서.

3 윤서석, 1974,《한국식품사연구》, 신광출판사.

4 강인희, 1984,《한국식생활사》, 삼영사.

5 이성우, 1978,《고려 이전 식생활사》, 향문사.

6 박구병, 1975,《한국어업사》(정음문고73), 정음사.

7 박구병, 1966, 《한국수산업사》, 태화출판사.

8 윤덕인, 1990, 〈고려시대의 식생활에 관한 연구: 고려도경을 중심으로〉, 《관대논문집》 18(1): 19-33.

9 위의 글.

10 국립해양문화재연구소, 2010, 《태안 마도1호선 수중발굴조사보고서》, 국립해양연구소.

11 국립해양문화재연구소, 2012, 《태안 마도3호선 수중발굴조사보고서》, 국립해양연구소.

12 고경희, 2015, 〈태안 마도 1,2호선 해양유물로 본 고려시대 음식문화〉, 《한국식생활문화학회지》 30(2).

13 김희선·김숙희, 1987, 〈조선후기朝鮮後期 기근飢饉 만성화慢性化와 구황식품救荒食品 개발開發의 사회社會.경제적經濟的 고찰考察〉, 《한국식생활문화학회지》 2(1), 한국식생활문화학회.

14 한식재단 기획, 2014, 《조선 백성의 밥상》, 한림출판사.

15 한복진, 2002, 〈조선시대 궁중의 천신薦新 식품에 대한 고찰〉, 《동아시아식생활학회지》 12(6).

16 정혜경, 2018, 《조선 왕실의 밥상》, 푸른역사.

17 C. W. 켄달, 1999, 《한국 독립운동의 진상The Truth about Korea》, 신복룡 옮김, 집문당.

18 H. B. 헐버트, 1999, 《대한제국 멸망사The Passing of Korea》, 신복룡 옮김, 집문당.

19 W. E. 그리피스, 1998, 《은자의 나라 한국Corea, the Hermit Nation》, 신복룡 옮김, 집문당.

20 샤를 루이 바라·샤이에 롱, 2006, 《조선기행Deux voyages en Coree》, 성귀수 옮김, 눈빛.

21 위의 책.

22 버라토시 벌로그 베네데크, 2005, 《코리아, 조용한 아침의 나라》,

초머 머세 옮김, 집문당.

23 제임스 게일, 1977,《코리언스케치》, 장문평 옮김, 현암사.

24 위의 책.

25 퍼시벌 로웰, 2001,《내 기억 속의 조선, 조선 사람들Choson, The
    Land of the Morning Calm》, 조경철 옮김, 예담.

26 아손 그렙스트, 2005,《스웨덴 기자 아손, 100년 전 한국을 걷다》,
    김상열 옮김, 책과함께.

27 E. G. 캠프, 1999,《조선의 모습》, 신복룡 옮김, 집문당.

28 朝鮮總督府農商工部, 1908~1911,《한국수산지》, 日韓印刷(국립중
    앙도서관 원문정보 DB).

29 최윤규, 1988,《근현대 조선경제사》, 도서출판 갈무지, p. 59.

30 차경희, 2019,《《朝鮮の特産》으로 보는 일제강점기 식품 특산물
    현황 분석》,《한국식생활문화학회지》34(6): 651-670.

2부

1 한미경, 2009, 〈조선시대 물고기관계문헌에 대한 연구〉,《서지학연
    구》44권, pp. 237-269.

2 김려, 2009,《유배객, 세상을 알다》, 강혜선 옮김, 태학사.

3 김훈, 2011,《흑산》, 학고재.

4 이규경, 2019,《오주연문장전산고 만물편/충어류》, 전병철 옮김,
    한국해양박물관.

5 위의 책.

6 이성임, 2012, 〈16세기 양반의 경제생활: 유희춘의《미암일기》〉, 장
    서각 역사문화강좌.

7 김미혜, 2013, 〈『眉巖日記』 분석을 통한 16세기 사대부가 음식문

화 연구: 정유년(1567년) 10월~무진년(1568년) 9월〉《한국식생활
문화학회지》28(5): 425-437.

8 김미혜, 2019, 〈조선 중기 두류 수급 현황과 콩 음식 문화 고찰:
오희문吳希文의 《쇄미록》을 중심으로〉, 《한국식생활문화학회지》
34(3): 241-254.

3부

1 예조원 편집부, 2011, 《바다낚시 첫걸음(하)》, 예조원.
2 이성우, 1985, 《한국요리문화사》, 수학사.
3 위의 책.
4 위의 책.
5 이상하 옮김, 2009, 《옥담시집》, 전주이씨안양군파종사회.
6 프랜시스 케이스, 2009, 《죽기 전에 꼭 먹어야 할 세계음식재료
1001》, 마로니에북스.
7 이성우, 1984, 《한국요리문화사》, 수학사.
8 성낙주·심기환, 1981, 〈담수어淡水魚의 식품학적食品學的 연구研究(II):
붕어, 메기, 가물치 및 미꾸리의 맛성분成分〉, 《한국영양학회지》
14(2): 80-86.
9 사토 사카에다, 2019, 《조선의 특산, 1933》, 김건우 옮김, 농촌진흥
청.
10 이성우, 1984, 《한국요리문화사》, 수학사.
11 위의 책.
12 정문기, 1934, 《조선어명보朝鮮魚名譜》, 조선지수산.

4부

1   정혜경, 2018, 《조선왕실의 밥상》, 푸른역사.

2   위의 책.

3   방신영, 1946, 《조선음식 만드는 법》, 대양공사.

4   이숭원, 2008, 《백석을 만나다》, 태학사.

5   한국전통지식포탈(https://www.koreantk.com) 사전 '어선'.

6   이성우, 1984, 《한국요리문화사》, 교문사.

7   농촌진흥청, 2008, 《한국의 전통향토음식5: 충청남도》, 교문사.

8   《동아일보》 1937년 8월 17일.

9   이성우, 1984, 《한국요리문화사》, 수학사.

10 《동아일보》 1938년 7월 26일.

5부

1   Mozaffarian D, Lemaitre RN, Kuller LH, Burke GL, Tracy RP, Siscovick DS; Cardiovascular Health Study, 2003, "Cardiac benefits of fish consumption may depend on the type of fish meal consumed: the Cardiovascular Health Study", *Circulation* 107(10): 1372-1377.

2   Abelsohn A, Vanderlinden LD, Scott F, Archbold JA, Brown TL., 2011, "Healthy fish consumption and reduced mercury exposure: counseling women in their reproductive years", *Can Fam Physician* 57(1): 26-30; Kris-Etherton PM, Harris WS, Appel LJ, 2002, "American Heart Association, Nutrition Committee. Fish consumption, fish oil, omega-3 fatty acids,

and cardiovascular disease", *Circulation* 106(21): 2747-2757.

3   Zhang J, Sasaki S, Amano K, Kesteloot H., 1999, "Fish consumption and mortality from all causes, Ischemic heart disease, and stroke: an ecological study", *Prev Med* 28(5): 520-529.

4   유아름, 2017, 《생선 섭취량과 노인의 인지능력 간의 상관성》, 동덕여대 식품영양학과 석사학위논문.

5   이주희·정은정 외, 2008, 〈류마티스 관절염 환자의 항산화 영양소 섭취상태와 생활습관〉, 《대한지역사회영양학회지》 13(2): 253-262.

6   Gina E. Nam Seung-Kwon Myung, Yoon-Jung Choi, "Use of Omega-3 Fatty Acid Supplements Has Insufficient Clinical Evidence for Treatment of Hypertriglyceridemia: A Meta-Analysis of Randomized, Double-Blind, Placebo-Controlled Trials", *European Journal of Lipid Science and Technology* Volume 119, Issue 12, 28 August 2017.

7   Ida Moltke, Matteo Fumagalli, Thorfinn S. Korneliussen, Jacob E. Crawford, Peter Bjerregaard, Marit E. Jørgensen, Niels Grarup, Hans Christian Gulløv, Allan Linneberg, Oluf Pedersen, Torben Hansen, Rasmus Nielsen, and Anders Albrechtsen, "Uncovering the Genetic History of the Present-Day Greenlandic Population", *The American Journal of Human Genetics* Volume 96, Issue 1, 8 January 2015.

8   한국농촌경제연구원 편집부, 2019, 《식품수급표 2018》, 한국농촌경제연구원.

9   http://hqcenter.snu.ac.kr/archives/jiphyunjeon.

10   〈약藥이 되는 생선, 독毒이 되는 생선〉, 서울대학교 의과대학 국민

건강지식센터.

11 《중앙일보》 2019년 11월 5일.

12 Jimi Kim, Jeonghee Lee, Jae Hwan Oh, Hee Jin Chang, Dae Kyung Sohn, Aesun Shin & Jeongseon Kim, Associations among dietary seaweed intake, 2020, "c-MYC rs6983267 polymorphism, and risk of colorectal cancer in a Korean population: a case-control study", *European Journal of Nutrition* Volume 59, pp. 1963-1974.

13 조미진·이은규·김성수, 2017, 〈해조류 섭취와 당뇨병 발생의 연관성: 한국인유전체역학조사사업 지역사회기반 코호트 자료를 이용한 연구 결과〉, 《주간 건강과 질병》 10(1): 2-9.

14 Kim MS, Kim JY, Choi WH, Lee SS. 2008. "Effects of seaweed supplementation on blood glucose concentration, lipid profile, and antioxidant enzyme activities in patients with type 2 diabetes mellitus", *Nutr Res Pract.* 2(2): 62-67.

15 Sharifuddin Y, Chin YX, Lim PE, Phang SM. 2015. "Potential Bioactive Compounds from Seaweed for Diabetes Management", *Mar Drugs* 3(8): 5447-91.

16 Jin-Kyu Park, Hye Won Woo, Mi Kyung Kim, Jinho Shin, Young-Hoon Lee, Dong Hoon Shin, Min-Ho Shin & Bo Youl Choi. 2021. "Dietary iodine, seaweed consumption, and incidence risk of metabolic syndrome among postmenopausal women: a prospective analysis of the Korean Multi-Rural Communities Cohort Study (MRCohort)", *European Journal of Nutrition* 60(1): 135-146.

17 http://www.realfoods.co.kr/view.php?ud=20200224000057.

6부

1   《세계일보》 2021년 6월 11일.

2   글로벌 뉴스 미디어 채널 데일리포스트(http://www.thedailypost.
    kr).

3   《연합뉴스》 2020년 12월 15일.

4   Tacon, A., 2010, "Climate change, food security and
    aquaculture", in OECD (ed) *Advancing the Aquaculture
    Agenda: Workshop Proceedings*, OECD: Paris, pp. 109-119.

5   OECD, 2010, *Globalisation in Fisheries and Aquaculture:
    Opportunities and Challenges*, OECD: Paris.

6   FAO, 2009, *The State of World Fisheries and Aquaculture
    2008*, FAO: Rome.

7   Tacon, A., 2010, "Climate change, food security and
    aquaculture", in OECD (ed) *Advancing the Aquaculture
    Agenda: Workshop Proceedings*, OECD: Paris, pp. 109-119.

8   https://www.msc.org/kr/what-are-we-doing/our-approach/
    what-is-sustainable-fishing.

9   https://www.slowfood.or.kr.

10 www.국가중요어업유산.kr.

바다음식의 인문학

싱싱한 바다 내음에 담긴 한국의 음식문화

초판 1쇄 발행 | 2021년 9월 15일
지은이 | 정혜경

펴낸곳 | 도서출판 따비
펴낸이 | 박성경
편　집 | 신수진
디자인 | 이수정
출판등록 | 2009년 5월 4일 제2010-000256호
주소 | 서울시 마포구 월드컵로28길 6(성산동, 3층)
전화 | 02-326-3897
팩스 | 02-6919-1277
이메일 | tabibooks@hotmail.com
인쇄 · 제본 | 영신사

ISBN 978-89-98439-94-1 03380
값 20,000원